服务意识塑造

FUWU YISHI SUZAO

◎ 赵晓芳 编著

重庆大学出版社

内容提要

《服务意识塑造》是随着现代服务业快速发展，服务企业对人才综合素质提出更高要求的必然产物，是服务者及服务管理者应具备的服务与管理意识的通论。

本书以服务社会、服务企业为导向，以突出专业人才综合素质和职业能力的培养为目标，以"立德树人""理实兼顾""习得修身""自我塑造"为原则，在潜移默化中培养读者自然养成良好的职业习惯和工作意识，并内化于心，外化于行。本书采用模块教学，丝丝相扣，教学做一体，在强化服务意识的同时，培养从业者的职业素养和工作能力。

本书是现代服务类专业学生必修课程的教材，也可作为业界人才培养和培训的专门用书。

图书在版编目（CIP）数据

服务意识塑造 / 赵晓芳编著. --重庆：重庆大学出版社，2018.1（2021.10重印）
ISBN 978-7-5689-0595-4

Ⅰ．①服… Ⅱ．①赵… Ⅲ．①商业服务—高等职业教育—教材 Ⅳ．①F719

中国版本图书馆CIP数据核字（2017）第122095号

服务意识塑造

赵晓芳 编著

责任编辑：沈 静　版式设计：沈 静
责任校对：邹 忌　责任印制：张 策

＊

重庆大学出版社出版发行
出版人：饶帮华
社址：重庆市沙坪坝区大学城西路21号
邮编：401331
电话：（023）88617190　88617185（中小学）
传真：（023）88617186　88617166
网址：http://www.cqup.com.cn
邮箱：fxk@cqup.com.cn（营销中心）
全国新华书店经销
重庆俊蒲印务有限公司印刷

＊

开本：787mm×1092mm　1/16　印张：14.5　字数：335千
2018年1月第1版　2021年10月第2次印刷
印数：2 001—3 000
ISBN 978-7-5689-0595-4　定价：35.00元

 # 序　言

在本书的开始，我首先要讲一个故事。

胡佩兰是解放军某职工医院和郑州市建中街社区卫生服务中心一位普普通通的坐诊医生。1944年，胡佩兰毕业于河南大学医学部，70岁时才从妇产科主任的位置上退下来。退休后，她一直坚持坐诊。

胡佩兰患有严重的腰椎间盘突出，进出都要坐小推椅。2013年7月，98岁的胡佩兰心脏病突发，经抢救后，第二天她依然准时到医院坐诊。

胡佩兰根据自己多年的临床经验，平时看病不太依靠高科技仪器。因为慕名找上门的病人多，胡佩兰每天都会坚持看完所有病人才下班，对患者也极有耐心，给病人开药，药费很少超过100元。如今，胡佩兰的记忆力明显下降，听力也不如以前，但病人的情况她却记得清清楚楚，耳朵里放着助听器，听不清的地方，便由旁边的学生解释。

胡佩兰对病人的态度有目共睹，她经常说："医患关系搞不好是因为交流不够，医生只要对病人认真负责了，病人自然会和医生配合，不管面对哪一个病人，都要把患者当成自己的第一个病人来对待。"

直至去世前的2014年2月，胡佩兰已经在一个工厂职工医院和现在的地方，连续坐诊20年，坚持每周出诊6天，风雨无阻。她生前的最后一句话是："病人看完了，回家吧。"

2014年，胡佩兰荣获"感动中国"年度十大人物。当白岩松采访胡佩兰时，一组简单的对话感动了所有人。

白岩松：奶奶，您这么长寿还能工作，秘密是啥啊？

胡佩兰：情感投入。

白岩松：您最怕啥？

胡佩兰：躺在床上不能动。

白岩松：您最高兴的是什么？

胡佩兰：我最高兴的是看着病人痛痛苦苦而来，高高兴兴地走，我最高兴。

白岩松：您最不喜欢什么事？

胡佩兰：躺在床上不能动，光睁着双眼给人家要钱。（那样）心情不好，啥也不好。

白岩松：您准备一直为别人看病，还打算看多少年的病？

胡佩兰：我打算活一天看一天。多活一天，多看一天，多给国家一些报效。

白岩松：您觉得医生是个什么样的职业啊？

胡佩兰：医生是一个有博爱精神的职业，应该感情投入的职业，应该是有医德的职业。不应该光看钱。

白岩松：您这一辈子开心吗？

胡佩兰：开心啊！大家都对我非常认可，我非常开心。我最开心的就是我能长寿。

白岩松：我们都祝您长寿，谢谢您！

上面的小故事不足以概括胡佩兰的一生，但我们至少可以得到这样的启示：服务意识对于个人的职业发展至关重要。技不在高而在德，术不在巧而在仁。医者，看的是病，救的是心，开的是药，给的是情。从服务的广义定义来看，医生是服务人民的行业，行的是救死扶伤的工作，为患者服务，踏踏实实做好自己的工作，想患者所想，为患者提供服务，给患者带来感动。

同样，在多数行业中，服务意识是工作意识的重要组成部分，是开展工作的攻坚之器。作为一名想随同时代发展和企业发展的员工，其工作不仅需要踏实肯干，还需要具备自觉主动的服务意识，为服务对象提供周到、热情、满意、惊喜的服务的内在意识，更是一个服务者必须具备的道德意识、习惯传统和行为准则。

本书重点探讨如何塑造良好的服务意识，并将服务意识贯穿于工作始终。

前　言

在现代服务业大背景下，随着旅游行业对国家和地方经济的主导地位不断提升，良好的职业素养和职业意识成为决定从业者具有对行业的正确认知，对专业具有忠诚度和执着精神的重要因素。服务意识的培养一直以来是服务业界呼之欲出的话题，也是专业人才培养的必修课之一。"立德树人""以德为先"是人才培养的首要目标。本书对服务者意识形态的养成，特别是服务意识潜在能力的培养具有较为深刻的意义。

本书立足现代服务业都需具备的服务意识，又不局限于其中。通过"案例—自我分析（请你说说看）—讲解—自我剖析（服务意识自我塑造）以及必要的拓展训练，逐步达到让读者自清、自省、形成自我意识的目的。笔者力求不用一言堂、填鸭式的叙述，而改用互动交流、读者自检的方法，从而达到事半功倍的效果。从结构上来看，本书采用循序渐进、由浅入深的结构方式，从服务的内涵和延伸意义，到顾客对服务需求的讲述、服务者的职业理念塑造，进而讲述服务者应具备的服务意识和管理者（特别是服务管理者）的管理意识塑造，不断提升服务业中服务与管理的总体意识，使之内化到服务中，从而潜移默化地指导我们的工作。在本书最后一个模块，还对国际上的服务意识与创新拓展进行了讲述，以达到与时俱进的目的。本书共收录案例57件，通过案例分享与自我分析，帮助读者习得和形成"意识"精髓。本书紧扣"服务"主题，6个模块始终以主线贯穿，填补了服务业中没有一本纯粹的讲述服务者内在素质培养的教材这一空缺。本书内容脉络清晰，更加注重服务者潜在意识的培养，是服务业急需的员工及管理者意识培养的必备教学资料。

同时，本书配有PPT作为教学参考资料，便于培训者选用。

本书由重庆商务职业学院赵晓芳主持全书的写作提纲、书稿的修改和审定工作。本书在编写过程中，得到了重庆商务职业学院、重庆渝州酒店管理有限公司、重庆财信集团、四川洪雅县幺麻子食品有限公司等企事业单位的大力帮助，在此向他们表示感谢。同时，得到谭勇、冉光学、丁谦、赵俊强、沈明辉、赵斯琪、韩雨辰等的大力支持，对他们的真诚帮助和支持表示衷心感谢。

由于作者水平有限，书中难免存在错误和不足之处，敬请广大同行和读者批评指正。

赵晓芳

2017年5月

目 录

模块 **1**

认识服务

1.1 服务的内涵

小 看 板

Service
Smile for everyone.
Excellent do everything you meet.
Ready everything you can.
View
Invite
Create is soul of service.
Eye contact

1.1.1 什么是服务

一直以来，服务尚未有一个被人普遍接受的定义。1990年，国际标准化组织把"服务"定义为："为满足顾客的需要，供方与顾客接触的活动和供方内部活动所产生的结果。"有人说，服务是当别人需要时我们给予的及时帮助。也有人说，服务是想在顾客之前，做在顾客之前，使顾客满意的行为。归根结底，服务是指能够满足顾客的需要。

还有人用一个英文形式来解释，将英文方式的服务——"SERVICE"拆解开来，让我们从服务的具体表现层面上对服务有了新的认识。

"SERVICE"(服务)由7个字母组成，其中，"S"——SMILE(微笑)，"E"——EXCELLENT(杰出、完美)，"R"——READINESS(准备)，"V"——VIEW(观察、观点)，"I"——INVITE(邀请)，"C"——CREATIVENESS(创造性)，"E"——EYE(关注)。

这的确能够很好地描述我们对服务的认识。

1）"S"：Smile for everyone

总是面带发自内心的微笑。我们常说微笑是世界的语言。微笑能够给人以视觉上的享受，达到赏心悦目的效果，体现出服务者良好的精神风貌和专业素养，决定消费者对服务的第一印象。同时，微笑能够拉近人与人之间的距离，增加服务者的亲和力、感染力和信服力。当我们对顾客微笑时，其实就在传递一种快乐积极的信号，在服务互动的环境下，产生从服务者到顾客的情绪涟漪效应，对方就会与我们产生共鸣，体会到我们的快乐，更愿意和我们接近。

请你闭上眼睛想象一下：在阳光明媚的午后，在清风徐来的公园长椅上，你眯着眼睛，柳叶沙沙作响夹杂着几缕淡淡的花香，远处传来孩童天真的笑声，此刻的你是否正在微笑呢？也许这就是微笑的力量。尝试在服务的场合也流露出你的美好吧，这样的阳光面孔，一定会让人感到心头一暖，并受到鼓舞，令人安心。

希尔顿在他的第一家旅馆经营稍有成效的时候，他母亲对其成绩却不屑一顾，她指出要使经营真正得到发展，只要掌握一种秘诀，这种秘诀"简单、易行、不花本钱却又行之长久"。希尔顿苦苦思索最终在实践中得出，只有微笑具备这4个条件，这也造就了希尔顿酒店今天的辉煌。

任何一个真正美好的强者形象，都是微笑着的。所以，你一定要注意，在与人交谈时，要善于利用微笑来表达自己的情绪。作为一个服务者，还要知道，微笑也是我们的职业标志。试想一位远道而来的顾客，他所期盼的一定是愉悦和快乐的服务，微笑待人，同时也微笑地面对自己，这使得我们的工作态度更加积极，也能在很大程度上提高我们的生活质量。

当然，长时间保持微笑并不是一件很容易的事，甚至需要你在训练时就充满真情，而非挤出一点笑意。我们将在本书接下来的内容中帮助你理解，顾客是你永远的朋友，同时教你怎样用发自内心的微笑表达对顾客的欢迎与尊敬。

2）"E"：Excellent do everything you meet

将你所碰到的每一件事都做到完美，提供杰出的专业服务，而非仅仅标准的服务。我们都听过一字千金的故事，吕不韦在撰写《吕氏春秋》的时候，精益求精、追求卓越，"布咸阳市门，悬千金其上，延诸侯游士宾客有能增损一字者予千金"。我们也听过野田圣子没有办法接受打扫厕所的工作，一位老员工通过清洗便池的行动而改变她一生的故事，"就算一生洗厕所，也要做一名洗厕所最优秀的人"。就是这样专业的服务，造就了她日后的成就。杰出的服务是基于标准，并超越标准的服务。

这是服务的通用准则，也是我们的工作目标。永远不要满足于那种充其量只是"标准的服务"。王大悟先生曾经说过："称其为标准通常是这个方面的最低要求，是人人都可以而且要做到的。"而我们所要追求的是卓越而杰出的服务，只有这样的服务才会有顾客满意的回报。

用"金钥匙服务"的标准来说："杰出的具体表现，就是'满意加惊喜'的个性化服务。"服务有起点，满意无止境。所以，我们对"EXCELLENT"的追求没有止境，只有不断地追求。

3）"R"：Ready for everything you can

《诗经》的《国风·豳风·鸱鸮》中有几句诗："迨天之未阴雨，彻彼桑土，绸缪牖户。"意思是说，鸟趁着天还没有下雨的时候，赶快用桑根的皮把鸟巢的空隙缠紧，这就是未雨绸缪的由来。在服务过程中，未雨绸缪地做好准备工作非常重要。有专家曾经说过，饭店服务中的2/3都是准备工作。饭店服务的好坏在很大程度上取决于提供服务前的准备。这个原理通用于所有服务业。我们必须时刻作好提供优质而杰出服务的准备，包括技术、设备、制度、规范、人力资源、技巧乃至心理等一切准备。既有高度的责任心，又能够时时事事设身处地为顾客提供高品质服务作好充分准备。这种准备是提供满意服务的前提和基础，是我们服务的重要环节之一。例如在旅游服务，尤其是户外徒步旅游中，要求领队提前做好应急预案，包括提前帮助团员购买保险，提前探路，联系包车和食宿地点，了解徒步区域附近医院的概况，携带必要的急救包、照明工具、保暖工具和适量的食品等。提前准备安全措施可以在很大程度上防患于未然，保障游客的安全和需求。

4）"V"：View

View原是观察、观点的意思。它有两层含义：一是服务要学会察言观色，积极洞察顾客的所需、所想，及时提供服务与帮助。有学者研究发现，我们在沟通时，有7%的效果来自于说话的内容，38%取决于声音（音量、音调、韵脚等），而有55%取决于肢体语言（面部表情、身体姿势等）。所以，在解读顾客心意时，对方说了什么固然重要，更要紧的是他怎么说。肢体语言往往比语言沟通更具可信度。在服务过程中，通过敏锐的观察力来解读对方心意，才能知进退，及时提供贴心的服务。二是作为现代服务业的工作人员一定要在具有一定专业能力的基础上，不断学习，完善自我，搭建对顾客提供个性化服务的交流平台。为顾客当好参谋，排忧解难，抓住服务关键点，提供让顾客记忆犹新的服务。

5）"I"：Invite

Invite原意是热情地邀请、招待，是一种扫榻相迎、热情友好的态度。邀请的含义，不只是发一张请柬，更在于我们对待顾客的态度。这是一种心中总有顾客，并且用语言表达出来，能够让人明白的心意，这种态度，是我们能否实现杰出服务的重要环节。所以，我们的"邀请"，就是用心待人，并通过这种用心，以心传心，创造出杰出的服务。

6）"C"：Create is soul of service

Create原意是创造性。我们说，现代服务没有创新就没有了生机。顾客从下榻我们企业的那一刻起，就渴望着惊喜，渴望着个性和特色的出现，他们希望这个企业在有"home away from home"（家外之家）感受的同时，更希望看到的是其他服务企业所没有的服务项目、服务产品、服务细节。而服务者又特别想用一种方式帮助顾客永远记得他们，记得他们的闪光点。这就需要服务者不断创新，不断完善他们的服务，提供癖好服务、特色服务等。

所以，服务是一种由阳光心态支持的，自始至终贯穿着开拓、创新、发展特征的努力过程。

7）"E"：Eye contact

Eye contact是以顾客为关注焦点，眼睛传神，给予关注，输送服务之心。给予关注的目的，一是获得信息交流和反馈，然后进行后续服务的跟进；二是传送我们的关注和友好。

其实，每一位顾客都在等待着他人的关注，等待着我们的"VIP"的服务和帮助，将我们特别的"爱"给特别的他们吧。所以，我们要主动、提前、迅速、准确地感受到顾客的需求，以发自内心的热情，适时给予你的关注与帮助，这也是服务。

【案例1.1】

"五步微笑法"

某饭店餐饮部为将微笑服务这一基本功扎扎实实地执行下去,创设了"五步微笑法",收到了意想不到的效果。

所谓"五步微笑法",是指无论是管理人员还是普通员工,在至少五步之内面对顾客时,必须对顾客报以真诚的微笑,致以亲切的问候。一个微笑谁都会,但要做到始终如一,还必须保证在五步之内,这就有难度了。

刚开始,部分员工有些不习惯,但通过管理员的上下疏导,大家从思想上认识到:顾客是饭店的衣食之源,在激烈的市场竞争中,饭店服务者唯有用心去体会顾客的感受,为其提供特色服务,并持之以恒地坚持下去,才会赢得更多的顾客。由于员工在头脑中从根本上树立了强烈的服务意识,从而使"五步微笑法"逐步转化为员工的自觉行为。

饭店餐饮部设在饭店后院,门面并不明显,一度出现亏损状况,饭店对餐饮部重新进行了市场定位,经济效益逐步好转,特别是推行"五步微笑法"以来,服务者以其独特的服务气质,娴熟的服务技能,特别是永远能让顾客感觉到十分亲切的微笑,竟使餐厅人气渐旺。不仅有住店的顾客,甚至也有慕名前来的顾客,生意做得红红火火。其中一位顾客说出了一个最为简单平实的道理:"来这儿吃饭,图的就是舒心愉快。"

请你说说看

_____

_____。

评析

服务业是一个与人打交道的行业,顾客得到的不只是有形的饭店产品,还有无形的服务。这种服务,既包括生理需求的满足,也包括精神需求的满足。能否最大限度地满足顾客的双重需求是服务质量优劣的关键。在管理界有一条"金科玉律"——如何比竞争者更有效地满足顾客的需求,是取得竞争胜利的根本法宝。在激烈的竞争中,满足顾客生理需求的技能技巧往往难分高下,而最能体现这种差距的恰恰是精神需求的满足。这时,微笑的魅力就不可低估了。虽然,在餐饮管理者看来,"微笑服务"是最基本的服务要素,但事实上,只有很少的服务者能真正做到"微笑服务"。一些管理者常常追求各种所谓"新奇"的经营手段,而忽视了"微笑服务"这一经营的根本要素,结果经常是事倍功半。

本案例提到了推行"五步微笑法",将微笑服务的实施上升到了制度层面,将微笑服务的理念落实到了一种有效管理的行动上,让员工真心地微笑,让顾客拥有"舒心愉快"的感受。

【案例1.2】

希尔顿的与众不同

希尔顿酒店集团仅仅为了确定针线包在房间里放置的位置,专门对2 000多名顾客进行了调查。在调查表上问顾客:"当你需要针线包的时候,你会首先到哪儿去找?"然后,根据顾客的习惯确定针线包的位置。该集团的叫早服务也并不是简单的叫早,而是在叫早的同时还向顾客预报当天的天气，提醒顾客注意天气变化。

不少酒店在公共卫生间的男女标识上，英文用的是：MEN，WOMEN 或是MALE，FEMALE。但是，在希尔顿酒店的标志则是GENTLEMEN，LADIES，因为前者是男人、女人、男性、女性的意思。而后者是先生、绅士、女士、淑女的意思。

请你说说看

_____

_____。

评析

案例中的几个小细节反映出希尔顿酒店以顾客为中心的一种可贵精神：以顾客为中心，追求细节，永不满足。服务没有最好，只有更好。希尔顿没有满足于饭店现有的管理水平和服务质量，他们在不断探索中追求完美。

细微化服务的经验向程序化和规范化转变，是酒店保持服务水准、提升服务质量的基本要素。随着人们消费需求的变化和同行竞争的加剧，服务程序和岗位职责的细化成为一种趋势，将细微化服务的有效经验运用到饭店的日常经营管理工作中，是增强饭店核心竞争力的重要手段。

尽管人们的需求是多方面的，甚至是千差万别的，但是对服务的要求都希望是无微不至的。酒店档次再高，装修再豪华，茶杯上未洗净的一点茶渍，酒杯上残留的少许口红，浴缸里的一根毛发，卫生间散发的淡淡异味，服务员眼神里的一点点冷漠，都会给顾客带来极大的不快。社会越进步，经济越发达，顾客的层次越高，对服务的细节的要求就会越高。每一个服务细节的完善都离不开管理者的高度重视，只有把细节做精、做足，管理才能得到真正提升。

1.1.2　服务业的分类

服务的范围非常广阔，因分类方式不同，对服务范围的描述也有不同。服务业是社会经济网络中不可或缺的一环，服务业又被称为"第三产业"，是国民经济中除了第一产业（农业、林业、渔业）、第二产业（采掘业、建筑业、制造业、自来水、电力、蒸汽、煤气、热水的生产和供应业）之外的产业。

简单了解一下，国际标准化组织制定的ISO 9000标准中对服务的分类按以下序列展开。

①接待服务，即酒店、饭店、旅行社、娱乐场所、广播、电视和度假村。

②交通与通信，即机场、空运、公路、铁路和海上运输、电信、邮政和数据通信。

③健康服务，即医疗所、医院、救护队、医疗实验室、牙医和眼镜商。

④维修服务，即电器、机械、车辆、热力系统、空调、建筑和计算机。

⑤公用事业，即清洁、垃圾管理、供水、场地维护、供电、煤气和能源供应、治安和公共服务。

⑥贸易，即批发、零售、仓储、配送、营销和包装。

⑦金融，即银行、保险、生活津贴、地产服务和会计。

⑧专业服务，即建筑设计、勘探、法律、执法、安全、工程、项目管理、质量管理、

咨询和培训与教育。

⑨行政管理，即人事、计算机处理、办公服务。

⑩技术服务，即咨询、摄影、实验室。

⑪采购服务，即签订合同、库存管理与分发。

⑫科学服务，即探索、开发、研究和决策支持。

1.1.3 服务是功能服务与心理服务的双重服务

1）服务是兼有功能服务与心理服务的双重优质服务

"服务"具有双重功能，不仅能够满足基本的功能服务，同时也应该满足顾客对于心理服务的需求。换句话说，服务是一种特殊的产品，区别于有形产品，服务具有自己的特殊性质。

以旅游服务为例，从游客角度出发，旅游服务的功能服务是指帮助顾客解决食、宿、行、游、购、娱等方面的实际问题，并使顾客感觉到安全、方便、舒适的服务。通俗来讲，功能服务是基础服务，即"硬服务"。花钱旅游的游客想得到什么呢？首先，顾客总是带着一些很具体或者很实际的问题来的。如要吃美食、要体验酒店、要娱乐、要观光、要购物等，为顾客提供规范而令人满意的服务是旅游服务的第一功能。按照对"服务"的狭义理解，服务就是指为顾客解决实际问题的"功能服务"。然而，这并不是"服务"的全部，也不是顾客来旅游的全部需要。如果一家旅行社只能满足顾客对旅游"功能"的需求，那么顾客是不会真正满意的，旅行社也就不具备更强的竞争力。顾客在旅行途中希望旅行社解决其实际问题的同时，更期盼得到的是"品质、安心、价值、感觉、服务与文化"。而这些"期盼"又没有固定的标准可以衡量，唯一衡量的标准就是顾客的认可。所以，尽心尽力为顾客提供"满意加惊喜"的心理服务就成为当下旅游业的追求了。

近几年，随着旅游业的蓬勃发展，一些"天价鱼""天价虾"的报道屡见不鲜，其中暴露出的旅行社运营不规范，从业人员服务意识淡薄，价格竞争激烈，导致旅行社争相压缩成本而忽视了服务质量等问题成为社会关注的焦点。一方面，国家行业整改制度的完善能够有效规避以上漏洞；另一方面，需要从业者、服务者重视心理服务，让游客在旅游中体验轻松愉快的人际交往过程。

2）服务双重性在人际交往中的体现

"服务即交往，交往即服务。"这是服务的双关系理论。在这个理论中，可以说，服务是通过人际交往实现的，是轻松愉快的经历。既然有人际交往，那么交往的双方都参与了服务，服务者与顾客之间建立了直接的心理上的联系。

发达国家大都认为，如果你对企业所提供的服务满意，你可以支付10%的小费，以示礼节性的感谢。在维也纳一般的中国餐馆里，小费也达到营业收入的3%左右。在很多高星级饭店里的行李员是没有固定工资或底薪的，但员工还争相做饭店的行李员。我们常常可以看到这样的现象：一瓶饮料，由饭店服务员从吧台倒入杯子里，送上餐桌，顾客除了支付酒单上的定额以外，还支付了10%的小费。小费是一种宾客为享受"免除举手之劳"的费用，同时也是激励服务者提供情感服务的一种奖赏。可以说，酒店产品是一种高服务的产品。

被誉为"美国酒店大王"的斯塔特勒认为，"酒店业就是凭借酒店来出售服务的行业"。酒店要有豪华各色的餐厅、清洁如新的客房，但酒店之所以要有餐厅、客房，并不仅仅因为它要把这些餐厅和客房出售给顾客，更是因为如果没有这些硬件设施，它就无法给顾客提供满意的"客房服务"和"餐饮服务"。这就是说，酒店是凭借客房来向顾客出售"客房服务"，凭借餐厅来向顾客出售"餐饮服务"的。

换句话讲，餐厅如果只是向顾客出售食品和饮料，它就和一般的食品店没有任何区别了。餐厅与食品店最大的不同就在于既向顾客出售有形产品，又向顾客出售"餐饮服务"。所以，我们不难看出，酒店向顾客出售的是"服务"，交换的是心理上的联系。顾客来到酒店，如果买到的只是一般的东西而不包括"服务"，那么，酒店就没有了它存在的价值。

正因为如此，我们再次强调，我们可以将家电商场或超市的消费者看作是"花钱买使用"。而来到酒店的顾客不仅有着"花钱买使用"的需求，更重要的是有"花钱买服务买享受"的心理。我们的顾客会带着对奢华温馨酒店环境的想象，带着对方便快捷、细致入微酒店服务的期待，享受包括物质和精神等多个方面的酒店服务的心理，充满信心地"经历轻松愉快的人际交往"。

服务者要通过与顾客的交往为顾客提供服务，从这个意义上讲，"服务即交往"。这是因为：服务者能够让顾客经历轻松愉快的人际交往，酒店员工的彬彬有礼、谦逊恭敬、友善助人的服务，才会给顾客一种可贵的"精神享受"。我们说，要让顾客经历轻松愉快的人际交往，是要让顾客在与酒店工作人员打交道的全过程中感受到这种愉快。这种经历，可能开始于一位朋友对这家酒店的评价，开始于顾客打给酒店的第一通电话，吃到的第一次外卖……当然，更多的顾客经历来自于酒店周到细致、殷勤有度的前厅服务，来自于味美可口、色香味形器都让人耳目一新、物有所值的菜食产品的餐饮服务，洁净如新、方便快捷的客房服务，以及沁人心脾、给人享受的康体娱乐服务。即便如此，这些还不足以让顾客经历全过程的轻松愉快。顾客的"愉快"，可能会因为某位员工的一个漠视、一个不规范的操作一扫而光，也会因为顾客的投诉处理没能受到关注或及时解决而从零开始。所以，服务是脆弱的，要想让顾客得到完全"轻松愉快"的经历，需要我们每一位员工、每一个服务与管理环节，每一次客我交往都完全成功。

3）服务者应以"黄色"情绪为基调提供服务

从心理学的角度理解服务，心理学家用"七色情绪谱"来表示人的不同情绪状态，人的情绪主要是在7种不同的状态之间变来变去。当服务者和顾客在一起时，他的情绪状态如何，就不仅仅是他个人的事了。服务者的情绪会向周围扩散，会使周围的人受到感染。如果服务者的情绪状态很不好，单凭这一点就已经得罪了顾客。所以，服务者必须注意调整好情绪状态。心理学家用"七色情绪谱"来表示人的不同情绪状态："红色"——激动、兴奋，"橙色"——快乐、温馨，"黄色"——明快、愉快，"绿色"——安静、沉着，"蓝色"——忧郁、悲伤，"紫色"——焦虑、不满，"黑色"——沮丧、颓废。服务者在为顾客服务时，一般应以"黄色"情绪作为自己情绪状态的基调，这样才能给顾客精神饱满、工作熟练、态度和善的好印象。在服务过程中，即使情绪变化，幅度也不能太大，向上不能超过"橙色"，向下不能超过"绿色"。作为专业的服务者，只要塑造出良好的文化人格，扮演好"提供服务者"的角色，就能以双重优质服务赢得顾客满意。

> ⭕ 小 看 板
>
> "红色"——激动、兴奋
> "橙色"——快乐、温馨
> "黄色"——明快、愉快
> "绿色"——安静、沉着
> "蓝色"——忧郁、悲伤
> "紫色"——焦虑、不满
> "黑色"——沮丧、颓废

【案例1.3】

测试："心情谱"透视你的情绪

今天你开怀大笑了吗？今天你感到快乐了吗？如果你经常以否定来作答，那么你的心情就需要好好呵护了。房间脏了可以打扫，东西乱了可以收拾，而心情呢？如果最近心情不好，有没有办法把它好好整理一下？体温能用温度计测量，体重用磅秤计测量，血压、肺活量也可以用仪器测量。那么，人的"心情"应该怎样衡量？不妨试试这个方法，给自己画个心情谱吧。让我们一起学习怎样测量心情、管理心情。

先给自己画一个"心情谱"。

说到"心情"，人总觉得那是一种看不见、摸不着的东西，一个人什么时候拥有什么样的"心情"，恐怕只有自己知道。那么，怎样才能对自己的"心情"有个具体了解，以便好好地管理它呢？现在就让大家掌握一种办法。

借助物理的光谱、波谱以及色谱的概念，我们假设人类的心情也有这样一条"谱"，并且把它记录下来加以研究。

好，现在就行动。请准备一张白纸和一支铅笔，测一测你的心情。

首先，用铅笔在白纸上画一条直线，像我们小时候画过的"数轴"。然后从左到右在直线上平均画出10个刻度，分别写上1至10的数字。

接着，把你认为的坏心情用熟悉的词汇描述一下：痛苦、忧伤、悲哀、愤懑、沮丧、烦躁或者郁闷？再用同样的方法表达心情一般的时候：麻木、索然无味、平淡还是宁静？最后，让我们满怀憧憬，想象一下你所期待的好心情：欣慰、满足、愉悦、感恩、激动、兴奋，乃至幸福。

请从这些词汇或者你认为更合适的词汇中挑选10个，以你的理解，按照不同程度的心情由低向高排列，并标注在相应的数字刻度下：

1痛苦、2沮丧、3郁闷、4索然、5平淡、6宁静、7欣慰、8愉悦、9兴奋、10幸福。

评价一下你现在的心情，请在"心情谱"上选择与你心情相对应的词汇。如刚遭遇不幸，非常痛苦，你的心情指数就是1；若是觉得"没劲"，情趣索然，你的心情指数就是4；假如衣食无忧，家庭和睦，心情介于宁静与欣慰之间，你的心情指数就是6.5；而要是刚买了车，加了薪水，或者孩子上了重点中学，比较兴奋，你的心情指数就是9。由于每个人的感受不同，因此，即使遇到同样的事，心情反应的程度也是不同的。比如同样是新婚燕尔或是金榜题名，有的人可能感觉非常幸福，也有的人仅感到愉悦而已。

用"心情谱"了解自己的心情特点。

除了可以测量心情指数，还可以通过以上这条"心情谱"了解自己的心情特点。

如果你的心情指数波动不大，比如从平淡、宁静到欣慰，或从郁闷、索然到平淡之间徘徊，维持在3个数级内，说明你的心情谱较窄，情绪相当稳定。

如果你的心情指数经常在4到6个数级之间波动，说明你的心情谱相对宽泛，心情感受较为丰富。

而你的心情指数若是超过6个数级，跳跃幅度较大，既可以感受到深深的痛苦，又能够体验到莫大的幸福；或者忽而沮丧，忽而兴奋，那就表明你的心情谱相当宽，并且细腻、敏感，但情绪不够稳定。

通过这条"心情谱"，还能了解人的心情背景：如果心情谱偏右，指数经常在5以上，表明你的心情背景较为明朗；如果心情谱偏左，指数经常低于5，那就显示你的心情背景比较阴郁。

请你做做看

_____

_____。

评析

为自己营造一个好心情。当测量了自己的"心情"，了解了心情特点后，就可以有的放矢地为自己营造一个良好的、有益于健康的内心环境了。如已知你的心情谱较窄，心情指数经常徘徊在1和3之间，内心不能摆脱痛苦、沮丧和郁闷，生活总被负面情绪所笼罩，这个时候，就需要对自己进行心情管理了。那么，怎样才能消除不良情绪，使自己经常保持一个好心情呢？

请你说说看

_____

_____。

【案例1.4】

1.每日"入静"5分钟

人的心情，用白岩松的说法是："幸福和悲伤占了5%，剩下的就是平淡。"能够常保持平淡心，其实也不易。人生在世，不如意事十之八九，而且这种不如意往往不以个人意志为转移，怎么办？最有效的办法是调整和适应。

每当遇到心情不好的时候，不是想平静就能平静的。改善心情的途径固然很多，但都需要一定的时间和精力。不妨试试一种简单的"心情保健操"，每天只需要5分钟。

无论何时，无论何地，无论站、坐还是卧，但最好独处一隅，选择一个你认为最舒适的体位，将身体展开，完全放松。

平心静气、闭目安神、自然呼吸、万念皆抛，把5分钟化整为零，一秒一秒地静静品味，进入一种恍惚的状态，仿佛天地间只有你自己。5分钟结束，接着做你想做或者应该做的任何一件事，尽可能地全身心投入。

感觉一下，心情是不是好些了。

2.你微笑，世界也微笑

一位在一家发行量很大的杂志社任主编的朋友，名片上除了姓名和联系方式，没有任何头衔，只印有一行字：你微笑，世界也微笑。每当他递出名片的时候，都能看到对方会心地微笑。

微笑，是人类传达亲和态度的表情。在心情好的时候，人们才会经常微笑。只有会微笑的人，才能在人际交往中更受欢迎。

建议：每天多微笑几次，不仅是对熟悉的人，也可以对陌生人。这样，你就必然经常收获人们友好的笑容。人类微笑的时候样子很好看，不信你对着镜子照照。当你对别人微笑时，别人也对你微笑。当你由衷地微笑时，你会发现整个世界都在微笑。

3.寻找快乐之门的钥匙

让自己快乐，看起来容易，做起来却很难。尽管我们每个人都不会跟自己过不去，但实际上，人们许多坏心情都是自己给自己造成的。

有人可能会说："心情不好，不是我的错，而是受到客观事物的影响。如上班乘公交车，有人拥挤，引起我不满。单位领导行事不公平，想提意见又怕被报复，所以不愉快。"总之，自己心情不好都是因为他人行为所致。

问题就出在这里。日常生活中，烦恼也罢，失望也罢，不平衡也罢，几乎所有的"刺激源"都来自外界。所以每当遇到不开心的事，人总是习惯于从外界找原因，很少冷静下来向内从自身找原因。往往忽略了自己的内心世界和自身存在的问题。

你可以认真分析一下自己：期望值是不是过高？希望是不是不切实际？所了解的信息是否不够全面、准确？与对方是否缺少必要的沟通？沟通的技巧是否不够艺术？也许自身的问题解决了，导致负面情绪的原因就消散了，你的心情也就晴朗了。开启快乐门的钥匙，其实就在你自己手中。

服务意识自我塑造

我的黄色情绪是这样的：

_____。

我的"服务"还包括：

_____。

4）做好顾客的"镜子"

服务是用你的自我形象做好顾客的镜子，进而提升顾客自我形象的过程。形象到底是什么？弗洛伊德理论是这样描述自我形象的：本我是人格中最原始、最不容易把握的部分，由一切与生俱来的本能冲动所组成。这些本能不懂得逻辑、道德和价值观，其活动只受快乐原则支配。自我是现实化了的本能，是在现实的反复教训之下，从本我分化出来的一部分。这部分不再盲目地去追求满足，而是在现实原则的指导下，力争避免痛苦又能获得满足。超我是道德化的自我，被认为是人格最后形成的，而且也是最文明的一部分。主要作用是按照社会道德标准监督自我的行动。自我，其德文原意即是指"自己"，是自己可意识到的执行思考、感觉、判断或记忆的部分，自我的机能是寻求"本我"冲动得以满足，而同时保护整个机体不受伤害，它遵循的是"现实原则"，为本我服务。自我处于本我和超我之间，代表理性和机智，具有防卫和中介职能，它按照现实原则来行事，充当仲裁者，监督本我的动静，给予适当满足。自我的心理能量大部分消耗在对本我的控制和压制上。任何能成为意识的东西都在自我之中，但在自我中也许还有仍处于无意识状态的东西。

弗洛伊德认为人格的这3种构成不是静止的，而是不断地相互作用着。健康的人这3种作用必然是均衡协调的。本我是生存的必要原动力，超我在监督和控制主体按照社会道德标准行事，自我调整冲动欲望，对外适应现实环境，对内调节心理平衡。如果这3种力量不能保持动态的平衡，就将导致心理失常的产生。

根据服务的"3秒钟印象"理论，作为现代服务企业的服务者，要在3秒钟的短暂时间里换得顾客的最佳自我形象，你就是这个"两分钟的世界"的导演。那么，你只有一分钟向顾客展示你的企业，另一分钟就是让他们喜欢上你的企业。在这两分钟里，你的任务就是建立顾客的自我形象，用你优雅的姿态、礼貌的言行、落落大方的举止，接近顾客的预期与需求，用你真诚的态度建立顾客恒久的忠诚。你能让顾客对他自己满意，他一定会对你满意；你让顾客对他自己不满意，他一定会对你不满意。

小 看 板

你对我热情，我就喜欢你
微笑多一点，做事勤一点
效率高一点，点子多一点
脾气小一点，小事谦让点
嘴巴甜一点，谈话轻一点
行动快一点，理由少一点
肚量大一点，人情好一点

5）服务因你存在

我们先来分享一个案例：

希尔顿酒店公司使命书

我们的使命是：被确认为世界最好的第一流的旅馆的组织，持续不断地改进我们的工作，使为我们宾客、员工、股东的利益服务的事业繁荣昌盛。

对成功地完成我们使命至关重要的是：

人

这是我们最重要的资产。参与、齐心协力和承担责任是指导我们工作的价值观。

产品

这是指我们提供的活动、服务和设施。它们必须被设计成和经营得具有高品质，能始终满足我们宾客的需要和期望。

利润

这是我们成功的最终衡量标准——衡量我们是否能很好、很有效率地为宾客服务。利润也是为我们生存和发展所需要的。

质量第一

我们产品和服务的质量必须使宾客满意。这是我们放在第一位考虑的有限目标。

价值

我们的宾客应该享有在公平合理价格下的高质量的产品。这是指导我们发展业务的价值观。

不断改进

绝不停留在过去的成绩上，通过创造性的努力，不断改进我们的产品和服务，并提高我们的效率和盈利率。

齐心协力

在希尔顿酒店，我们是一个家庭的成员，一起合作把工作做好。

完善

我们决不对违反希尔顿行为准则的现象妥协——我们要对社会——我们保证追寻希尔顿在公平和完善方面的高标准。

讲到这里，我们可以自豪地说服务因你而存在。服务者是服务的提供者，服务的优劣好坏是因客我双方的交往过程决定的。而代表企业提供服务的主动方则是服务者，那么决定顾客感受的满意程度从某种意义来说是由服务者决定的。

服务者在服务过程中，"4S"起到很重要的作用。即Smile（微笑）、Speed（迅速）、Smart（灵活）、Safety（安全放心）。不管何时何地，你用一副自然微笑的面容，来迎接你的顾客，都是最重要的事情。顾客看到服务者专业友善的笑脸，首先就会感到放心。笑脸常常是促成顾客不虚此行并产生购买动机的最基本因素。此时，服务就这样开启了。在服务过程中，最令顾客感到不满的是：顾客常常不知道要花多长的时间，才能享受到服务，人人都不喜欢无聊地等待。如果服务者经常用"马上就好""Wait a minute"来回复顾客的催促，那么这样的服务已经不会让顾客满意了，或者至少是让顾客怀疑的服务了。所以，快速敏捷的服务是服务存在的价值所在。关于"Smart"（灵活），一个不研究或不熟悉操作程序的服务者，就不可能有操作技巧，也难以养成良好的操作习惯。也就是说，即使做同样的服务操作，由于作业程序不合理，也会使得动作缓慢，浪费时间。服务者应该是拥有良好操作习惯和娴熟操作技巧的专门人才，我们常常看到吧员娴熟的花式调酒技术展示，顾客在品酒之前就已经感受到了服务的美，带着这种美的享受，再来品尝美酒，岂不快哉！一位优秀的服务者，是能够通过娴熟的技艺、灵活的服务方式给顾客以服务的享受和美好感知的人。当然，安全放心，不单是顾客的要求，也是提供服务与产品的企业的希望。一切服务与产品，都是以实现人们的"舒适生活"为目的而存在的。换句话说，安全放心是任何服务企业的责任，也是任何承担服务工作的服务者的责任。

你是否微笑对待每一位顾客，你是否用心提供服务，你是否做到了快速敏捷，你是否有着娴熟的工作技艺……服务因你而在，服务因你而荣，服务因你而败。

服务意识自我塑造

我所向往的服务是：

_____。

我的"服务"还包括：

_____。

1.2　服务的3个层次

服务发展到今天，已经从原来的满意服务，发展到惊喜服务，再到感动服务了。这便是服务的3个层次。通常我们用一个完美服务链来阐释服务。这条服务链的4个环节是：热情对待每位顾客，做在顾客到来之前，设法满足顾客需求，让顾客惊喜和感动。现在，我们的每个员工都懂得如何抓住服务中的3个机会："当你准备对顾客说'不'时，用心做事的机会就到了；当顾客有个性需求时，让顾客惊喜的机会就到了；当顾客有困难需要帮助时，让顾客感动的机会就到了。"抓住一切机会给顾客一个意外的惊喜和超值的享受，给每位顾客留下一点值得回忆的美好故事，让顾客牢牢地记住你的品牌，成为大家的共同追求。优质服务是优秀员工创造出来的，优秀员工是培养出来的。我们把培养员工看作是一种社会责任，把企业当成一所育人学校，下大力培养优秀员工。我们深信：对员工的关心和培养投入越大，员工对顾客的付出越大，顾客对我们的回报越大。在海景，好员工的标准是：多做好事，少做错事，不做坏事。一点差错不出是不可能的，但通过培养训练可以做到让员工少出差错，通过文化特别是道德的力量可以使员工不做坏事。企业实行学校式学习培训，全面提高员工文化素养。企业文化学习成为员工的必修课。每个员工每周文化

学习时间不少于6小时。十几年的文化渗透，使酒店好的文化理念深深植根于员工之中，使顾客意识和服务观念不断升华。

一位老者的妻子因手术失败而过世，老人非常悲痛，难以走出妻子去世的阴影。收拾好妻子的遗物，老人踏上了自己和妻子规划已久的第一次海外之旅。在航班上，老人像往常一样为过世的妻子选了靠窗的座位，郑重地将妻子的机票折进口袋内，当空乘倒水的时候，老人也为妻子要了一杯。没有任何怀疑或者不解，空乘人员很快为老人又拿来了一杯水，隔了一会儿，空乘又回到老人的身边，蹲下身说："夫人的餐点为您准备好了，我能为您送过来吗？"久违的笑容慢慢在老人的脸上扩散。这份感动提供得恰到好处。只有在这一刻，在空乘人员贴心的服务下，去世的妻子才被记得，被尊重，老人的悲痛才得以慰藉。

如何提供感动服务呢？掌握基本的感动服务技巧，并巧妙运用到实际工作中。在做好企业规定的标准化和程序化服务基础上，再通过服务者的服务给顾客惊喜，让顾客感动，给顾客留下美好的服务体验和可以传颂的故事。只有把顾客当作亲人，感动顾客，让顾客留下深刻的印象并超出顾客的期望值，才能创造和留住每一位顾客。顾客的需求永远是随时移动的目标，他们今天对你的期望永远比昨天高，因为同类企业之间的竞争为顾客提供了最好的机会和市场期待。那么，"满足"的顾客回头率与"感动"的顾客回头率的差距有多少？"没有打算再次光临"的第一个理由是什么？在14万人的调查中，多数原因是没有什么特别的原因，其中1%的顾客去世了，3%的顾客搬家了，4%的顾客自然地改变了偏好，5%的顾客听从了朋友的劝告，9%的顾客到其他地方选择了更好的消费场所，10%的顾客是习惯性的抱怨者，68%的顾客选择别的场所是因为原来的公司对他们的需求漠不关心。关于回头率的调查还显示：不投诉者占9%（但其中91%不会再回来），投诉未得到解决者占19%（81%不会再回来），投诉得到解决者占54%（46%不会再回来），投诉迅速得到解决者占82%（仅有18%不会再回来）。由此可以清楚地看到，只有顾客真正的认可才会再次光临你的企业。所以，服务企业必须加强员工团结协作，互帮互助，调动员工对服务工作的热爱以及工作的积极性。通过感动顾客得到其认可，造就个人成就感和对企业的归属感。有满意的员工才有满意的顾客。管理者感动员工，员工才能为顾客提供感动服务。物质生活和酬劳并不一定让你产生自豪，只有那些你出手相助，被你改变过的人和事才会让你自豪。同时，服务者必须树立良好的服务理念：对顾客一要衷心感谢，二要优质服务，树立"我为人人，人人为我"换位思考的理念。充分理解顾客的需求，充分理解顾客的心态，充分理解顾客的误会，充分理解顾客的过错，创造和留住每一位顾客。创造是开端，留住是关键。据研究，吸引一个新顾客所花的时间，是留住现有顾客所花时间的6倍多。同时，只有留住了顾客，市场这块蛋糕才会越来越大，才能够带来效益。

服务成功的要诀是追寻顾客赞誉口碑。服务者要精心、用心地培植广大顾客群体来自社会层面中的口碑。时刻以顾客的隐含需求为中心，兼顾企业利益适时适度、态度虔诚地对待每一位顾客。

【案例1.5】

10个服务细节中的感动服务

1.柠檬水PK白开水

消费者去餐厅就餐,落座时每家店的服务千差万别,有的餐厅会端来免费茶水,有的是一杯白开水,有的是一杯凉爽的柠檬水,有的什么也不给,端给顾客的任何水都需要花钱。区区"水事",餐馆也许觉得是小事情没什么,但给消费者的心理感受却大不一样。要知道,现在消费者心目中,除了菜品本身,服务已经成了他们是否再来这家店的最主要因素之一。

2.等位的服务

好的餐饮店,不仅是那里的东西好吃,更好的是店里的服务。服务员的态度且不提,单说餐饮店在顾客等位时是如何招待的,若当时至少有四五十位顾客等在那里,餐饮店为等位的顾客提供了西瓜、饮料,有的顾客还兴致勃勃地打起了扑克牌。

见过许多生意好的餐厅,有的餐厅居然让顾客们在门外拿着号候着,这叫人怎么等得下去?西瓜也好,饮料也好,瓜子、茶水、小点心等东西,和餐厅即将赚到的钱比起来,成本实在不算太高,把一批顾客稳住了,流水就上去了。这之间的得失,不用说大家也知道了吧。

3.戴手套服务

顾客最讨厌的一件事情,莫过于服务员端菜时把手指伸进了盘子里。当然,大部分餐厅服务不至于这么恶劣,但大部分餐厅在端菜这个环节确实也不够讲究。有的餐厅就不同了,他们要求服务员统一戴白手套服务,这样,无论是在摆盘还是端菜的时候,都让顾客感到很干净卫生,心里也安心,对这家店的印象分马上就上去了。

4.洗手间里的针线袋

细节做到位的餐厅,不只对顾客吃饭的地方讲究,洗手间尽管只是餐厅的附属部分,但绝不能马虎。虽然不要求洗手间装潢得跟宾馆似的,但干净卫生是一定要注意的。一瓶洗手液、一卷卫生纸能花多少钱?

有的餐厅,在洗手间的墙上能看到一个袋子,其中装有各色的线和缝衣服的针,这是为了在顾客万一遇到裤子拉链坏了、扣子掉了等特殊情况时,可以避免尴尬。其实,能用得上这些针线的几率特别小,但这样的服务,细致周到,让人感动。

5.意见卡PK意见本

公司建议加盟商在餐桌上放置别致的意见卡,上面工整地打印着"您最喜欢哪道菜""您对哪些地方不够满意""其他意见"等内容。顾客吃完饭,在等服务员结账的时候,就可以进行填写,使餐馆能迅速掌握顾客的意见。与一些餐厅由服务员拿着意见本找顾客让其打分的做法相比,这样的意见卡既方便,又快捷,还能让真心提出意见的顾客不感到尴尬。

6.书签名片

每家餐厅在服务台都有订餐卡,顾客吃完饭之后即可拿走,以方便下一次订餐。大部分餐厅的订餐卡都简单朴素,跟名片差不多。公司建议可以把订餐卡做成书签状,精美到完全不用服务员给顾客，许多顾客走之前都主动拿走一张。这样一来，随着这些卡片被带走，餐馆的名字和相关服务项目也带到了千家万户。

7.带袖套吃饭

顾客落座了，菜端了上来，服务员走过去，贴心地问："您需要袖套吗？"这是品牌餐馆的服务。吃饭时满桌子的菜，又是酒水、饮料的，有的顾客还带着小孩，一群朋友吃饭，个个都穿得漂漂亮亮的，不小心把油弄到了袖子上，多扫兴啊。袖套也不会带走，只是送顾客用一用，回头洗干净消毒了就成，成本低，服务贴心。

8.送您一张幸运条

这是美国的中餐馆流行的游戏：就餐完毕后，最后的点心叫签语饼，饼里包有一张纸条，纸条上的内容不一而足，有的是幸运数字，有的是一些格言。

9.画笔筷子一桌

顾客来就餐的时候，在桌子上除了摆放餐具和杯盘之外，还有画纸和画笔。服务员介绍：在这家餐馆就餐的消费者，在等待点菜或者等菜的时候，可以随意利用手边的绘画用具进行"涂鸦"。如果顾客对自己的作品很满意，还可以贴在餐馆墙上进行展览。这样一个小细节，不仅帮助顾客消磨了等待时间，而且争取了回头客，可谓一举两得。当然，这种细节，更适合主题餐厅。

10.饭后银碎袋

顾客去餐厅就餐，结账的时候，服务员呈上一个精美的小纸袋，上面印着"银碎"两字，服务员说这是找您的零钱，朋友很欣喜。一个小小的银碎袋，对顾客来说并没有多大的实际作用，最多拿回家当针线袋，但这体现的是一种服务的态度，顾客欣喜，带来的是经营者的欣喜。同时，餐厅还可以将地址、电话等内容印在银碎袋上，一举两得。

请你说说看

_____
_____。

评析

在餐饮日益同质化的今天，细节已经成了竞争的一个重要筹码，从某种意义上来说，细节铸造的即是品牌。作为服务行业的餐饮业，如果不以顾客为本，不用心钻研顾客的消费心理，不加强服务素质，要走得长远将会很难。只有细节的关怀才会给顾客留下感动的体验。

【案例1.6】

餐饮服务有问必答

1.顾客要服务员将菜打包，并打包一盒米饭。

服务员应主动问："需要准备一双筷子吗？"

2.餐厅服务员听到顾客接电话还要来一位顾客。

服务员应立刻备一套餐具上桌。

3.顾客接电话，需要记录电话号码或"要事"。

服务员应主动送上笔和本子（或一张纸）。

4.顾客见菜上得很慢，四处张望，表情很着急。

服务员应立即上前安抚顾客："您好，您如果赶时间，我可以帮您把菜催一下。"

5.顾客自带酒水。

服务员应主动上前接下顾客手上所拎的酒水。

6.顾客站在礼品柜前看礼品。

迎宾员有责任上前为顾客介绍活动准则。

7.顾客喝多了。

服务员应为顾客送上一杯浓茶。

8.顾客进餐因食物太辣呛着。

服务员应为顾客送上一杯温水。

9.顾客从门口进店，无迎宾领位。

服务员应主动问顾客是否有预订。

10.顾客带有小孩进餐。

服务员应主动准备Baby椅。

请你说说看

你会怎么办？

1.酒席主人送完顾客后。

2.顾客进餐后在剔牙齿。

3.你推门进去，发现你办公室里坐着一位陌生人。

4.与行动不方便的老人共同进餐。

5.包房有两位顾客同时进洗手间。

1.3 高尚的服务精神

什么是高尚的服务？高尚的服务是一种能够站在别人需要的基础上，为他人主动提供帮助和需要的服务精神。这种服务精神是能够在客我交往过程中，通过自己的尽心努力为顾客提供帮助而感到快乐的执着追求。

直到你真的用心服务了，你才会真正领会到小时候课本里讲到的"助人为乐"到底是怎么一回事。你会因为你的努力得到了顾客一声"谢谢你"而兴奋一天，你会因为顾客脱口而出你的名字而快乐不已。应该说，服务环境是最耐人寻味也是当你离开时最难忘的一个工作氛围。那里的彬彬有礼，那里的举止有度，那里的满园春色，都会让你恋恋不舍。

高尚的服务内涵包括以下几点：

1.3.1 从"自我中心"到"顾客中心"

世界上，各个行业都给服务下过不同的定义，但核心内容都有一点，即服务是为顾客提供方便的。无论企业的核心产品是什么，服务都应是这家企业永远不败的最终保障。而以顾客为中心的服务是企业生存之本。我们以这些年来迅猛发展的快递服务业为例，进一步认识服务。

众所周知，小件货物的运输在过去是非常花费时间的，而且，还有顾客自己将货物拿到邮电局的营业厅内，排队、打包、交钱、领回执。还要牵肠挂肚到很久才得知货物被寄到的消息。后来，EMS等一系列快递服务业务的出现，戏剧性地改变了这一窘迫的状况，价格是贵了些，但缩短了邮寄时间，保证了邮寄的准确率，让顾客更加安心放心了。显然，快递业的到来，标志着以顾客为中心的服务精神，实现了可操作化。

另一方面的进展，是这种服务精神，正在渗透到政府机关的工作作风中。在"官本位"依然存在的当下，这个意义是具有革命性的。"门难进，脸难看，话难听，事难办"是人们形容政府"衙门模式"的一个定论。因为有了"服务"这一理念，"政府工作"向"政府服务"转向，政府工作人员成为真正的国家公务员，提供更多的是公务服务，内涵很深刻，而关键点是公务人员服务态度的改变，政府服务意识正在不断地加强。这种服务的转变，是政府的改革站在了以百姓为中心，为百姓服务的角度开始的。政府把百姓看作它的顾客，不断改进作风和做法，为百姓提供更加安居乐业的政府服务。

1.3.2 服务是提升产品价值的途径，并创造"附加价值"

首先，我们说，服务使产品更加充实，更加活跃，更加有生机。过去说起"快餐"，人们的一般印象就是冷冰冰的粗茶淡饭，是填饱肚子的事。如今，我们已经十分熟悉和喜爱这些快餐品牌，如"肯德基""必胜客""永和大王""蓝与白"等，它们给顾客的体验是简单、安全、快捷、时尚与难忘的记忆。事实上，快餐业只是做到一点绝对的改变，那就是改变顾客最初对快餐的评价和认识：把"冷冰冰"改为"热乎乎"，把"粗茶淡饭"改为"时尚便捷"，把"填饱肚子"改为"真情享受"。这些改变无一不是站在顾客立场上，在饱餐的基础上提升了服务的价值，产生了"时尚""休闲""享受"等附加价值。

其次，我们必须再次提及服务精神。正是有了这样对服务无限追求的服务精神，我们也在不断提升和改变着服务的产品价值。服务是使顾客可以安心购物的根本原因，服务还体现了人文关怀，即对顾客、顾客的要求、顾客要的东西都表现出高度关心和细致入微的用心。这种高度的关心和用心，是我们每一位服务者都必不可少的，应该做到的，而且不管在何处，都应该保持的永久态度。服务精神，改造了管理思维和体制。随着服务精神的变化发展，即使在企业内部，与服务相关的工作岗位，也在不断增加。人力、行政、总务、财务等管理部门，也在慢慢转变为企业的内部服务机构，他们直接为营业部门的内部顾客服务，间接为外部顾客服务。这就是现代服务企业的"倒三角管理体制"。服务精神正在而且将继续改变人们的管理思维，甚至管理体制，其意义非常重大。

服务意识自我塑造

我是服务者，我将这样为顾客提供服务：

我还需要在这些方面努力：

模块 ②

顾客的服务需求

顾客的服务需求是指顾客在体验服务之前、体验服务的过程中以及体验服务之后这3个时间段对服务的需求，这种需求是有层次的。

在早期的需求研究中，马斯洛的需要层次理论、麦克莱兰的三需要理论和奥尔德弗的ERG理论等从生理和心理的角度对顾客的服务需求作出了解释，比较著名的马斯洛理论把需求分成生理需求（Physiological Needs）、安全需求（Safety Needs）、爱和归属感（Love and Belonging）、尊重（Esteem）和自我实现（Self-actualization）5类。

随着市场的不断完善和顾客新需求的出现，后续对顾客服务需求的研究开始关注顾客价值层次。Christopher（1991）等将供应商的提供物分成4个层次，分别对应顾客的不同需求：核心层对应顾客最基本的需求；期望层包括核心产品和顾客最小限度的期望；扩展层是使企业区分于其他竞争者的区域；潜在层包括所有只对部分顾客有用的潜在的附加特征和利得。Woodruff（1997）基于信息处理的认知逻辑，认为顾客通过"手段—目的"方式形成需求，自下而上依次为属性层次的需求、结果层次的需求和终极目标需求。

服务的实施在很大程度上取决于与顾客进行互动的服务者。讨论顾客的服务需求对于服务者来说，是至关重要的，只有知己知彼，才能投其所好。只有理解了什么是顾客、顾客的群体范围和顾客的差异，才能明白我们为谁提供服务；只有理解顾客怎样认知和评价服务，才能有的放矢地提供顾客真正需要的服务；只有见识过优质的服务案例，才能举一反三在自己的岗位上发挥想象，针对自己接触的顾客提供适合的优质的服务。理解掌握顾客的服务需求，就是理解服务的立身之本，把控服务的生命之源，为我们的服务工作提供有效的理论基础与活学活用的有效范例。

2.1　站在顾客立场上提供服务

顾客是服务的对象，也是服务的体验者，我们提供服务，归根到底是满足顾客的需求，让顾客满意。顾客的消费与服务的提供密不可分，顾客直接参与并影响服务与交易的进行，并通过顾客与顾客之间口碑的传播，间接影响潜在的后续服务。如果没有顾客对于服务的需求，很多行业将不复存在。可以说，顾客是服务行业的中心，顾客占有率决定着市场竞争力。优质的服务可以使企业创立个性，增加竞争优势，在顾客众多的选择中脱颖而出。

站在顾客的立场上提供服务既是服务的出发点，即服务者认识服务的前提，提供服务的立场，又是服务者提供服务的落脚点，即提供服务的目的。

2.1.1 什么是顾客

1）顾客的概念和范围

【案例2.1】

铁杆与钥匙

一把坚实的大锁挂在大门上，一根铁杆费了九牛二虎之力，还是无法将它撬开。钥匙来了，他瘦小的身子钻进锁孔，只轻轻一转，大锁就"啪"地一声打开了。

铁杆奇怪地问："为什么我费了那么大力气也打不开，而你却轻而易举地就把它打开了呢？"

钥匙说："因为我最了解他的心。"

请你说说看

_____

_____。

评析

每个人的心，都像上了锁的大门，任你再粗的铁杆也撬不开。作为服务者，只有了解顾客所思所想，才能将提供的服务化作一把细腻的钥匙，进入顾客的内心，提供顾客所期待的服务。现代服务一定要了解顾客所想，换位思考，以心换心。

顾客这个词根植在我们的生活中，我们每一个人都扮演过顾客的角色，体验过这样那样的服务。在我们的生活中，服务无处不在，从早上睁眼开始，打开手机看看微信或者是新闻，这是服务；我们的水、电、煤气、暖气的提供也是服务；上班途中用滴滴打车是服务，就餐是服务；去商场买一双鞋也是服务；直到结束一天的生活，服务一直与我们形影不离。可以说，顾客是一个"已知"的"约定俗成"的常识，在此我们再次对顾客一词进行分析，较为深刻地阐释顾客的概念和范围。

顾客的概念有狭义概念和广义概念。狭义来讲，美国营销专家菲利普·科特勒认为顾客是"指具有特定的需要或欲望，而且愿意通过交换来满足这种需要或欲望的人"；英国学者泰德·琼斯（Ted Johns）提出"顾客是使用并偿付我们产品或服务的人"。在狭义概念中，"顾客"实际上是指最终顾客，即购买或使用企业产品或服务的人，这实际上忽略了参与或影响营销活动的企业（组织）与个人，因此无法反映当前外部环境发展变化的要求。

我们再来了解一下顾客的广义概念。有人提出："顾客是指任何接受或可能接受商品或服务的对象。凡接受或可能接受任何单位、个人提供商品或服务的个人或单位都可称为顾客。"这样顾客的范围就从最终顾客被扩大至包括内部顾客（员工）、消费顾客（最终顾客）、中间顾客（零售商、批发商与经销顾客）等。

如果按接受服务的顺序情况，可以将顾客分为过去顾客、目标顾客和潜在顾客3类：过去顾客是指接受过组织的产品的顾客；目标顾客是指正在接受组织的产品的顾客；潜在顾客是指可能接受组织的产品的顾客。

我们都听过这样一个故事。两家鞋业制造公司分别派出A和B两位业务员去开拓市场。

在同一天，他们两个人来到南太平洋的一个岛国，到达当日，他们就发现当地人全都赤足，不穿鞋的！从国王到贫民、从僧侣到贵妇，竟然无人穿鞋子。当晚，A向国内总部老板汇报："上帝呀，这里的人从不穿鞋子，有谁还会买鞋子？我明天就回去。"B也向国内公司总部汇报说："太好了！这里的人都不穿鞋。我决定把家搬来，在此长期驻扎下去！"两年后，这里的人都穿上了鞋子……

在如今"酒香也怕巷子深"的时代，服务行业的竞争尤为激烈，即使有好的服务，也不能坐等顾客上门，吸引新顾客和潜在顾客是多数企业最先采取的战略手段。潜在顾客是企业的未来，他们或有购买兴趣、购买需求，或有购买欲望、购买能力，但尚未与企业或组织发生交易关系。潜在顾客的加入，为企业注入了新的血液，特别是大的潜在顾客的加入，对企业赢利产生重要的影响。

我们一直在强调顾客的概念，但是还有一个词常常会在同一情境出现，那就是"消费者"。什么是消费者，区别于生产者和销售者，消费者是产品和服务的最终使用者，消费者购买商品的目的主要是用于个人或家庭需要而不是经营或销售。

消费者和顾客的含义有一定差异，消费者是指产品和服务的最终使用者，而顾客可能购买了某个产品或者服务，但是却不是产品或服务的使用者。例如，一位母亲为自己的孩子购买奶粉，母亲是顾客而孩子是消费者。

更为重要的是，笔者认为，"消费者"与"顾客"两个词的着重点不同，"消费者"一词着重强调通过消费这一交易手段购买产品或服务，这是一个"等价交换"的过程。而"顾客"一词更加强调服务的体验，可能某位顾客在朋友的推荐下对某品牌的服务产生较好的印象，于是去该品牌实体店实地体验，在体验过程中该顾客并没有交易行为，但是感受到了贴心的服务，最终认可这一品牌，进而选择这一品牌的服务。

本书选择"顾客"作为服务的研究对象之一，意在强调顾客对于服务的体验和感受是至关重要的。将消费者称为顾客也是为了便于理解本书的核心内涵。

2）顾客的差异

顾客与顾客之间存在着很大的差异。每一位顾客都是独一无二的人，对于服务，该顾客有属于自己的独一无二的需求。这里所指的差异一方面是指个人习惯、硬件条件、生活环境不同，不同顾客可能对于服务的要求和需求有所不同。另一方面也指因场景不同，同一顾客的需求存在差异。例如，吸烟的顾客需要酒店客房提供烟灰缸，而不吸烟的顾客可能不会在意房间里是否有烟灰缸，这就是个人习惯不同，顾客对于客房服务的需求也有所不同。另一方面，同一位顾客，可能会在不同场景下端起不同的咖啡，当该顾客在加班的时候可能不太想花钱，想喝咖啡的话，去自动售卖机或者便利店就可以解决问题，但当他（她）需要在咖啡厅等私密场所与朋友或者顾客会面时，就可能会选择去星巴克或者更加高端的咖啡店。

顾客在选择服务时，可能会在以下几个方面体现出其差异，我们可以依据这些方面，更加详尽地感知顾客的需求：

首先，最重要的是顾客的感觉存在差异。感觉主要包括视觉、听觉、嗅觉、味觉、触觉。顾客通过上述五感分辨服务的色彩、气味、温度、重量、形状、质地等具体特征，通过神经的传导和思维处理，对服务产生个别的表面的初步认识。例如，顾客在茶社中体验茶艺服务，茶社整洁高雅的氛围、茶艺师端庄的外形和周到尽心的服务、茶汤的味道、冉冉的热气夹杂着迷人的茶香，都能使顾客有美的体验，让顾客感觉到服务带给他（她）的舒适感。不同顾客对于不同感觉的敏感性也不同，有些顾客比较在意服务者穿戴是否整齐，有些顾客比较在意服务者的谈吐。

其次，在顾客对服务有初步的认识之后，就由感觉过渡到知觉。知觉是顾客在产生了感觉之后，根据已有的知识和经验对服务形成统一的整体反映。例如，当顾客旅游后对当地的景色、人文、路线、时间安排、导游讲解服务、交通等属性有所反映之后，可以说对这趟旅程有了感觉。当他（她）对这趟旅程形成比较完整的印象时，旅行的景色、人文、路线、时间安排、导游讲解服务、交通等属性有了综合的反映，我们称这一过程的心理活动为顾客的知觉过程。同样，对于同一次旅程，男士和女士，老人和小孩，专业户外爱好者和普通游客都有可能产生不同的整体知觉。

此外，除了感觉和知觉，还有记忆、思维、想象等方面，在此我们简单了解一下。记忆是人脑对于过去经历的事物的反映。例如，某顾客接受了某种服务，这段服务经历会给顾客留下一个整体的印象，一旦再接触类似服务产品，过去的印象便会再现，这就是记忆过程。

思维是通过分析、概括对客观事物的本质进行间接反映的过程，也就是将感性升华到理性，从而获得对事物的本质和内在规律的认识。例如，在对两家饭店的多次体验之后，顾客得出A饭店比B饭店的服务更加贴心的概括性结论，之后选择去A饭店就餐。

人们在生活实践中，不仅能够感知和记忆客观事物，而且还能够在已有的知识经验基础上，在头脑中构成自己从未经历过的事物的新形象，或者根据别人口述或文字描述形成相应事物的形象，这就是想象。儿女为父母报旅行团，是因为会想到老人在旅行过程中会看到美丽的景色，吃到当地的美食。通过想象，顾客就能深入认识产品的实用价值、欣赏价值和社会价值，其结果是能增强商品对消费者的诱惑，激发其购买欲望。

【案例2.2】

全聚德的顾客差异细分

北京前门全聚德烤鸭店是北京全聚德烤鸭集团的起源店（老店），是北京的老字号。全店900个餐位，平均每个餐位实现年销售收入10万元。全店400名员工，平均每个员工实现年销售收入22.5万元，在整个餐饮业处于领先地位。其顾客差异细分的经营策略功不可没。全聚德要求服务员针对不同类型的就餐顾客，提供不同的服务对策。北京前门全聚德烤鸭店依照人的4种不同气质类型，总结了以下具体服务对策：

1.多血质—活泼型：这一类型的顾客一般表现为活泼好动，反应迅速，善于交际但兴趣易变，具有外倾性。他们常常主动与餐厅服务员攀谈，并很快与之熟悉并交上朋友，但这种友谊常常多变而不牢固。他们在点菜时往往过于匆忙，过后可能改变主意而退菜。他们喜欢尝新、尝鲜，但又很快厌倦。他们的想象力和联想力丰富，受菜名、菜肴的造型、器皿及就餐环境影响较大，但有时注意力不够集中，表情外露。

服务对策：服务员在可能的情况下，要主动同这一类型的消费者交谈，但不应有过多重复，否则他们会不耐烦。要多向他们提供新菜信息，但要让他们进行主动选择，遇到他们要求退菜情况，应尽量满足他们的要求。

2.黏液质—安静型：这一类型的顾客一般表现为安静、稳定、克制力强、很少发脾气、沉默寡言。他们不够灵活，不善于转移注意力，喜欢清静、熟悉的就餐环境，不易受服务员现场促销的影响，对各类菜肴喜欢细心比较，缓慢决定。

服务对策：领位服务时，应尽量安排他们坐在较为僻静的地方。点菜服务时，尽量向他们提供一些熟悉的菜肴，还要顺其心愿，不要过早表述服务员自己的建议，给他们足够的时间进行选择，不要过多催促，不要同他们进行太多交谈或表现出过多的热情，要把握好服务的"度"。

3.胆汁质—兴奋型：这一类型的顾客一般表现为热情、开朗、直率、精力旺盛、容易冲动、性情急躁，具有很强的外倾性。他们点菜迅速，很少过多考虑，容易接受服务员的意见，喜欢品尝新菜。他们也比较粗心，容易遗失所带物品。

服务对策：点菜服务时，尽量推荐新菜，要主动进行现场促销，但不要与他们争执，万一出现矛盾应避其锋芒。在上菜、结账时尽量迅速，就餐后提醒他们不要遗忘所带物品。

4.抑郁制—敏感型：这一类型的顾客一般沉默寡言，不善交际，对新环境、新事物难以适应。缺乏活力，情绪不够稳定。遇事敏感多疑，言行谨小慎微，内心复杂，较少外露。

服务对策：领位时尽量安排僻静处，如果临时需调整座位，一定要讲清原因，以免引起他们的猜测和不满。服务时应注意尊重他们，服务语言要清楚明了，与他们谈话要恰到好处。在他们需要服务时，要热情相待。

请你说说看

___

评析

全聚德烤鸭店成功的秘诀之一在于重视就餐顾客的差异，细分就餐顾客。顾客需求的餐厅产品不单指产品本身，而是从进入餐厅大门开始到用餐完毕的整个过程：顾客看到的餐厅设施、闻到的气味、品尝到的菜品、体会到的服务，以及对餐厅整体印象的心理感知等。全聚德前门店以细分就餐顾客为切入点，以市场为检验标准，创造出许多受顾客欢迎的创新菜。

影响顾客差异的因素总体上可以分为内部因素和外部因素。内部因素包括顾客的知觉、学习、记忆、个性、动机、情绪和态度；外部因素包括文化、亚文化、人口环境、社会地位、参考团体、家庭和营销活动。内部因素和外部因素共同作用和影响顾客的自我概念以及生活方式，最终决定了顾客对于服务的需求和欲望。

作为服务者，应该学会察言观色来照顾不同顾客的情绪。服务者可以通过观察顾客的性别、年龄、外貌、衣着配饰、表情动作、说话的语气语态以及言外之意来初步判断顾客的类型，注意在提供服务过程中顾客的反馈，快速恰当地作出反应，照顾顾客的情绪，提供深入人心的服务。

2.1.2　顾客为什么需要服务

随着经济和科技的发展，社会生产力也在不断发展，生产关系不断地被细化，表现在社会分工的不断细分和生产的复杂化，越来越多的新兴职业出现在我们的生活中。例如，网络课件设计师、服装陈列师、牵犬师、新娘助理、时尚买手、配饰师、验房师、分手代理人、私人理财、代驾、职业砍价、酒店试睡员等职业。

术业有专攻，专业的人负责专业的领域。汉高祖刘邦手下有很多专才：张良善于运用计策，韩信善于带兵打仗，萧何善于安抚百姓，安定国家。虽然他们都不是全能的人但都能够独当一面。同样的道理，服务者负责服务领域，服务的涵盖范围不断扩展，服务领域的职业在不断细分。例如上述的新娘助理、分手代理人、酒店试睡员等新兴职业就属于服务的范畴。事实表明，社会需要服务，顾客需要服务者。

一些需要技术、人力的产品，需要服务者提供服务。例如，当我们去超市购物，导购服务可以帮助我们快速准确地找到需要的产品；收银员结账之后我们才能付款、打包将买的东西拿回家。如果没有超市的服务者，可能大大降低我们购物的效率。

此外，一些服务可以更加高效地为我们提供方便。例如，旅游杂志和旅行门户网站可以将各地的风土人情展示出来，吸引游客去旅游；一些旅游评论、大众点评方便我们选择合适的景点、餐厅或者酒店；联通客服热线可以帮助我们办理手机套餐，查询余额；等等。

最后，服务能够提供给顾客比自给自足更加优质的体验，能够满足顾客高层次的需求，即满足顾客对于尊重的需要和自我实现的需要，他们是通过内部因素才能满足的，而且一个人对尊重和自我实现的需要是无止境的。

2.1.3　站在顾客的立场上去服务

【案例2.3】

一次客我之间的争吵

在一家餐厅里，一位顾客对服务员迟迟不来为他服务大为不满，大声嚷道："怎么还不过来，你磨蹭什么呢！"服务员听了他的话很反感，不客气地回敬他一句："你嚷什么，没看见我正忙着吗？"两个人就为这件事而争吵起来。

在争吵中，顾客说："你知道吗？我是你们的顾客，你这个服务员怎么能这样跟我说话？"服务员说："怎么啦？你是人，我也是人，你能这样说，我就能这样说！"就这样，两个人的争吵愈演愈烈。

请你说说看

_____

_____。

评析

顾客和服务者是参与服务的两个主体，在客我交往中，他们的心理状态互相影响。作为服务者，要学会察言观色，把控自己的情绪，将顾客的情绪向理智的、友善的方向引导。我们提倡站在顾客的立场上去服务，帮助我们消除与顾客的隔阂，促进彼此互相了解，提供顾客期待的服务。

1）客我交往关系

服务中的人际交往大致有3类：第一种是服务者与顾客之间的交往，简称"客我关系"；第二种是顾客之间的交往；第三种是服务者之间的交往。客我交往是指服务者同顾客之间为了沟通思想、交流感情、表达意愿、解决在服务中共同关心的某些问题而相互施加影响的过程。

服务是客我双方相互作用的一个动态过程，服务者用灿烂的微笑、亲切的问候、温馨的祝愿、周到的服务来努力创造一种和谐的氛围，唤起顾客心理上的共鸣，让顾客在接受服务的过程中产生愉悦感，进而使得顾客乐于交流，乐于消费。在客我交往中，客我双方相互影响，服务员可以通过劝说的方式影响消费者，用热心、诚心打动消费者，用饱满的情绪感染消费者。

一般来说，服务中客我交往的形式可分为直接交往和间接交往两种。直接交往可以理解为运用人类自然交际手段（如口头语言、面部表情、身体语言），面对面地心理接触。间接交往主要是借助于书面语言、大众传播媒介或通信技术手段所形成的间接心理接触。直接交往的优点是反馈迅速而清楚，相对而言，间接交往的反馈联系则比较困难。因此，心理学家通常把直接交往简称"交往"，而把间接交往称为"沟通"。在服务中上述两种交往形式同时存在，许多以直接交往为主，可以说，直接交往是影响服务效果的主要因素。

在服务中，客我交往属于以服务工作角色为主要载体的交际形式，区别于日常生活中的一般交往形式。有3个主要特征：

①角色的不对等性。客观而言，服务者与顾客在交往过程中扮演的角色是不完全对等的，常常是"顾客坐着，服务者站着；顾客吃着，服务者看着；顾客享受着，服务者劳动着"。这种角色和社会地位的不对等，容易在服务中使服务者不能正确看待而将之联系到人格、社会地位等方面，从而产生不平衡心理、自卑心理。

②交往的公务性。交往的公务性是客我交往的内容与方式只涉及服务消费的范畴，不涉及个人隐私。在服务的过程中，客我交往无须也没有必要了解交往双方与服务消费没有联系的各种个人信息和情况。因此，服务者在热情、亲切、友好的服务接待中，应对顾客的隐私与个人嗜好给予充分尊重。

③服务的主动性。客我交往以服务消费为桥梁，以服务者主动服务为特征。顾客对旅游服务内容不熟悉，也无须更多关注服务中的过多信息。服务者是服务中的生产者和提供者，服务性质需要服务者主动地了解顾客、介绍产品，并根据顾客的需要提供服务。

2）服务者的立场转换

立场，是指认识和处理问题时所处的地位和所抱的态度，是处在某一位置看待一个事物、事件的态度等。立场不同，持有的观点也就不同，对同一事物会有不同的认识，得出的结论可能也不尽相同。

通常服务者从自己的立场出发向顾客提供服务。有的服务者认为服务是自己的劳动方式，理应换取相应的薪酬和奖励，所以做好做坏都没关系。有的服务者认为服务者也是人，也会有情绪，所以不可避免地会有坏情绪影响服务质量的情况发生。有的服务者认为自己低人一等，是伺候人的，与顾客这种社会角色相比，感到不平等，内心很不平衡，往往产生自卑感。尤其是当顾客在言语与行动上稍有不当时，或在社会上听到一些负面消极的议论时，不平衡的心理便更加突出，甚至与顾客发生冲突。

同样，顾客的立场与服务者的立场有很大差异。顾客希望自己是受欢迎的，希望得到服务者的热情招待和尊重。顾客希望服务者能够满足他们的需求，并且对于这些需求能够迅速作出反应，提供的方案方便、合理、行之有效。顾客当然也需要服务安全，不会危害自身的利益和健康。依照服务场景的不同，顾客的需求也会不同，归根结底，顾客的立场就是为了寻求符合自己期待，令其满意的服务。

作为服务者，我们没有办法选择顾客，拒绝提供服务，更不能控制顾客的想法，强迫顾客理解我们。例如，顾客抱怨卫生间水箱漏水，你说那是因为"水箱的质量不好"，顾客会说："质量不行，为什么不换一种质量好的？"又如，该提供热水的时候没有热水，顾客刚从外面回来，想洗个澡也洗不成，你说那是因为"锅炉出了毛病"，顾客会说："锅炉出了毛病，为什么不及时把它修好？"总之，顾客不会听你的辩解。

当然，从酒店这方面来说，水箱之所以没有更换，锅炉之所以未能及时修好，都是"有原因"的。但是，顾客并不会因为你"有原因"，就认为你"情有可原"。顾客没有兴趣听你的辩解，顾客最关心的是：我所说的这些问题，你将怎样解决？

作为服务者，首先要从心态上转换立场，站在服务者立场上去思考，遇到卫生间漏水、没有热水供应多么影响顾客的心情，如果顾客次日有重要的行程，没有洗澡可能就会带来不好的影响。再想一想，如果我们是一位顾客，遇到卫生间漏水、没有热水供应的情况，到前台去反映，这是无理取闹的吗？我们遇到这样的情况也会去反映，并且迫切地想要解决这些问题。此时此刻，我们就理解了顾客的想法。

在理解顾客之后，我们就会意识到，卫生间漏水、没有热水供应这样的问题确实是酒店的失误，作为酒店的代表，我们一定要态度诚恳地向顾客致以歉意，而不是为自己或者自己所在的企业辩解，要真心诚意地向顾客道歉，不管是什么原因造成的，只要顾客的利益受到损害，就应该真心诚意地向顾客道歉。之后，要赶紧想办法去解决顾客提出的那些实际问题——这是最重要的。与其花时间去对顾客"说理"，不如赶紧想办法解决问题。不尽最大努力去解决顾客的实际问题，我们对顾客的道歉再"诚恳"，顾客也不会相信那是真的。

在遇到比较急躁的顾客的时候，我们更要体现出自己的专业素质。一位女士在酒店丢失了贵重的首饰，她到前台说："就是在你们酒店丢失的，你们有责任，说不定就是你们服务员拿了，你们一定要交出来！"面对情绪比较激动的顾客，一种比较好的处理方式是，尽量先平稳顾客的情绪，帮助顾客寻找遗失物品。我们可以这样回答："女士，请不要着急，我们非常理解您的心情，我们会想办法帮助您的。"

想要获得顾客的理解，就首先要学会理解我们的顾客。想要获得顾客的尊重，就首先要学会尊重我们的顾客。试想，我们接触过形形色色的顾客，体验过不同的人的不同态度，遇到不同需求的顾客，我们有这样的能力，更有这样的专业态度理智面对。首先，学会转换自己的立场，像对待恋人、朋友一样对顾客微笑以待吧！

2.2 顾客对服务的认知

```
        看到
        听到
顾客    闻到    ≥    期望  =  满意服务
        感受到
          ↓
        体验
```

2.2.1 顾客对服务的认知是直观感觉

有人说，顾客的感受是评判服务水平的唯一标准。

我们在前面讨论顾客对服务的需求存在差异一节中，曾经引入过5个判断依据，分别是：感觉、知觉、记忆、思维和想象。但在接触和体验服务的过程中，多数顾客对于一项服务的认知都停留在直观感觉的阶段，再缩小一些范围来说的话，多数顾客对于一项服务的认知都停留在感性直观感觉的阶段，即顾客常常用自己的第一感觉，没有经过深思熟虑的感觉来认知一项服务。这些认知包括我们在一段时间里的感觉并由此产生的愤怒、快乐、痛苦。我们感觉到的颜色、大小、厚薄等与空间延展性有关的感受。虽然我们在这里作了解释，其实对于顾客来说，这些信息的整理和合成，到最终形成直观感觉，通常只需要非常短的时间。

从个人层面来讲，顾客对服务的感觉是顾客对服务的消费经验的情感反应状态，这种感觉不仅仅是因为一件产品、一项举措、一种氛围，而是受服务方方面面的影响，具有整体性。在本章最前面小看板中表述了整体性的观点：顾客听到、看到、闻到、一切感受到的信息整合成顾客对某项服务的体验，如果顾客的体验远远高于顾客的期望，那么这项服务才能被称为一次满意的服务。

2.2.2 顾客衡量服务质量的主观因素

对于服务的好坏，顾客常常要通过比较来作出判断。经过比较之后，顾客对服务可能有3种不同的评价：最好的是"满意"，最差的是"不满意"，介于两者之间的是"不能说不满意，但也说不上满意"。

以酒店为例，我们来探讨顾客衡量服务质量的主观因素。有一种很有趣的现象：当顾客对一家酒店或一位服务者表示特别满意，或表示特别不满意的时候，常常会使用几乎是完全相同的语言。

当顾客对某一家酒店感到特别不满意时，常常会这样说："我住过的酒店很多，还真没见过像你们这样的酒店！"如果是对某一位服务者感到特别不满意，顾客的说法也与此相似："我见过的服务员多了，还真没见过像你这样的服务员！"当顾客对某一家酒店或某一位服务者感到特别满意时，他们会怎么说呢？也是这样说："我住过的酒店多了，还真没见过像你们这样的酒店！""我见过的服务员多了，还真没见过像你这样的服务员！"当然，顾客在表示特别满意和特别不满意的时候，说话的语气是不太一样的。

从顾客的这些表示满意或不满意的说法来看，顾客在对一家酒店或一位服务者作出评价之前，要把以前住过的酒店与现在住的这家酒店，或者把以前见过的服务者与现在见到的这位服务者进行一番比较的。不难猜出，顾客之所以感到"特别不满意"或感到"特别满意"，是出于下面的这样一些想法：

"有些事情，是无论哪一家酒店都能做到，也都应该做到的，是最起码的，而你连这些都做不到，我当然要说还真没见过像你这么（差）的酒店！"

"像这样的好事，在我见过的酒店服务员中，谁都做不到，只有你做到了，所以我说还真没见过像你这样（好）的服务员！"

由此可见，能让顾客感到特别满意的服务是为别人所不为的服务，使顾客感到特别不满意的服务是那种别人都为而"他（她）"不为的服务。平时我们经常提出顾客"满意不满意"的问题，这种提法暗含着一个假设：顾客对服务基本上只有"满意"和"不满意"两种不同的评价。上面的分析告诉我们：实际情况并非如此。

事实上，顾客对服务不仅仅只有"满意"和"不满意"这两种不同的评价，还有一种评价是"不能说满意，也不能说不满意"。而第三种评价恰恰是多数顾客选择的答案。作为服务者，我们明白一个重要的推论："赢得顾客满意"与"避免顾客不满意"并不是一回事，避免了顾客的"不满意"并不等于已经赢得了顾客的"满意"。再进一步说，就是酒店服务应该有两个不同等级的目标：最低目标是"避免顾客不满意"，更高的目标是"赢得顾客满意"。

接下来，我们将从5个方面详细谈谈，顾客衡量服务质量的具体主观因素，这5个具体因素分别是：保障安全感、获得可信任、认为负责任、获得同理心、直观感受好。

1）保障安全感

安全需要是人类最基本的需要之一，安全是顾客对服务最初级、最基础的要求。顾客进入一个服务场所，首先需要保障他（她）的财产和人身安全，不希望自己的财物丢失、被盗；不希望自己的秘密或者隐私被泄露或侵害；不希望发生突发情况和意外事故；顾客还希望在自己身体出现不适的时候，服务者能够及时发现并采取措施，保障他们的人身安全。

随着"互联网+"深入我们的生活，一些服务也暴露出存在的短板和问题。例如，一些在线服务需要登记我们的手机号、银行卡号等信息，方便我们的同时也会出现安全隐患。由于很多用户在不同网站使用的是相同的账号和密码，黑客可以通过获取用户在某一网站的账户信息尝试登录另一网站，使得支付宝、京东、如家、铁路12306购票网站等网络平台遭受损失。一些APP平台提供上门家政、做饭、按摩的服务，让顾客足不出户就可以享受到服务，但是服务者很难受到合理监管，服务没有标准化，服务者的身体状况、服务水平鱼目混珠难以核实，一些APP为了刷单也出现拖欠服务者薪酬的问题。由此可见，保障顾客甚至是服务者的安全感至关重要。

服务者的安全感需要企业提升企业硬件设施和软性制度的安全性和标准性，企业需要对自身负责任，加强服务者的安全教育，建立一套完整的培训制度，严格监控服务流程中的安全操作，狠抓内部安全管理，配备安全防范设备设施，让服务者面对危险有心理准备，更有能力冷静处理。只有首先保障服务者的安全，才能保障顾客的安全感。

为了满足顾客的安全需求，服务者更应该有较强的安全意识，时刻谨记自己作为服务者的职责和使命，在容易发生危险的场合，保证顾客的安全，提醒顾客不出现在危险的区域，不做危险的事情。例如，在旅行中，劝阻有心脏疾病的顾客不参加过山车、蹦极等激烈项目；提醒顾客注意保管自己的贵重物品，配合保安人员防止不法分子进入共用区域偷窃顾客的物品；在保管顾客物品时，不能乱动顾客的物品；出现地震火灾海啸等突发事件时，一定要先为顾客着想，将顾客转移到安全地方，保证顾客的生命安全；对顾客的隐私和信息，不随便透露给外人，以免发生意外。

2）认为负责任

近来，三星手机、iPhone手机多次出现爆炸、关机事件，成为顾客关注的焦点。2013年，三星手机多次爆炸，导致多人烧伤，三星公司给出的调查回应几乎同出一辙："该消费者使用的并非原装电池，与三星手机本身质量无关。"我国家电专家表示，三星此举是推卸责任之说，我国质检部门早就曝光过三星原装电池不合格，或导致手机爆炸。而2016年iPhone 6s自动关机事件，苹果公司的举措吸取了三星公司的教训就比较理智，提出了电池更换计划，得到了消费者的普遍理解，反响很好，不失为一次及时而正确的补救措施。两种解决方式，一种在推卸责任，一种能够承担责任，得到的反应也截然不同。顾客的反应充分体现出他们的诉求，他们需要的是真正能够明确责任、勇于承担责任的服务者。

我们作为服务者，首先要明确自己的职责。第一，服务者是企业服务品质的传达者，顾客与服务者的接触最多，一个企业的服务品质就体现在服务者的举手投足之间，这一点我们在本书已经多次讨论过，在此就不再赘述。第二，服务者是企业业绩的促销者，除了顾客本身的消费意愿以外，还和服务者息息相关。一方面，服务者的部分工作就是向顾客推荐某种服务或产品；另一方面，好的服务者可以提升企业的口碑，吸引忠实顾客再次光临享受服务，影响更多顾客的选择。第三，服务者是企业与顾客之间的维系，服务者能够体现企业的形象和企业精神，是最重要的媒介。

在明确自己的职责后，我们就应该勇于承担这份责任。勇于承担责任是一种积极的工作态度，决定着服务态度积极与否以及服务质量的好坏。作为服务者承担责任就是：服务之前，要先想后果；服务过程中，尽量控制事情向好的方向发展，同时要防止坏的结果出现；服务之后，无论出现了什么样的问题都要敢于承担责任，不断总结经验。勇于承担责任和积极承担责任不仅是服务者的个人勇气问题，更是服务者的心理是否自信，是否光明磊落，是否成熟的具体表现。

在遇到顾客投诉时，我们更要勇于承担责任。在对客服务中有时并不顺畅，服务不及时、服务不到位、服务态度不诚恳、服务失误或彼此的误解都可能使客我之间产生矛盾。面对顾客的投诉，服务者要积极面对，礼貌接待，耐心倾听，弄清真相。如果是服务者的失误或者同事、公司的失误，要向顾客诚恳道歉，并以优质的补救性服务妥善处理，将顾客的不满意转变为满意，吸取教训，完善之后的服务。

3）获得同理心

同理心，又叫换位思考、神入、共情，是指站在对方立场设身处地思考的一种方式，即于人际交往过程中，能够体会他人的情绪和想法，理解他人的立场和感受，并站在他人的角度思考和处理问题。主要体现在情绪自控、换位思考、倾听能力以及表达尊重等与情商理论相关的方面，站在他人的角度思考和处理问题。同理心，是情商的一个重要组成部分。现代情商理论认为，情商有5个方面，分别是：自我情绪认知、自我情绪控制、自我激励、同理心、人际关系处理。同理心，重要的是要站在对方的角度来理解问题，将心比心，这样你就知道对方为什么会那么想，从而更能理解对方的做法，减少误会和冲突。

把自己放在既定已发生的事件上，想象自己因为什么心理以致有这种行为，从而触发这个事件。因为自己已经接纳了这种心理，所以也就接纳了别人这种心理，以致谅解这行为和事件的发生。与"己所不欲，勿施于人"同出一辙。就算是自己的看法与人不同时，或不被认同时也不能判定对方的一定是错的，尝试反复地思考，认真从其他角度去看，针对事而不是针对人，便会发现自己原本的定夺不一定完全正确。

同时，信任关系来源于同理心。要建立良好的客我信任关系，就要在人际交往中逐步体现出自己的同理心，并以此证明自己是值得信任的。这是一个长期的不断深化的过程：你对别人越真诚，越善于倾听、体谅、尊重或宽容别人，别人也就会越真诚和信任。如此继续下去，形成一个良性循环后，人与人的交往就非常顺利了。

所以，同理心不仅是为了理解别人，也是让别人理解自己。同理心并不要你迎合别人的感情，而是希望你能够理解和尊重别人的感情，希望你在处理问题或作出决定时，充分考虑到别人的感情以及这种感情可能引起的后果。

著名餐饮集团王品旗下的"原烧"餐厅推出活动，造成全台大排长龙的人潮。因为名额有限，苦等多时却换不到优惠的民众大表不满。而店家"提早发放"的动作，更是成了抱怨民众的宣泄出口，负面新闻占据各媒体版面。为了争取数百元的优惠，值得一个人彻夜排队甚至破口大骂吗？身为旁观者和评论者，我们大多认为这是多么不理性的行为。然而，这个案例正好清楚诠释了消费行为的特性。就像我们选择黑色或蓝色的鞋子，周末要吃意大利面或中式料理，感性的消费决策充斥在生活中，理性的分析有时候也无用武之地。因此，供货商面对顾客时，应该把内部管理的"左脑"切换到诉诸感性的"右脑"。就像"提早发放优惠券"的动作，如果是用在生产线的管理，那肯定是加速流程的好决策，因为物料、机器、输送带都没有情绪，只需要明确的指令。只是当场景换到苦等数小时的排队群众，一点细微的情绪波动都能造成极大的冲击，就像你我看到的新闻画面。"同理心"是所有服务业要费心研究的课题，从顾客搜寻店家信息、造访门市、翻开菜单

（或型录）、接受服务一直到埋单离开，店家是否具备同理心，不是取决于宣传单上的标语，而是发生在每一个互动的小细节。若是第一线服务员到管理阶层，每个人都把"一日顾客"的体验当作教育训练甚至例行工作，亲自去感受消费的每一个流程，亲自去体会排队时的空间感、时间感，相信很多关键又显而易见的问题，不需要顾问，也不需要舆论就能被管理团队挖掘出来。

只有服务者在同理心方面正确处理客我交往过程中的每一个环节，才可能让顾客感受到被理解，被重视，被宽容，达成良好地与顾客交往的信任关系。阿瑟为了表达同理心，也提出了7个步骤。

①问开放式的问句。让对话可以持续，不让谈话只停留在0与1、黑与白、对与错的二元选项。让对方感受到被尊重，知道自己可以拥有一个暂时的空间，不被批判，只有接纳。

②放慢脚步。给顾客时间整理思绪，同时也是让自己能更准确地理解对方，也让同理心可以安抚对方。

③避免太快下判断。耐心倾听顾客的诉求，即使你认为是错误的，也要让顾客感知到你的尊重和努力。

④注意你的身体反应。对顾客表达同理心时，一个不经意的手势与表情都可能让对方感觉自己被轻蔑而失去信任感。留意个人身体反应，使心口如一，将同理心的力量发挥到极致。

⑤了解过去。希望对顾客有完整性的理解，理解过往与现今的关联。

⑥让故事说出来。每个人都有属于自己的人生故事，当"故事说出来"时，我们对一个人的理解将从表面的五官进入到内在的心情世界。

⑦设定界限。在顾客感受到你的同理心时，他的同理心也就建立了。那么，客我之间的交往关系就会更加正常、和谐。

【案例2.4】
抱持同理心与顾客打成一片

"阿姨，我来了。"每当小朋友走到金·安德森童装专柜前，远远就会对着慕秀美高喊"阿姨"。不知情的人以为，小朋友可能是她的亲戚吧。事实上，很喜欢与小朋友相处的慕秀美，接触童装、童鞋已有18年的时间，经常与顾客们的小朋友玩在一起，当老顾客去逛别家专柜时，经常请慕秀美帮忙看护小朋友。因为与熟客早已建立了朋友关系。"喂，是张太太吗？哦，好，我会尽量帮你调货的。"慕秀美接起电话，光听对方的声音，就能立即喊出张太太、李太太，总让对方惊讶不已，每当新品上市前，她会发送近百条短信，通知顾客们"新货上架喽"，慕秀美笑着说："如此一来，顾客们想买童装时，第一个就会想到我们家呀！"由洛亚公司总代理的金·安德森童装专柜，目前在台湾全省拥有14家分店，由慕秀美、慕容璃两姐妹负责共同站柜的中友柜，业绩始终保持全省第2名，也是中友百货童装楼层的前2名，每个月平均可创造100万元的佳绩。

同理心与诚信，应该是慕秀美与顾客们打成一片的主因。早年，她在某家知名童鞋门市担任专柜小姐时，遇到童鞋需要维修时，一般专柜小姐既是习惯，也怕麻烦，总是把鞋子寄到台北总公司维修。正因为抱持同理心，慕秀美心想，鞋子一旦寄到台北总公司，往返至少得耗费1个月的时间，小朋友等待穿新鞋的心情,铁定大受影响。她干脆利用休假时间,拿着鞋子跑到位于台中县大里市的鞋厂,请师傅维修,事后再亲自送到顾客的家,让顾客们相当感动,同时也把这份感动化为行动,慕秀美每年的业绩高居该品牌全省销售冠军,屡获总公司表扬。

10年前,当慕秀美进入金·安德森童装设于中友百货的专柜时,她也以同样的心情服务顾客们,除了同理心,只要她承诺帮顾客调货,无论是否如愿调到货品,事后一定打电话向顾客说明。

"这就是诚信的表现",慕秀美说,一般特价品通常不能调货,但许多老顾客知道她热心,每当看上某件现场缺货却又爱不释手的商品时,总是私下请她帮忙调货,她也不怕麻烦,反而觉得这是顾客信任她的另一种表现。

因为乐于工作,慕秀美每天站柜台时间长达12小时,甚至忙到没时间吃饭,她也不觉得疲惫,一看到顾客上门了,精神就来了。她说:"即使顾客只是单纯找她聊天,不买衣服,也没关系,相识就是缘分呀!"工作态度既积极又乐观,慕秀美整天面带笑容。不过,她总是说,需要学习的地方还很多,她尤其欣赏日本人的工作态度,只要看到资深的员工就喊"前辈",日本人的工作态度值得我国台湾新新人类学习。

慕秀美说,上班时,她是专柜小姐,但下了班,她就是一般消费者了,每当她到其他卖场购物时,职业病使然,习惯观察售货员的服务态度,不断学习他人的销售行为。好的,就把它放在心里。不好的,例如贴太紧,顾客有压迫感;强迫推销,顾客会感到厌烦,这些她都谨记在心,随时提醒自己,千万不能犯同样的错误。

值得一提的是,慕秀美不仅业绩表现优异,服务态度同样备受顾客们的肯定,如经常有顾客主动打电话到中友百货顾客服务中心,肯定她的服务态度与精神,因此,慕秀美已经多次获得中友百货的表扬。

请你说说看

_____

_____。

4)获得可信任感

如果我们能从关心产品变成关心顾客的困难、风险、利益等,信任感立刻就可以建立起来了。因为这时我们已经从自己的船上跨到了顾客的船上。那么如何获得顾客信任感呢?我们从获得顾客信任感的4个方面来解释:

①让顾客感觉你有安全感。专业形象不仅仅是你的那身行头,还包括商务礼仪、行为举止等诸多影响顾客感官信任的东西。比如,准时开会,言出必行。这些东西之所以重要,在于顾客对你有期望。在顾客心目中,他希望自己即将遇见的服务者是专业的,是对自己有帮助的,你必须满足这种期望。

②让顾客认可你是个行家。这是顾客对你协助其解决问题能力的认知,包括你的经验、知识、交往的人群等因素。不同的人,会因为不同的原因去信任你,包括你的经验(顾客往往会通过了解你过去的经历,来判断你是否能解决他当前的问题)。当然,顾客更关心的是你做事情的质量,而不是数量。所以,向顾客介绍你的经历时,一定要和顾客

当前的状况相结合。你的知识对顾客的信任度不如经验来得直接，但也非常有用，尤其当你还是新手时。如果没有那么多经历，那就通过提供切实的解决问题的方法来展示你的专业性，顾客也一样会信任你。

展现专业的一个小技巧，就是利用精确的提问让顾客相信你的能力。举个例子，如果你问："你们的采购业务是如何开展的？"这个提问就非常笼统，顾客一听就知道你不懂采购。如果你问："据我所知，影响采购计划准确性的关键要素包括采购物品的准确性、采购数量的准确性、采购提前期的准确性，你是如何控制这几个要素的？"这样问，顾客立马就觉得你是内行。

③让顾客与你产生共鸣。这是指顾客对你们双方具有共同之处的认知。共通点包括兴趣、信仰和价值观等。专业能力往往指的是满足任务动机的能力，而共通点往往是和个人动机相关的。这是传统销售大显身手的地方，比如，都喜欢篮球，一起打打球；都是军迷，一起聊军事；都是驴友，一起出去旅游等。

④让顾客感觉你很实诚。这是指你是否表现出对顾客利益的关心。顾客就是这样，你只要关心他的利益（不一定是满足），他就觉得你是个实在人，是个有诚意的好人。这里说的利益，包括组织利益和个人利益。利益可以掩盖你的动机。这是建立信任最彻底的方式，也是最难的方式。因为他要考验你3个方面的能力：找到顾客需要的两种利益（需求）；找到自己可以实现的方式；把这两者有效地连接起来。这其实是销售在90%的时间里要干的事。建立信任不仅仅是一开始见面要做的事，而且是在整个服务过程中都要做的事。

这不是一个销售技巧的问题，而是一个销售思维的问题。也就是说，你必须时时刻刻具有双赢的思维，时时刻刻为顾客着想，并通过为顾客谋利益而达成自己的利益。同时，顾客不怕你考虑自己的利益，但是他惧怕你不考虑他的利益。如果在你服务过程中不时地表现出对他的利益的理解、关心和帮助其实现的姿态，顾客对你的信任感就会大大增强。

⑤学会赞美顾客。

A.拿一些具体明确的事情来赞扬。如果在赞扬顾客时，销售员能够有意识地说出一些具体而明确的事情，而不是空泛、含混的赞美，往往可以获得顾客的认可并坦然接受。因此，会赞美的推销往往会注意细节的描述，而避免空发议论。

B.找出顾客异于他人的地方来赞扬。钢铁大王卡耐基在《人性的弱点》一书里便讲述过这样一件事：卡耐基去邮局寄信。在他等待的时候，发现这家邮局的办事员态度很不耐烦，服务质量非常差劲，因此他便准备用赞扬的方法使这位办事员改变服务态度。当轮到办事员为他称信件重量时，卡耐基对他称赞道："真希望我也有你这样的头发。"听了卡耐基的赞扬，办事员脸上露出了微笑，接着便热情周到地为卡耐基服务。从那以后，卡耐基每次光临这家邮局，这位办事员都笑脸相迎。

从上面的事例可以看到，每个人都有一种希望别人注意他不同凡响的心理。因此，你在赞扬顾客时，如果能顺应这种心理，去观察发现他异于别人之处，以此来赞扬，一定会取得出乎意料的效果。

C.要善于找到顾客的亮点。赞美是说给人听的，一定要与人挂上钩，要善于把一些亮点跟顾客联系到一起。假设你看到顾客有一辆名牌汽车，如果你轻轻地摸着车子连声说：

"好车！好车！真漂亮！"这仍然起不到赞美顾客的作用，因为车子再漂亮，那也是生产厂家的功劳，和车主有什么关系呢？如果你这样说："这车保养得真好！"那效果就完全不同了。

D.赞美要说到顾客心里。如果你的赞美正合顾客的心意，则会加倍成就他自信的感觉，这的确是感化人的有效方法。也就是说，如果话能说到顾客心里，说出他的心声，作用更大。

5）直观感受好

直观感受就是顾客的第一感受，即非理智的感觉。

综上所述，顾客对服务企业的主观印象就两个字"感觉"。那么，如何给顾客一个好的直观感受呢？包括我们先前提及的所有方面，它可能是服务企业柔美的灯光，可能是走进服务场所的飘香气味，可能是服务者的一个专业展示，可能是一次投诉的处理等，也可能是一次体验经历；可能是一个服务瞬间，可能是一次惊喜，也可能是一次感动；可能是朋友与之分享的一个服务故事，也可能是亲人讲述的一份满足。

2.2.3 顾客评价服务质量的客观因素

1）质量特性

顾客的需求可分为精神需求和物质需求两个部分，评价服务质量时，从顾客的物质需求和精神需求来看，可以归纳为以下6个方面的质量特性。

（1）功能性

功能性是企业提供的服务所具备的作用和效能的特性，是服务质量特性中最基本的一个。

（2）经济性

经济性是指被服务者为得到一定的服务所需要的费用是否合理。这里所说的费用，是指在接受服务的全过程中所需的费用，即服务周期费用。经济性是相对于所得到的服务质量而言的，即经济性是与功能性、安全性、及时性、舒适性等密切相关的。

（3）安全性

安全性是指企业保证服务过程中顾客、用户的生命不受到危害，健康和精神不受到伤害，货物不受到损失。安全性也包括物质和精神两个方面，改善安全性重点在于物质方面。

（4）时间性

时间性是为了说明服务工作在时间上能否满足被服务者的需求，时间性包括及时、准时和省时3个方面。

（5）舒适性

在满足了功能性、经济性、安全性和时间性等方面需求的情况下，被服务者期望服务过程舒适。

（6）文明性

文明性属于服务过程中为满足精神需求的质量特性。被服务者期望得到一个自由、亲切、受尊重、友好、自然和谅解的气氛，有一个和谐的人际关系。在这样的条件下来满足被服务者的物质需求，这就是文明性。

2）服务质量差距的客观因素

测量服务期望与服务感知之间的差距是那些领先的服务企业了解顾客反馈的经常性过程。

差距1是顾客期望与管理者对这些期望的感知之间的差距。导致这一差距的原因是管理者对顾客如何形成他们的期望缺乏了解。顾客期望的形成来源于广告、过去的经历、个人需要和朋友介绍。缩小这一差距的战略包括改进市场调查，增进管理者和员工间的交流，减少管理层次，缩短与顾客的距离。

差距2是指管理者没有构造一个能满足顾客期望的服务质量目标并将这些目标转换成切实可行的标准。差距2由下面原因造成：缺乏管理者对服务质量的支持，认为满足顾客期望是不可实现的。然而，设定目标和将服务传递工作标准化可弥补这一差距。

差距3是指服务绩效的差距，因为实际服务过程不一定能达到管理者制定的要求。许多原因会引起这一差距，如缺乏团队合作、员工招聘问题、训练不足和不合理的工作设计等。

顾客对服务的期望来自于媒体广告和与组织的各种交互过程。差距4是实际传递的服务和对外沟通间的差距。对外沟通中可能提出过度的承诺，而又没有与一线的服务者很好地沟通。

2.3　顾客对服务的需求

2.3.1　服务是顾客的一种经历

1）服务是顾客的一种经历

服务是顾客的一种经历，顾客在经历中体验服务，顾客不仅在服务过程中能够体验到愉快或不愉快的经历，当顾客来购买或预订这种"经历"的时候，也能够体验到愉快或不愉快的经历。所以，对顾客的服务常常并不是从顾客来体验服务的时候才开始的。我们说，要让顾客经历轻松愉快的人际交往，是要让顾客在与服务者打交道的"全过程"中经历轻松愉快的人际交往。这种"经历"并不是从顾客走进企业大门时才开始的，也不是顾客一走出企业的大门就结束的。

例如，顾客与服务者在电话里"接触"时，同样是服务工作中的经历，美国专家科夫曼在《酒店业推销技巧》一书中就曾经对酒店服务者说过这样一段话："在贵店预订是一种惬意的感受还是恼人的体验，你真的知道吗？你觉得你处理得很好，但这真的是经验之谈吗？你说：'我从未接到过投诉。'你当然接不到。很多顾客，出于某种原因，一去不复返。他们没有时间来向你解释，就默默地离去了。你永远都不明白这到底是什么原因，甚至连他们的离开，你都不知道。"

让我们回到酒店服务的情景中，当顾客打电话来预订时，顾客在酒店的经历就已经开始了。有时候，顾客打电话到酒店来并不是预订，而是问别的事情，例如，问航班、火车时刻等。遇到这种情况，酒店服务者也绝不能以为是"分外之事"，而表现出冷淡和不耐烦。谁敢说，今天打电话来问航班的这位顾客，日后不会成为本店的一位贵宾呢？正确的做法是：即使他打电话来并不是为了预订，我们也应该把他当作酒店的一位顾客，来为他提供"超前"的服务。当这位顾客从电话里得到满意的答复时，很可能会这样想：我只不过是问一问航班，他们都能对我这样热情、周到，对他们的顾客还能不好吗？

同样，为了让顾客获得一个完整的美好经历，服务者对顾客的服务不仅应当"提前"到顾客体验服务之前，而且应当"延伸"到顾客体验服务之后。有的服务者会向顾客发送邮件，再次为顾客的光临表示感谢；有些服务者会做好电话回访，搜集整理顾客的意见和建议，以便更好地提升服务质量；有些酒店服务者会把顾客遗忘在店里的物品给顾客邮寄去……这些做法都是特别能打动人心，特别能给人留下深刻印象的，所获得的益处远远比投入的精力和费用要高得多。

2）注重细节与真实瞬间

小 看 板

100−1=？

在讲解这一部分之前，我们先来看上方小看板的这个算式，100减1等于多少？如果按数学的算法，100减1当然等于99。但是，在服务过程中，常常出现一个特殊的现象，即100减1等于0。形象地讲，就算我们做了99件让顾客满意的服务，也有可能因为最后一件事而毁于一旦，得了零分。同样，一个企业所提供的服务，100个顾客中有99个顾客对服务满意，但只要有1个顾客对其持否定态度，企业的美誉有可能立即归零。可以说，最后一件事、最后一位顾客就是100中百位上的数字1，即使后面的0再多，我们的服务也就失去了意义。可以说，"1就是全部"。

"100−1=0"定律也被称为危机定律。这一定律最初来源于一项监狱的职责纪律：不管以前干得多好，如果在众多犯人里逃掉一个，便是永远的失职。为了防止罪犯危害社会，百无一失，甚至万无一失是极为必要的。同样，在服务业领域中，顾客对服务项目的任何一项不满意，他们的满意度不会因此按减法递减，而是全面否定，因为他不可能体验所有的服务项目。在他看来，他体验的那个项目就代表了所有项目的服务质量。在市场竞争的环境条件下，他不会当"回头客"，再消费这家服务商提供的服务。对这家服务商来说，他的服务收益等于零。

"千里之堤，毁于蚁穴。"服务者必须注意至关重要的"1"，注重细节。细节往往是决定成败的关键。美国哥伦比亚航天飞机的失事，一直是航天史上的隐痛。哥伦比亚号在升空80秒后爆炸，机上7名宇航员遇难，而调查结果表明，造成这一灾难的"凶手"只是一块脱落的泡沫击中了飞机左翼的隔热系统。显然，细节在某些时刻显得尤为重要，一旦因为细节的纰漏而失控，服务就会退回到一种原始状态。

此外，细节往往因其"小"，而容易被人忽视，掉以轻心；因其"细"，也常常使人感到烦琐，不屑一顾。但就是这些小事和细节，往往是事情发展的关键和突破口。作为服务者，我们要从细节入手，具有表现能力，向顾客展示我们注重细节，精益求精。

事实上，通常我们的顾客是并不需要经过"前思后想"，而是在一瞬间就对服务的好坏作出判断。这样的瞬间，被称为服务工作中的"真实瞬间"，也叫作"关键时刻"。所谓"真实瞬间"，是指在特定的时间和特定的地点，服务者抓住机会向顾客展示其服务质量。通俗地讲，就是具有决定意义的一瞬间。在生活中，我们看足球赛，会看到运动员们花很长的时间运球。然而，真正能决定胜负的却是为数不多的"射门"的瞬间。往往有这样的情况：一支球队下了很大的决心，进行了非常刻苦的训练，完全有希望拿到金牌，但是金牌究竟能不能到手，就看这射门的瞬间了——射进去，金牌就到手了，"希望"就变成了"现实"；射不进去，不管你在以前下了多大的决心，进行了多么刻苦的训练，金牌还是到不了手，"希望"还是不能变成"现实"！我们可以将射门的瞬间当作决定金牌能不能拿到手的一个"真实瞬间"。

同样，作为服务者，尽管我们下了很大的决心，投入了大量精力，做了多方面的努力，拥有大量宝贵的经验和成功的案例，按理说，完全有可能让顾客对我们的服务作出满意的评价了。然而，当新的顾客光临的时候，究竟能不能对我们的服务作出满意的评价仍然是一个"问题"。顾客并不知道我们下了多大的努力，有多么想尽心尽力地为他提供服务。对顾客来说，最"现实"的，是当他接触到服务者时，服务者是如何为他服务的。优质服务能不能从"可能"变为"现实"，取决于让顾客作出评价的一些"真实瞬间"，犹如一支球队能不能拿到金牌，就取决于那些"射门"的"真实瞬间"一样。

举例来说，当一位顾客走进酒店的大堂，走到一位服务者面前时，那位服务者正在聚精会神地看他文件夹里的一份资料，没有对已经走到面前的顾客作出任何反应。这时，顾客心里会怎么想呢？顾客会想："我已经走到你跟前了，你头都不抬一下，吭都不吭一声，理都不理我，你这叫什么服务？你们这是什么酒店？"就在这一瞬间，这位顾客对这家酒店作出一个完全否定的评价。

也许，这家酒店还是很重视服务工作的，"全面"地看，在许多方面还是做得不错的。或许，这位服务者也很想把服务工作做好，只是他当时过于聚精会神地看材料。然而，顾客是不管这些的。顾客认为他的评价是有根据的。试想：如果这位服务者见顾客从自己这边走过来，立即把手里的文件夹放下，恭恭敬敬地站好，笑容可掬地对顾客说："下午好，先生！我能为您做点什么吗？"那又会是一种什么样的情况呢？就在这一瞬间，服务者的举动使这位顾客感到自豪（"他正在看什么东西，可是他一看见我，就立刻把手里的东西放下，恭恭敬敬地站好"）；感到亲切（"你看他，真是笑容可掬，春风满面"）；感到轻松（"没问题，我的这件事他一定会帮我想办法的"）。就在这一瞬间，这位顾客对这家酒店有了一个非常好的印象。可见"实现优质服务"，绝不能只当作口号来喊，它必须落实到每一个"真实瞬间"。

服务者提供服务于顾客时，也是顾客消费服务的时刻，这一时刻就是"真实瞬间"。服务者应该把握真实瞬间，提供优质服务，以免发生不可避免的劣质服务。

2.3.2　高效＋微笑

有人说：在服务工作中，既不能没有"高效"，也不能没有"微笑"；既不能用"微笑"代替"高效"，也不能用"高效"代替"微笑"。在本小节中，我们将从高效和微笑两个切入点，理解顾客对于服务的需求。在这一节中，高效与微笑对应，实际问题与心理成分对应，功能服务与心理服务对应，请读者有所区别。

1）高效的服务和微笑的服务

这里所说的"高效"，是指能圆满、高效地为顾客解决各种实际问题。当一位顾客带着他的"实际问题"来体验服务时，很可能只想到他的"实际问题"，并没有想到他将经历一次什么样的人际交往。例如，当这位顾客来到酒店前厅时，很可能他只想到了要赶快办好住店的手续，并没有想到要和前台的服务者打什么样的交道。但是，他既然要来住店，就不可避免地要和前台的服务者打交道。这就是说，不管他想到了还是没有想到，这个"人与人之间的交往"总是存在的。对于服务者也是一样，也许我们只想到了要为顾客解决实际问题，并没有想到要让顾客经历一次什么样的人际交往。但是，不管我们是想到了还是没想到，这个"人与人之间的交往"总是存在的。

常常有这样的情况：顾客的"实际问题"虽然已经得到解决，但是，他与服务者之间的交往却是一次很不轻松、很不愉快的经历。依然以酒店场景为例，当一位顾客走进酒店的前厅来到前台时，前台的服务者既没有问候他，也没有对他表示欢迎，却是一种显然"瞧不起"的眼光把他上上下下打量了一番，那意思好像是说"哼，土里土气的，也配住我们这样的酒店？"尽管那位前台的服务者并没有拒绝这位顾客，而是很快为他办好了住店手续，不能说不及时，不能说不迅速，从手续上也确实找不出什么差错，但是，这样的服务能使顾客感到满意吗？你能说这样的服务者真的"没有什么差错"吗？

由此，我们需要引出微笑服务的概念。"微笑"是指能让顾客在与自己的交往中感受到轻松和愉快。

未来科学家阿尔温·托夫勒在他所著的《未来的振荡》一书中指出：在物质匮乏的条件下，人们为解决自己物质上的迫切需要而奋斗。今天，在物质较为丰富的情况下，我们已开始重新组建经济，去对付人类新的、更高的需要。在一个旨在满足物质需要的社会制度里，我们正在迅速地创造出一种能够满足心理需要的经济。我们正在从一种"饱肚子"的经济，向一种新的经济过渡。因为需要满足的肚子，只有那么多而已！

托夫勒指出："经济的心理化"有两个步骤。第一步，是在物质产品中添加一些"心理成分"；第二步，则是扩大服务业的"心理成分"。关于在物质产品中添加"心理成分"，托夫勒在书中写道：如今，在所有的技术化社会中，特别是在美国，生产上有种怪现象，就是在设计新产品时，要越来越多地考虑给消费者一点"额外"心理上的满足。制造商在其商品中添加"心理成分"，而消费者也乐意为这种无形的收益付款。书中举了一个仪表和汽车制造业的例子：厂商总是在操纵盘或仪表板上多装几个漂亮的旋钮，哪怕这些小玩意儿并没有什么实际用处。这些厂商懂得，这些小玩意儿增加到一定的程度，就会使机器的操纵者感到他在控制着一种很复杂的机器，而这样就能增加他的自豪感。

至于扩大服务业的"心理成分"，实际上是指服务业不仅要为顾客提供"功能服务"，而是要为顾客提供更多、更好的"心理服务"。托尔勒认为，为顾客提供"心理服务"，就是除了满足顾客功能需要之外，还能使消费者得到一种心理功能，或者说是"经历"。他在书中写道："我们超越功能上的需要使服务业，无论购物、用餐或理发，都变成一种预先设计的经历。"这就是说，服务业除了要为消费者解决种种实际问题之外，还应该成为"心理经历的创造者"。

2）微笑的服务与礼貌问题

我们在提供微笑服务的过程中，有一个非常重要的点，就是要注意礼貌问题。对"礼貌"（Courtesy）的正确理解是"谦恭和殷勤"，而"殷勤"的含义是"热情而又周到"。所以，服务者在与顾客的交往中，如果只能做到斯文和彬彬有礼，是远远不够的。英语中的courtesy除了"礼貌"的意思之外，还有"谦恭"和"殷勤"的意思。能做到"斯文而彬彬有礼"的人未必"谦恭而殷勤"。

服务者在与顾客的交往中，最低限度是要做到斯文和彬彬有礼。如果连斯文和彬彬有礼都做不到，那就根本谈不上让顾客经历轻松愉快的人际交往。服务者言行粗鲁，不仅不会使顾客觉得亲切，而且会使顾客产生一种"被贬低"的感觉："难道我就只配让这样的人来为我服务吗？"

但是，只能做到斯文和彬彬有礼是远远不够的。一个彬彬有礼的人，也许不会冒犯他人，但也未必能对他人表现出谦让和恭敬的态度。服务者要做到"谦恭"，不仅不能和顾客"比高低，争输赢"，而且要有意识地把"出风头的机会"让给顾客。我们应该自觉地让顾客"唱主角"，而自己"唱配角"，无论如何，绝对不能与顾客"抢戏"。

"殷勤"意味着热情和周到。笑脸相迎，嘘寒问暖，这些当然都是待人热情的表现，但是，待人热情还有一个更为重要的，也可以说是"实质性"的内容，那就是要为别人想得周到，做得周到。实际上，没有"周到"，也就不可能有那种真正能够打动人心的"热情"。作为服务者，如果我们为顾客想也想得不周到，做也做得不周到，顾客就会认为你的所谓"热情"，只不过是"全凭嘴一张"而已。

3）服务的双重功能

根据以上讲解，我们可以得出一个结论：服务具有双重功能，即功能服务和心理服务。这里，我们再次简单阐述一下这个概念。

功能服务和心理服务具有相关性，两者是不可截然分开的。举个例子：服务者小李清早给顾客送去一杯热咖啡，而顾客喝到的却是凉的，这位顾客非常不高兴，为此大发雷霆，顾客认为凉咖啡代表了坏运气，可能会让他一天都不顺利，于是就该事件向餐厅主管投诉。小李向主管叫屈："我送去的咖啡明明是热的，他怎么说是凉的呢？"原来，小李送去的咖啡是热的，但是，杯子是凉的，所以，顾客喝到的咖啡已经不是小李送去的热咖啡了。在这个事例中，热咖啡是顾客对于功能服务的需求，小李解决得了这一实际问题，并且非常高效地完成这一问题。但是，小李忽略了顾客对于心理服务的需求，并没有用

"微笑"的服务去应对顾客的心理成分。这里就有一个服务者为顾客"想得周到不周到，做得周到不周到"的问题。没有"周到"，"热情"也就没有了！

2.4　优质服务带给顾客的体验

优质服务可以根据服务体验与要求的差别，由低到高进一步细分为满意服务、舒适服务、惬意服务。满意服务是能够满足服务对象提出的要求，以服务对象的合理要求、基本满足，不产生或增加新的负面情绪为基本要求。舒适服务是在满足服务对象要求的基础上，从多方面使服务更加完善，以最小化服务对象的负面情绪，并获得服务对象一定好评为基本要求。惬意服务则是从服务对象的角度和利益出发，既满足顾客的服务需求，又能够周到、细致地考虑到顾客所未考虑到的当下需求和将来的需求，并预见性地提供相应的服务，以赢得服务对象的信赖、忠诚度和高度评价为要求。优质的服务并非卑躬屈膝，而是以细心、耐心、热心为基础，以顾客为中心，时刻让顾客感受到优越感和被尊重。我认为，真正做到"以顾客为中心"，仅有上述条件还不够，服务贵在"深入人心"：既要将服务的理念牢固树立在自己的内心深处，又要深入到顾客的内心世界中，真正把握顾客的需求，而不是做表面文章。我们每天都要为各种不同的人服务，必须时刻提醒自己从细节做起，从细节和小事上培养自身的洞察和控制能力，为每一位顾客提供个性化服务，让顾客感受到温暖的含义。我们的服务换来的不仅仅是一句感谢，而是一种肯定，一种信赖。在差别化服务里体现特色，才能得到顾客的认可。那么，为顾客提供优质服务的基础有哪些？第一，一个整洁干净的工作环境和精神热情的工作人员，能够让顾客在第一印象上就加分；第二，我们要有娴熟的工作技能，丰富的业务知识，顾客提问的时候能够准确专业地回答每一个问题；第三，提供优质服务的愿望和实践能力。做到态度真诚恳切，眼勤、嘴勤、耳勤、手勤、腿勤，更要不怕脏，不怕累，不怕烦。

一位朋友，她极力推荐我到某饭店那里的一家牛排馆吃饭，我以为特别好吃，她说味道也不是非常让人惊艳，只不过那边的服务确实值得一去，一个套餐就要100多元。那天她恰好有点肠胃炎，吃东西没胃口，点了份牛排后，服务员问她要几分熟，她想，吃太生怕肠胃受不了，太熟又不好吃，就说七分的好了。牛排上来以后，她就吃了一口，实在不舒服就不吃了，服务员走过的时候看她点的牛排几乎没动，很关切地询问是否不合胃口，是牛排口味不好还是生熟度不好。朋友就说自己没胃口，牛排也确实比她平时吃的要老。于是，那位服务员就坚持要免费为她换一份，可以选其他的口味重新做。朋友就说不用了，她也确实肠胃不好，吃不下。那位服务员仍然坚持要给她换，别的主食也可以，姿态放得非常低，朋友都有点不好意思了，坚持不要，于是服务员就走了。没一会儿服务员过来，送了一份水果沙拉给朋友，表示牛排没有让顾客满意的歉意。于是朋友对这家店的印象非常好，也经常会推荐给朋友。从这里可以看到，优质的服务可以为企业带来更多的顾客，提高顾客的忠诚度。我们对服务的意识都是靠自己点滴积累的经验，并且学习身边一些好的习惯，学会总结和学习。比如，今天谁说了一句话，如果我是顾客，我听到后肯定会特别满意，这句话我一定会记下来，然后下一次面对顾客的时候，我也会以同样的方式去对待，并且结合自己本身的优势，让被我服务的顾客更加满意。只有在脑海中一遍一遍反复记忆了，有的服务理念才会越加深刻。从强迫自己去说去做那些优质的服务，变成每一次都是自然而然地习惯为每一位顾客提供优质服务，这样，你就比服务明星更优秀了。

2.4.1 顾客至上与双赢兼顾

1）顾客至上——在服务中体现尊重

美国阿肯色州北部有一个名叫本顿维尔的小镇，人口只有2.5万，甚至不如中国的一个住宅小区人口多，但是它的名气却越来越大。"你去过本顿维尔镇吗？"越来越多的商人相互询问这个问题，因为沃尔玛的总部设在这里，所以它成了零售商、承包商、推销员必去的地方。这家巨无霸企业，在过去的50多年，沃尔玛精神和文化自始至终经得起时间的挑战，没有改变过。他们称之为基本文化信仰，它们是沃尔玛得以在全世界27个国家，每周服务2.45亿顾客的成功秘籍，也是山姆·沃尔顿先生教给我们的。

"一切从顾客至上开始"，没有什么比了解并满足顾客的需求更为重要。山姆·沃尔顿先生教会我们并且以身作则的，是到店里直接和顾客交流，观察他们的购物篮，了解他们生活中都关心或担忧什么。作为一个"老外"，他特别喜欢到门店和中国顾客交流，从顾客身上他收获许多很好的建议。虽然语言不通，需要同事们协助翻译，但是顾客们总是愿意和他分享他们对沃尔玛的期望和建议。无论是在沃尔玛的门店前或是竞争对手的门店前，顾客分享的资讯，激励着我们每一天都比前一天进步。

当然，沃尔玛的服务细节还不只这些。沃尔玛是在用追求卓越的心态告诉顾客他们永远是企业发展和服务提供的最重要的指向标，顾客的满意和建议是企业发展和服务管理的目标。企业珍视顾客提出的每一条建议，企业能够为顾客的建议做出任何的努力。不断地追求卓越的服务管理体系，以宾客为上，在服务中体现尊重。

【案例2.5】

追求卓越

正如山姆·沃尔顿先生当年一样，我们仍然保持这样的传统，不断地检讨回顾我们做得好不好或需要改进的，我们从未对现状满足过。我们会短暂、大肆地庆祝成功，然后认真检讨下次如何能做得更好。我们不断鼓励同事们提出建议，让我们能更好地服务顾客，因为同事们总是有最好的主意。多年来，我们全世界的门店都保持一样的传统：每天早上门店开店前，同事们聚在一起做"沃尔玛欢呼"，回顾销售表现和讨论今天要达成的目标。我们相信，只要每天都持之以恒地努力服务顾客，我们的顾客就会感受到我们的用心。我们都记得山姆·沃尔顿先生走到哪儿都拿着他的黄色笔记本，他会把和顾客、同事、朋友甚至陌生人那儿听到的好点子记下来，这个好习惯影响着沃尔玛的每一位同事。

请你说说看

_____

_____。

2）双赢兼顾——做聪明的服务者

了解你的顾客。顾客知道什么是好的服务。他们希望通过自己喜欢的渠道，在每次与企业的交往中都得到好的服务。根据美国市场研究机构Forester的调查数据，顾客通常喜欢通过电话与企业沟通。其次是电子邮件和网络自助服务。我们通过顾客统计数据发现，就沟通渠道而言，不同的人有不同的偏好。例如，年轻人更喜欢使用点对点的交流方式、社会网络和类似于聊天性质的即时服务渠道，所以企业必须提供这些技术支持。你要了解顾客的特征和偏好，确保可以用他们喜欢的方式与之进行沟通。在这一点上，美国航空（American Airlines）是个典范。公司在经过一系列技术评估后发现，41%的乘客更喜欢用手机的短消息和无线网络功能，还有29%时刻"眼观六路耳听八方"的乘客对其移动设备上几乎所有功能都了如指掌。美航根据这一调查结果，改变了其移动策略，为它的大部分顾客提供电子邮件和短消息提醒，为那些时刻"眼观六路耳听八方"的顾客提供一个移动网址，方便他们进行更复杂的活动。这些创新举动令顾客与航空公司的联系更为紧密。

了解你的顾客，做聪明的服务者。顾客评价一个企业或一个服务产品时总是会与其所选择的品牌相对应。如果顾客今天入住的是一个经济型饭店，那么偶尔在地板上发现一根毛发，他也不会大惊小怪了。因为他懂得饭店产品本来就是"二手货产品"。同样的情景，如果顾客选择的高星级饭店，这样的情形一定会招致投诉。虽然顾客依然懂得"二手货产品"的概念，但是，因为品牌的不同，顾客对服务品质的要求也是不同的。苹果的产品设计时尚，价格不菲。它提供的顾客服务与其品牌相呼应，并且按顾客所需"量身订造"。例如，你可以根据自己的需求和时间，安排与苹果公司的技术专家通话，他能将你的疑问处理妥当，他们甚至还会主动打电话给你。同样，你也可以通过给他们发邮件，或浏览苹果公司的知识库来寻求问题解决方案。宜家的产品也很"时髦"，但大多需要顾客自己动手组装。对于这种"自己动手，丰衣足食"的理念，顾客也都感觉自如：他们自己从货架上取货、付钱、组装。宜家没有所谓细致周到的服务，但是顾客并不会对此感到失望，因为他们并没有这方面的期望，他们也知道这不是宜家的运作模式。

所以，做聪明的服务者，服务要与品牌相符合，忠诚于自身品牌更重要。你给顾客提供的服务体验也要支持你企业自身的价值定位，让顾客了解你的企业定位格外重要。让顾客对服务有一定的期望值，并提供相应的、能达到该期望值的服务，这一点很重要，因为这能建立顾客对企业的信任感。同样，企业也应该积极、主动地为顾客提供服务。作为服务者，应主动知晓企业品牌的服务内涵，主动了解顾客的需求，为顾客提供最优质的服务。

人性化服务

尊重顾客，尊重顾客的选择，尊重顾客对服务的要求。提供人性化的服务，是服务的制胜法宝。我们说，不管科技多么发达，现代化进程多么快速，只有服务业是无法完全用科技来替代的。同样是沃尔玛，他们经常挂在嘴边的一句话就是"我们的同事创造非凡"。山姆沃尔顿先生尊重每一位同事，并且替同事们创造了一个公平、透明的环境。在企业，他们接受培训、考核并得到事业的发展。在沃尔玛，每个人都有机会从基层的员工，升职成为公司的总裁。管理的人性化是服务者为顾客提供人性化服务的基础。同时，不断整合顾客服务体系与其他应用程序，顾客服务体系不应仅仅只是一个为顾客提供信息、解决问题的数据库的前台，还应该是帮助企业找到顾客需求，发现服务契机，提供人性化服务的机会平台。

同时，服务企业应建立个性化服务与管理体系。建构企业发现顾客需求平台的同时，加强员工个性化服务意识与服务能力培养，建立个性化服务模式和管理机构。

【案例2.6】

智慧停车的体验

在西单，停车难是众所周知的事。西单大悦城一共有1 100多个车位，一部分给商户，给顾客用的是800多个。即使是西单大悦城的工作人员，周末的时候，也要在外面等20分钟才能进入停车场。这一切，随着西单大悦城智慧停车场的修建发生了改变。在顾客尚未进入停车场时，通过微信服务就能看到里面一共有多少车位，现在还剩多少车位，每一层有多少停车位。停车场中有两种颜色，绿色的是空闲的，可以停的，红色部分是已经有车的。看到这个，顾客就可以直接按照导航去找他自己的停车位。据了解，这是一个按照秒级更新的系统。在每一个停车位，都有一个超声波探测器，如果一位顾客把车停到了某个空闲的位置，探测器会自动变成红色；车开走了，探头就变成了绿色。探头颜色的改变和西单大悦城的整个系统是绑定在一起的，信息部的人可以直接把探测器的数据拿过来作分析。智慧停车场还有一个功能——反向寻车的功能。许多人都有这样的感受，停车场的面积比较大，好多人在停了车以后找不着了，更有顾客就是因为找不着车都打110了，说"我的车不见了"。为了改善用户体验，西单大悦城的微信服务号有停车寻车的功能，通过停车寻车的功能，可以记下顾客的停车位置，等顾客回去的时候，微信服务号的"停车"就会自动变成"找车"，这时，顾客按一下"找车"，微信服务就会给顾客把路线绘制出来。而顾客，只需要跟着这个路线，就能够找到车了。当顾客把车开出来之后，就可以直接用手机结算停车费，到出口时会自动识别车牌，就直接放行了。以后，西单大悦城还会把停车缴费与会员积分打通，这样，会员就可以用积分冲抵停车费，让顾客的体验更好，更有动力去积分。

请你说说看

_____

_____。

评析

有了如此神器，停车场的问题会不会减少呢？答案是一定的。商家此举既满足了顾客停车和车场资讯的需求，又满足了商家的管理职能，一举两得。

2.4.2 一视同仁与特别照顾

服务者既要坚持对所有顾客"一视同仁",又要体现出对每一位顾客的"特别关照"。如果说"一视同仁"能够起到"避免顾客不满意"的效果,那么,"特别照顾"才能起到"赢得顾客满意"的作用。

1)一视同仁

服务工作中的"一视同仁"是指所有顾客都应该受到尊重,对顾客绝不能厚此薄彼。如果做不到"一视同仁",那就肯定会有一部分顾客因为自己没有受到应有的尊重而表示不满,所以,"一视同仁"是心理服务中的一种"少了它就不行"的"必要因素"。顾客在通过比较服务而作出评价时,会有不同的心理状态:

一种比较是:你为我提供的是什么样的服务,他(其他服务者)为我提供的是什么样的服务?另一种比较是:你为我提供的是什么样的服务,你为他(指其他顾客)提供的是什么样的服务?第一种比较是顾客把为他服务的不同酒店或不同的服务者加以比较;第二种比较则是顾客把自己得到的服务与其他顾客得到的服务加以比较。顾客之所以要做第二种比较,是因为他要看一看服务者是不是"看人下菜碟",会不会因为歧视他而不给他提供与其他顾客相同的服务。

如果用"社会交往的两个层面"来分析,就会发现:这里既有"利益层面"上的问题,也有"人际层面"上的问题。试想:如果一位顾客与另一位顾客花了同样多的钱,点了一道同样的菜,他却发现另一位顾客的菜"质比他的好,量比他的多",他会怎么想呢?首先,他肯定会觉得他吃亏了——他发现了一个"利益层面"上的问题,那就是企业与他进行了不公平的"利益交换"。以酒店服务为例,顾客还会想:花同样多的钱,为什么那位顾客的菜"质比我的好,量比我的多"呢?为什么?遇到这种情况,顾客很快就会找出原因的。比如,这位顾客马上就会想到:是不是因为他比我穿得"洋气"?是的,没错!好啊,你们看我穿得"土气"就欺负我呀!——这显然已经是"人际层面"的问题了。

实际上,这位顾客即使没有发现自己的菜在质上、量上与那位穿得比他"洋气"的顾客的菜有什么区别,他也可能会发现服务者是对他"另眼看待"的。比如,他看到服务者在给那位穿得比他"洋气"的顾客上菜时面带微笑,把盛菜的盘子轻轻放在餐桌上,而在给他上菜时不仅板着脸,而且还把盛菜的盘子重重地在餐桌上蹾了一下……作为酒店服务者,一定要记住京剧《沙家浜》里阿庆嫂的那句唱词:"来的都是客。"既然都是我们的顾客,都应该受到我们的尊重,而不管他们在身份地位、穿着打扮、贫富程度、消费水平等方面有什么样的差别。也就是说,必须坚持对所有的顾客"一视同仁"。如果服务者做不到对所有的顾客"一视同仁",那就肯定会有一部分顾客因为自己没有受到应有的尊重而表示不满。所以我们说,"一视同仁"是心理服务中的一种"少了它就不行"的"必要因素"。作为服务者,不仅不能在主观上对顾客厚此薄彼,而且要避免由于你的言行不当而使顾客怀疑你是"看人下菜碟"。至少有以下3点是需要注意的:

①绝不能对顾客说这一类的话:"你能跟他比吗?""人家花了好多钱,你才花了好多钱?"

②避免由于把注意力集中在某些顾客身上而冷落了其他顾客。比如，当你走过去与你熟识的顾客打招呼的时候，不要忘了与周围那些你并不认识的顾客也打个招呼。

③避免由于操作时的粗心而让某些顾客觉得自己受到"不平等的待遇"。比如，有经验的餐厅服务员在给顾客派菜时，会趁自己走到顾客背后的时候，迅速地把盘子里的菜整理一下，使下一位顾客看到盘子里的菜仍然是整整齐齐的。不这样做，后面的顾客看到盘子里的菜很杂乱，显然就会不高兴，觉得自己吃了亏。

有道是"人比人，气死人"，而酒店这种地方是很容易出现"人比人"的情况的。顾客的消费水平有高有低，这就使"人比人"的情况成为一种"客观存在"，更何况还有一些顾客就是存心要和别的顾客"比一比"。有的顾客不仅有钱，而且特别舍得花钱，甚至认为钱花得越多越好，你不让他花都不行，因为钱花得少了就体现不出他的"身价"。有的顾客钱虽然不多，但是也想"消费走一回"。这些顾客看到别的顾客大手大脚，甚至挥金如土，有的还能自得其乐，有的就再也"潇洒"不起来了。还有一种顾客，明明没有能力去和别人攀比，却硬要"撑面子"……在这个各种各样的人汇集在一起的地方，要让每一位顾客都感受到服务者对自己的尊重，要让每一位顾客都没有"被人瞧不起"的感觉，并不是一件很容易的事。总之，服务者并不是只要记住"对顾客一视同仁"这几个字就行了的，一定要做"有心人"，要在工作中不断地总结经验教训，才能真正做到让每一位顾客都感受到服务者对自己的尊重，都没有"被人瞧不起"的感觉。

做到"一视同仁"只能避免一部分顾客的"不满意"，并不足以赢得顾客的"满意"。"一视同仁"只是心理服务的"必要因素"，"特别关心"才是心理服务的"魅力因素"。

"对顾客一视同仁"，似乎可以理解为"决不对任何一位顾客另眼看待"。但实际上，这样理解是不准确的。有两种不同的"另眼看待"，一种是"亏待"，一种是"优待"。如果你这个"另眼看待"是"亏待"，不用说，没有哪一位顾客是愿意被亏待的。如果你这个"另眼看待"是"优待"呢？那就应该说，有许多的顾客，甚至所有的顾客都是愿意被你"另眼看待"的。

服务者是不是对顾客"另眼看待"，这在酒店服务工作中不是一个小问题，而是一个大问题。从顾客的角度来看，这绝不仅仅是一个"吃亏还是占便宜"的问题，这是一个你"贬低"他还是"尊重"他的问题。换一种方式来表达，就是："利益层面"上的"优待"与"亏待"，会被顾客理解为"人际层面"上的"尊重"与"贬低"。

我们知道，顾客对于酒店服务会有"满意""不满意"和"不能说满意，也不能说不满意"这3种不同的评价。现在让我们来看一看，"优待"和"亏待"会怎样影响顾客对服务的评价。如果一位顾客没有得到作为"优待"的另眼看待，却得到了作为"亏待"的另眼看待，他会怎样呢？不用说，他肯定会感到"不满意"。如果一位顾客既没有得到作为"亏待"的另眼看待，也没有得到作为"优待"的另眼看待，他会怎么样呢？他没有理由感到"不满意"，但他不会感到"满意"。如果一位顾客没有得到作为"亏待"的另眼看待，而是得到作为"优待"的另眼看待时，他会怎么样？当然，他一定会感到很"满意"。由此可见，要避免顾客不满意，就决不能让任何一位顾客有"被亏待"的感觉。要赢得顾客满意，就不仅不能让顾客有"被亏待"的感觉，而且要让顾客有"被优待"的感觉。不让任何一位顾客有"被亏待"的感觉——这实际上是"坚持对所有顾客一视同仁"的另一种说法。如果达不到这个要求，那就肯定会有一些顾客因为有"被亏待"的感觉而感到不满意。如果达到了这个要求呢？如果坚持做到了对所有顾客"一视同仁"，是不是所有顾客就都会因此而感到满意呢？设身处地想一想：如果你是酒店里的一位顾客，你会因为酒店没有亏待你而感到满意吗？当然不会，因为你本来就不应该被亏待嘛！

所以我们说，"一视同仁"只是服务中一种"少了它就不行"的因素，而不是"有了它才更好"的因素。"一视同仁"只能起到"避免顾客不满意"的作用，而不能起到"赢得顾客满意"的作用，它只是心理服务的"必要因素"，而不是心理服务的"魅力因素"。那么，什么是心理服务的"魅力因素"呢？只有给顾客以针对个人、突出个人的"特别关照"，才能使顾客产生一种"被优待"的感觉。所以我们说，"特别关照"才是心理服务的"魅力因素"。

2）特别照顾

还是以酒店服务为例，一位顾客在客房里用钢笔写字，写着写着发现钢笔里的墨水用完了，于是他就请客房的女服务员去为他找一瓶墨水来。过了一会儿，女服务员给顾客送来了一瓶墨水。正当顾客给自己的钢笔吸足了墨水，要把钢笔从墨水瓶里取出来的时候，那位女服务员及时地给顾客送了一张擦笔的纸，使顾客大为感动，连连称谢。

这位女服务员的服务为什么能打动人心呢？既是因为她能非常周到地为顾客着想，也是因为她用"个性化"超越了"标准化"。谁能把"如果顾客吸墨水，要及时递上一张擦笔的纸"写进客房服务员的操作规程里去呢？就算你把这一条写进去了，一定还有一千条、一万条涵盖不进去。正是这一类无法使之"标准化"的"个性化服务"使我们许多优秀的服务者脱颖而出。

我们知道，当不同的人去扮演同一种社会角色时，基本上应该按同样的标准去扮演，而不应该过分地强调自己的个性，从这个意义上说，角色是"非个性"的。然而，扮演角色的人毕竟是"有个性"的，当不同的人来扮演同一种角色时，他们的角色扮演总是带着一定的"个性色彩"的。对于酒店服务者来说，要为顾客提供"个性化服务"，也就是要使自己的"角色扮演"带上超越"标准化"的"个性色彩"。

曾经有一家酒店组织服务者讨论这样一个问题：在服务工作中，服务者可不可以表现自己的个性？结论是：不能简单地说"可以"，也不能简单地说"不可以"。从必须坚持服务工作的"标准化"这个角度来说，所有服务者必须按照统一的要求为顾客提供服务，绝不能强调自己的"个性"而各行其是。但是，酒店服务工作又是一种很复杂的，需要有很大灵活性的工作，谁也不可能对它的所有细节全都作出统一的规定。因此，作为服务者，经常要在不违背基本原则的前提下，自己去开动脑筋，自己去决定在什么情况下用什么样的方式为顾客提供服务。从这个意义上说，酒店服务者不仅可以，而且应该表现自己的个性。事实证明，同一种工作，同样是在规章制度允许的范围之内，总还是有一些服务者比其他服务者做得更好。

所以，坚持一视同仁，体现特别关照是关键所在。

所有的顾客都不愿意"被亏待"，而许多甚至所有的顾客都愿意"被优待"，这是服务中一道"既不能对顾客另眼看待，又必须对顾客另眼看待"的难题。不过，这虽然是一道"难题"，却肯定是有"解"的。

①处理不好，"特别关照"有可能与"一视同仁"发生冲突；处理得好，就可以在坚持对所有的顾客"一视同仁"的前提下，体现出对每一位顾客的"特别关照"。

什么是对顾客的"特别关照"呢？"特别关照"就是不把顾客当"一般顾客"对待。当你为张先生服务的时候，如果你能使张先生产生这样一种感觉："这可是他们特地为我张先生提供的服务"，那就说明你已经在你的服务工作中体现出了对张先生的"特别关照"。

说到这里，你可能会提出这样一个问题：这样去做，张先生当然高兴，但是李先生、王先生，还有刘太太、赵小姐……他们会怎么想呢？这个问题提得很好。假如你的服务让张先生觉得自己受到了"优待"的同时，却让李先生、王先生，还有刘太太、赵小姐全都觉得自己被你"亏待"了，当然是不行的，这违背了"坚持对所有的顾客一视同仁"的原则。如果你为了不让其他顾客有被"亏待"的感觉，就坚持不对张先生"另眼看待"，也不对任何顾客"另眼看待"，那行不行呢？那也不行，因为那样就无所谓"特别关照"了。

那么，"一视同仁"与"特别关照"有没有可能并行不悖呢？应该说是有可能的。

顾客作为"顾客"，谁和谁都是一样，你是顾客，他也是顾客，张先生是"顾客"，李先生、王先生、刘太太、赵小姐……都是"顾客"。因为都是"顾客"，所以我们对你、对他、对所有的顾客都"一视同仁"。然而，顾客作为一个"人"，却是谁和谁都不一样，你就是你，他就是他，张先生和李先生不一样，李先生又和王先生不一样……因为有这个"不一样"，所以我们对你、对他、对别的顾客，都要给予"不一样"的关照。这就是"特别关照"可以与"一视同仁"并行不悖的道理。

当你为张先生服务的时候，你就针对张先生，突出张先生，使张先生产生这样一种感觉："这可是他们特地为我张先生提供的服务！"当你为刘太太服务的时候，你就针对刘太太，突出刘太太，使刘太太产生这样一种感觉："这可是他们特地为我刘太太提供的服务！"当你为赵小姐服务的时候，你就针对赵小姐，突出赵小姐，使赵小姐产生这样一种感觉："这可是他们特地为我赵小姐提供的服务！"……请问，这不也是"一视同仁"吗？

说到这里，可能你又要提出一个问题：如果对所有的顾客都给予"特别关照"，那还能不能叫作"特别"关照呢？

我们说，这里的所谓"特别"，并不是"给你不给他"或者"给他不给你"的意思。所谓"特别"，只是指采用"特别的方式"，对不同的顾客给予不同的关照。借用一句流行歌曲的歌词来表达，给顾客以"特别关照"就是把每一份"特别的爱"给每一位"特别的你"。"特别的爱给特别的你"这句歌词中的两个"特别"，可以说已经对服务的"个性化"作了很好的诠释。所谓"个性化"，一方面是要体现出"我"（指服务者）的个性——只有"我"能够给你一份"特别的爱"；另一方面是要针对"你"（指顾客）的个性——因为"你"是一个"特别的你"，因为"你"遇到了特殊的情况，提出了特殊的要求，所以我才给"你"这样一份"特别的爱"。

接下去我们要讨论的问题是：如何体现出对顾客的"特别关照"？

"特别关照"可以通过"硬件"来体现，比如，酒店的"总统套房"与商务房和标准房显然是不一样的。"特别关照"也可以适当地"标准化"，比如，包厢的餐饮服务就是与大厅的服务不一样。但我们所要讨论的，主要是服务者如何在服务过程中"随机应变"地去体现出对顾客的"特别关照"。

②通过"三特"去体现对顾客的"特别关照"是切实可行的。

"三特"中的第一"特"，是当顾客提出特殊要求时，尽可能地去满足顾客的特殊要求；第二"特"，是在遇到特殊情况时，主动地为顾客提供特殊的服务；第三"特"，是针对顾客的个人特点，为不同的顾客提供不同的服务。

如何在坚持"一视同仁"的前提下，去体现对顾客的"特别关照"呢？答案是：只要你在服务中不放过"三特"，你就一定能找到机会去体现对顾客的"特别关照"。

"三特"中的第一"特"，是当顾客提出特殊要求时，尽可能地去满足顾客的特殊要求。举一个最简单的例子。一般的顾客来到零点餐厅，都是按菜单来点菜的，可是今天这位顾客偏要点一道菜单上没有的菜，这就是一个"特殊要求"。

如果你就是接待这位顾客点菜的餐厅服务员，你会怎么想呢？你会不会这样想："菜单上有这么多菜，还不够你吃的吗？偏要点一道菜单上没有的菜，你这不是成心给我们找麻烦吗？"相信你不会这样想，因为你懂得，仅仅做到"一视同仁"，只能避免某些顾客的不满意。只有体现出对顾客的"特别关照"，才能赢得顾客的满意。要体现出对顾客的"特别关照"，这不正是一个"送上门来"的好机会吗？

当然，并不是任何一位顾客提出的任何一种特殊要求，我们都能予以满足。但是，顾客想吃一道菜单上没有的菜，这不能说有多"出格"，有多"离谱"。作为餐厅服务员，你完全可以带着顾客的要求，到厨房去和厨师商量一下。如果经过努力，做出了顾客所要吃的菜，顾客一定会很满意，因为他知道："这可是他们特地为我提供的服务啊！"

别的顾客会因此而有意见吗？不会的，因为他们并没有提出这样的要求。而且，如果他们也有什么特殊要求，我们也会尽可能地予以满足的。

"三特"中的第二"特"，是在遇到特殊情况时，主动地为顾客提供特殊的服务。这第二"特"与第一"特"的不同之处在于"主动"。作为酒店服务者，当你看到顾客处于某种特殊情况的时候，不等顾客提出要求，你就应该主动地去为顾客提供特殊的服务。

所谓"特殊情况"，主要是指"特殊的坏事"和"特殊的好事"。

别的顾客没有丢钱包，这位顾客把钱包丢了；别的顾客没有生病，这位顾客生病了；别的顾客的眼镜没有摔破，这位顾客把眼镜给摔破了……所有这些情况，对于顾客来说都属于"特殊的坏事"，而对于服务者来说，却都是体现出"特别关照"的"好机会"。试想：你在顾客最需要帮助的时候帮助了他们，你为他们解了燃眉之急，他们能不对你心存感激之情吗？

顾客的"坏事"是你的"机会"，顾客的"好事"是不是你的"机会"呢？在你为顾客服务时，如果你知道今天正是这位顾客所在国的重要节日，你会怎么做？如果你了解到今天正好是这位顾客的生日，或正好是这一对夫妇的结婚纪念日，你会怎么做？如果顾客告诉你，今天是她们母女在失散20年后大团圆的日子，你会怎么做？……相信你在顾客有"特殊的好事"时，一定会对顾客有"特殊的表示"，哪怕只是说一句表示祝贺的话——只要有真情实感，也是一定会"打动人心"的！

"三特"中的第三"特"，是针对顾客的个人特点，为不同顾客提供不同的服务。应该说这个第三"特"所覆盖的面是最广的，因为现实生活中的人谁和谁都不一样，谁都有"个人特点"。问题在于：你是不是一个对能对顾客体贴入微的"有心人"？

请看下面的案例：

在某酒店的零点餐厅，服务员小齐在为顾客吴先生上菜以后，就退到了一边。过了一会儿，当小齐的视线又从别的餐桌移到吴先生的餐桌上来时，发现吴先生正用左手拿着筷子在一颗一颗地吃着花生米。小齐感到很奇怪：怎么刚才没有注意到这位先生是"左撇子"呢？他赶紧走到吴先生的餐桌前，把筷子架从右边移到了左边。吴先生看小齐移动了筷子架，笑着对他说："小伙子，不用挪！我是闹着玩的，一会儿还用右手吃！不过，你这么一挪，倒让我对你有了一个非常好的感觉——小伙子你真不错！你心里有我！"

"你心里有我！"——这可是一种很高的评价呀！在日常生活中，在家庭成员之间吵架的时候，我们往往会听到这样一句语气很重的话："你心里根本就没有我！"这说明什么？这说明人们对于"你"心里有没有"我"的确是看得很重的。当一位顾客对服务员说"你心里有我"的时候，相信他的感觉一定非常之好，他一定感到轻松，感到亲切，感到自豪！

顾客吴先生为什么会对服务员小齐有这么高的评价呢？我们猜想吴先生是这样想的：小伙子你真不错！虽然我在这边吃着，你在那边站着，可是你心里一直惦记着我，不然你怎么会特地跑过来挪我的这个筷架呢？说实在的，别说我说闹着玩的，就算我真是个"左撇子"，这个筷子架挪不挪都没什么关系。要挪，我自己挪一下也是可以的嘛。这实在是小事一桩！可是就连这样一件小事你也注意到了，还真当一回事……

曾经有人说，做服务工作就是要善于"小题大做"。"小题大做"这个说法也许不够准确，但我们还是可以理解它的意思。它的意思是：在服务工作中，"小题大做"可以做出"大文章"，而且往往越是"小题目"，越是能做出"大文章"。什么是"小题目"呢？"小题目"就是顾客那些很"小"的，不容易引起注意的个人特点。什么是"大文章"呢？如果服务者连顾客的这些很小的个人特点也都注意到了，而且能在此基础上很有针对性地为顾客提供服务，那就会使顾客"大"为感动，也就是做出了一篇"大文章"！

为了作对比，再请看一个反面的案例：

方先生住进某酒店商务楼的2021房间，他因为有事，经常提着许多东西进进出出，所以回客房时，差不多每次都是请服务员小于为他开门。方先生每次请小于为他开门的时候，小于都要问："先生，你住几号？"到了第三天下午，当方先生请小于为他开门的时候，小于又问他住几号。方先生终于忍不住了，很生气地说："我进进出出多少次啦？你还不知道我住几号吗？"

方先生为什么会生这么大的气呢？仅仅是嫌麻烦吗？不，这绝不仅仅是一个麻烦不麻烦的问题。方先生肯定还有一句藏在心里的话没有说出来："你这个服务员心里根本就没有我！你根本就不把我当回事！"

　　服务者对顾客的"特别关照"通常都是通过为顾客"做些什么事"来体现的。那么，为什么我们不说它是"功能服务"的"魅力因素"，而说它是"心理服务"的"魅力因素"呢？因为服务者所做的这些事，在心理上的意义往往会超过它在功能上的意义。在功能上可能只是一个"小题目"，而在心理上却是一篇"大文章"。

　　③要抓住每一个机会去体现对顾客的"特别关照"，服务者就应该在服务全过程中"时刻准备着"为顾客提供服务。

　　在顾客虽然有"想法"却不便"明说"的情况下，服务者还应该"心领神会，不言自明"地去为顾客提供服务。把能体现出"特别关照"的做法归纳为"三特"，这就为缺乏经验的酒店服务者提供了一条"寻找机会"的思路。但是，即使已经把这"三特"全都记住了，能不能在服务工作中"变成行动"，仍然是个问题。

　　请看下面的案例：

　　吴先生对马先生说："上个月我和老郑、老徐、老王一起去了一趟A市，住在一家不太大的Y酒店。8号那天，我收到Y酒店向顾客祝贺生日的一张非常精美的明信片，才猛然想起6月8号是我的生日！当时我还觉得很奇怪：他们怎么会知道今天是我的生日呢？老徐一说我才恍然大悟：住进来的时候他们就登记了我的身份证号码，知道了我的身份证号码，还能不知道我哪一天过生日吗？你看，我这个人也真够糊涂的！老徐把那张明信片拿过去一看，原来背面还有酒店的许多与'过生日'和'祝寿'有关的信息，包括项目的内容、价格、优惠条件和联系电话等。这一看不要紧，老徐可来了劲，立刻就去找老郑和老王商量了一阵，马上就打电话订了当晚的一个4个人的'生日宴会'。说实在的，平时在家我都不把过生日当回事，可是在Y酒店过的这个生日还真给我留下了深刻的印象。"

　　马先生说："可惜的是，我上个月去了C市，没有跟你们一起去A市。我要是主持你的生日宴会，你的印象还会更加深刻！不过，听你这一说，我倒觉得那家Y酒店还真是很会搞经营。你看：给顾客送一张明信片，很精美，顾客可以当作一件纪念品保存起来，以后一看到它，就会联想到那家酒店。更妙的是这张明信片不仅向顾客表示了祝贺，而且非常适时地向顾客作了推销。我估计，一张明信片再精美，成本也不过几块钱。可是你想想，一个生日宴会，酒店能挣多少钱？"

　　吴先生说："我还真没有想到你说的这一层。还是你会算账啊！"

　　马先生说："我相信，不仅是你很高兴，老徐他们也一定很高兴，他们也不会像我这样'算经济账'的。你高兴，老徐他们高兴，酒店也高兴，这可真是'多赢'啊！"

　　吴先生说："是啊，这样的好事，酒店何乐而不为呢？"

　　马先生说："那可不一定。要说也真巧，上个月我去C市住在X大酒店，也正赶上我过生日。我是7号住进去的，住进去的时候他们登记了我的身份证号码。10号那一天我请他们帮我订14号的机票，他们又一次抄了我的身份证号码。可是他们谁都没有注意到12号是我的生日。我的运气可真不如你老兄啊！"

　　也许C市X大酒店的那两位工作人员都记住了"三特"，但是他们做到了吗？他们没有做到。本来，他们应该是能够做到的，因为马先生哪一天过生日，在他的身份证上写得清清楚楚。可惜的是,他们只顾抄身份证号码,根本没有想到这里面可能藏着什么样的"机会"。

再让我们来看看那些把服务工作做得很好的、很优秀的服务者,看他们究竟具有了什么样的条件。

请看下面的案例:

孔先生对他的同事讲了这样两件事:有一次,他到S酒店去参加一个小宴会,当他举杯起立的时候,不小心把筷子碰掉了一根。他自己都还没有发现,在桌子前服务的服务者就已经把备用的筷子送过来了。另一次,也是在一个小宴会上,不过不是在S酒店,而是在T酒店,也是在举杯起立的时候把筷子碰掉了一根。虽然旁边也有服务员,却根本没有注意到这边发生了什么事,还是他自己走过去向那位服务员讨备用的筷子。

S酒店的那位餐厅服务员和T酒店的那位餐厅服务员,谁的服务好,谁的服务差,这是不必说的了。问题在于:他们为什么会有这样的差别?

有经验的酒店经理说:"要看哪个服务员好,哪个服务员差,你不要在忙的时候去看,因为忙的时候大家都在忙,你看不出有什么差别。你在不忙的时候去看,就很容易看出他们的差别了。"这话说得真是一点不假。我们都知道,服务员为顾客服务,并不是一分一秒都不停地在为顾客服务的,一般都是有一阵子很忙,过了这一阵可能就不那么忙了,有的时候可以说就是闲着,没什么事。然而,就在这个"没什么事"的时候,就说不定有什么事情发生。正是在这种时候,最容易看出服务员与服务员之间的差别。T酒店的那位餐厅服务员看到顾客都已经入座了,酒也都斟好了,此时该上的菜也都上了,宴会的主人马上就要请大家碰杯了,于是他想:"我也该歇会儿了!"他眼里也不再看着顾客,心里也不再想着顾客了,他怎么会知道顾客碰掉了一根筷子呢?而S酒店的那位餐厅服务员就不一样了。他在"没什么事"的时候,眼里仍然看着顾客,心里仍然想着顾客,所以顾客的筷子刚一掉下来他就发现了。S酒店的餐厅服务员好在哪里呢?好就好在他在服务的全过程中"时刻准备着"为顾客提供服务!

我们知道,服务者往往只在短短的一瞬间,就能给顾客留下一个极好的印象。问题在于没有人告诉你,这个"真实瞬间"会在什么时候到来。如果你不"时刻准备着",又怎么能抓住那个不知道什么时候会来的"真实瞬间"呢?

实际上,很多能把服务工作做得非常好的、能使自己的服务产生一种"打动人心"的效应的服务者,都有一个共同点,那就是他们都能在服务全过程中"时刻准备着"为顾客提供服务。

让我们再回想一下前面那位"顾客吸墨水,客房服务员及时送上一张纸"的案例。如果是另一位服务员,他可能这样想:你不是要一瓶墨水吗?好,墨水拿来了,没我的事了!但是那位女服务员并不是这样想,她眼里还在看着顾客,心里还在想着顾客,她想:此时此刻,是不是还需要我为他提供什么服务呢?于是她想到了:钢笔吸了墨水,一定要用一张纸擦一下,否则把手弄脏了,洗都很难洗掉的。对,赶紧找张纸!这位女服务员好在哪里呢?也是好在她在服务全过程中"时刻准备着"为顾客提供服务!

有些优秀的服务者不仅做到了"时刻准备着",而且能够"心领神会,不言自明"地为顾客提供服务。国外常常有人用"拆字"的方法来说明一个词的含义,有时不免有些牵强。但是，有一个词，我们觉得"拆"很好，这就是把Care（关照）这个词，拆成了分别以C，A，R，E这4个字母开头的4个单词：Concern（关心）、Attentiveness（留意）、Responsiveness（应答）、Effort（努力）。要体现出对顾客的"特别关照"，首先要"关心"顾客。但如果只"关心"而不"留意"，那就不知道该在什么时候去为顾客提供什么样的服务。所谓"时刻准备着"，实际上也就是要时刻"留意"。时刻"留意"，才能及时地发现顾客有什么需要。但如果只是发现了而不作出"应答"，顾客也就没有得到什么"关照"。像前面所说的给顾客送去一双备用的筷子，这种"应答"并不难，虽然能赢得顾客的满意，但是并不一定能使顾客特别感动。如果在困难的情况下，经过"努力"而作出圆满的"应答"，那就一定会使顾客特别满意，特别感动。所以，我们应该记住："关照"的意思就是"关心——留意——应答——努力"。

【案例2.7】

在一次宴会结束以后，顾客中有一位郑先生特地留下来对餐饮部经理说："你们的那个小姑娘，就是服务员小叶，可真是好样的！好！真好！"说完就走了。餐饮部经理也不知道这位郑先生到底认为服务员小叶好在哪里，于是就把小叶叫过来，问她今天为顾客做了什么好事。

听了小叶的叙述，餐饮部经理才知道原来是这么回事：

小叶托着一个盘子去给顾客上饮料，走到郑先生这边问他要什么饮料的时候，郑先生漫不经心地指了一下盘子里的"可乐"，于是小叶就给郑先生倒了一杯"可乐"。后来，当小叶问坐在郑先生对面的那位万先生要什么饮料的时候，万先生很仔细地看了看盘子里的几种饮料，指着其中的一种问小叶："这是什么？"小叶说："这是我们酒店自制的酸梅汤。"万先生露出惊喜的神色说："还有酸梅汤？我也要酸梅汤啊！……已经要了'可乐'，算了，就喝'可乐'吧！"

等郑先生的"可乐"喝得差不多了，本该给他再续上一杯"可乐"的时候，小叶凑到郑先生的耳边说："我们酒店自制的酸梅汤味道挺好的，您是不是要尝尝？"郑先生连连点头说："好，好，那就尝尝吧！"

郑先生一连喝了好几杯酸梅汤，一再地称赞："好，好，味道真不错！"

请你说说看

_____

_____。

评析

服务员小叶好在哪里呢？好就好在她猜到了郑先生的心思，既让郑先生喝上了他所喜欢的酸梅汤，又没有让别的顾客笑话他"像个小孩儿一样，看见别人要什么，也跟着要什么"。

许多有经验的酒店服务员都知道，顾客有时候就是会像郑先生这样的——有话要对服务员说，可是当着别的顾客的面，想说又不好意思说。这时候就需要你"心领神会，不言自明"地去为他提供服务了！需要注意的是：要像案例中的小叶那样做到很巧妙，既满足了顾客的需要，又不让顾客有丝毫的尴尬。

模块 ③

服务者的职业理念

【案例3.1】

把信送给加西亚

这是一个充满传奇的故事。19世纪美西战争爆发时，美国需要立即与西班牙的反抗军首领加西亚取得联系，以获得他的支持。加西亚在古巴丛林的山里——没有人知道确切的地点，所以无法带信给他，而美国总统必须尽快获得他的支持。

有人对总统说："有一个名叫罗文的人有办法找到加西亚，也只有他才能找得到。"他们把安德鲁·罗文找来，交给他一封写给加西亚的信。罗文拿了信，把它装进一个油纸袋里，封好，吊在胸口。3个星期之后，他徒步走过危机四伏的国家，把那封信交给了加西亚。罗文以其绝对的忠诚、高度的责任感完成了这项"不可能完成的任务"。

请你说说看

_____

_____。

讲到这里，要强调的重点是，罗文接过给加西亚的信之后，并没有问："加西亚在什么地方？"罗文以一个军人的高度责任感义无反顾地接过了这项任务，也许他会因为这项任务付出生命。但他什么也没说，他所想到的只是如何把信送给加西亚。

当企业员工对工作的难易程度、待遇的高低、工作环境的好坏等斤斤计较、怨声载道的时候，他们有没有经常自我反省：与社会提供给我的回报相比，我是否付出了足够的努力？我足够敬业吗？如果让我把信带给加西亚，我能吗？

像罗文这样的人，我们的确应该为他塑造一座不朽的精神雕像，永远存放在心中。想要取得成功的员工所需要的不仅是书本上的知识和他人的种种教导，更需要一种孜孜不倦的敬业精神，而这种精神就源于一个人对工作的忠诚的信念。

【案例3.2】

苹果公司的用人法则

在2016年美国《财富》杂志的评选中，苹果公司连续9年高居"全球最受赞赏的公司"排行榜上的第一名。其中，苹果公司在创新、人才管理、企业资产利用、社会责任、管理质量、财务稳健性、长期投资价值、产品及服务质量以及国际竞争力9大类别指标中，有6项都获得了最高评价。其中，苹果公司的人才管理指标评分高达9.02，居于榜首。

苹果公司取得有目共睹的成就，乔布斯的用人黄金法则功不可没。"我过去常常认为一位出色的人才可顶两名平庸的员工，现在我认为能顶50名。我大约把1/4的时间用于招募人才。"乔布斯如是说。乔布斯一生面试过5 000多人，然而被真正看中的并不多。乔布斯说，他花了半辈子的时间才充分认识到人才的价值。如果留意十几年来苹果公司管理团队的人员组成，那么，你会发现有些人一直在这，有些人离开了，但每个位置都有一名优秀的员工。

苹果公司拥有一套成熟的文化。苹果专卖店的员工有一本培训手册。这本培训手册与常见公司的培训手册不同，内容可称得上是事无巨细，上至如何从顾客表情判断出顾客心理，下至哪些词是绝对不允许使用的，其中还录有大量的"可以做""不能做"表单。手册就是一本关于职业素养、顾客心理、危机处理等内容的十全宝典。

手册中用极为浅显的方式记录着"天才"在服务过程中的职责，对其应有的技能、行为以及价值观进行了详述。苹果公司将销售行为总结为5个关键词：接触（Approach）、了解（Probe）、展示（Present）、倾听（Listen）以及达成（End）。可以说，"天才"的职责是通过沟通使得顾客打开心扉，说出内心的需求，从而把适合顾客的产品和服务推介出去……

请你说说看

_____

_____。

评析

通过苹果公司的案例，可以得出一个结论：企业重视人才的选拔和培养。随着全球竞争和知识经济时代的到来，人才是企业或组织宝贵的资本。人才，或者说人力资源，是生产活动中最活跃最重要的影响因素，也是企业核心竞争力之所在。

3.1 企业喜欢什么样的人才

小 看 板

职场盛行5种"才"：

人材，可造之材，需要雕琢，但有潜在能力。

人才，通常的人才，是企业里的干才、将才或通才。

人财，有诚信，对企业忠诚，能为企业创造大量财富的人。

人豺，没有企业忠诚度，随时准备跳槽的人。

人裁，无德无能者坚决裁掉。

现代企业的竞争首先是人才的竞争，人才是企业最宝贵的智力资本。国际上的知名企业在人力资源的使用上各具特色，但又有相似之处。

吉利集团是中国国内汽车行业十强中唯一一家民营轿车生产经营企业，吉利以人为本的创新型文化提倡"快乐人生，吉利相伴"的核心价值观。在人才培养方面有自己的"六面大旗"：以团队为成功基石，以学习为成功关键，以创新为生存之道，以拼搏为发展动力，以实事求是为人格素养，以精益求精为根本要求。吉利的领导人李书福董事长借鉴丰田模式提出了"元动力"工程。"元"是指吉利集团的元气，即企业的核心价值，而企业元气的源泉正是企业员工的力量。"只有快乐的员工，才能有满意的顾客、股东以及和谐的企业内部关系，才能有超常的公司。"凭借这种以员工为本的管理方法，"元动力"工程成功发挥了员工的主动性、创造性，调动了员工的工作积极性，把员工的所思所想化为企业的发展动力和市场竞争力。

摩托罗拉用5个E作为衡量人才的标准：第一个E——Envision（远见卓识）：对科学技术和公司的前景有所了解，对未来有所憧憬；第二个E——Energy（活力）：要有创造力，并且能灵活地适应各种变化，具有凝聚力，带领团队共同进步；第三个E——Execution（执行力）：不能光说不做，要行动迅速，且有步骤、有条理、有系统；第四个E——Edge（果断）：有判断力，是非分明，敢于并且能够作出正确的决定；第五个E——Ethics（道德）：品行端正、诚实、值得信任，尊重他人，具有合作精神。

壳牌公司招聘人才主要是着眼于未来的需要，所以十分看重人的发展潜质。公司把发展潜质定义为"CAR"即分析力（Capacity）：能够迅速分析数据，在信息不完整、不清晰的情况下能确定主要议题，分析外部环境的约束，分析潜在影响和联系，在复杂的环境中和局势不明的情况下能提出创造性的解决方案；成就力（Achievement）：给自己和他人有挑战性的目标，并能做出成果，百折不挠，能够权衡轻重缓急和不断变化的要求，有勇气处理不熟悉的问题；关系力（Relation）：尊重不同背景的人提出的意见并主动寻求这种意见，表现诚实和正直，有能力感染和激励他人，能坦率、直接和清晰地沟通，能和他人建立富有成效的工作关系。

宝洁公司把对人才素质的要求归结为8个方面：领导能力、诚实正直、发展能力、承担风险、积极创新、解决问题、团结合作、专业技能。需要指出的是，这8个方面是并列的，没有先后顺序，"诚实正直"和"专业技能"一样重要。

无论配置如何，激励怎样，只有培养才能使人才真正成长。培养企业人才首先应该清楚人才应具备的素质。人才对于企业如此重要，那么企业所渴求的人才，到底应该具备哪些素质呢？下面有13条建议：

①反应能力。思路敏捷是处理事情成功必备的要素。一件事情的处理往往需要洞察先机，在时机的掌握上必须快人一步，这样才能促使事情成功，因为时机一过就无法挽回。

②谈吐应对。谈吐应对可以反映出一个人的学识和修养。好的知识和修养，经过长时间的磨炼和不间断地自我充实，才能获得水到渠成的功效。

③身体状况。身体健康的人做起事来精神焕发、活力充沛，对前途乐观进取，并能负担起较重的责任，而不至于因体力不济而功败垂成。我们经常可以看到这样的情况，在一件事情的处理过程中，越是能够坚持到最后一刻的人，越是有机会成功的人。

④团队精神。要想做好一件事情，决不能一意孤行，更不能以个人利益为前提，而必须经过不断地协调、沟通、商议、集合众志成城的力量，以整体利益为出发点才能做出为大众所接受并进一步支持的决定。

⑤领导才能。企业需要各种不同的人才为其工作，但在选择干部时，必须要求其具备领导组织能力。某些技术方面的专才，虽然能够在其技术领域内充分发挥才能，却并不一定完全适合担任主管干部的职位。所以，企业对人才的选用必须从基层开始培养干部，经过各种磨炼，逐步由中阶层迈向高阶层，使其适得其位，一展其才。

⑥敬业乐群。一个有抱负的人必定具有敬业的精神，对工作的意愿是乐观开朗，积极

进取，愿意花费较多时间在工作上，具有百折不挠的毅力和恒心。一般而言，人与人的智慧相差无几，其差别取决于对事情负责的态度和勇于将事情做好的精神，尤其是遇到挫折时能不屈不挠继续奋斗，不到成功绝不罢休的决心。

⑦创新观念。企业的成长和发展主要在于不断地创新。科技的进步日新月异，商场的竞争更是瞬息万变，停留在现状就是落伍。一切事物的推动必以人为主体，人的新颖观念才是制胜之道，而只有接受新观念和新思潮才能促成进一步的发展。

⑧求知欲望。为学之道不进则退，企业的成员需要不断地充实自己，力求突破，了解更新、更现代化的知识，而不能自满，墨守成规，不再作进一步发展，因而阻碍企业成长的脚步。

⑨对人的态度。一件事情成功的关键，主要取决于办事者待人处事的态度。对人态度必须诚恳、和蔼可亲，运用循循善诱的高度说服能力，以赢得别人的共鸣，才会促使事情成功。

⑩操守把持。一个人再有学识，再有能力，倘若在品行操守上不能把持分寸，极有可能会对企业造成莫大的损害。所以，企业在选择人才时必须格外谨慎，避免任用那些利用个人权力营私贪污者，以免假公济私的贪赃枉法者危害到企业的成长，甚至造成无法弥补的损失。

⑪生活习惯。从一个人的生活习惯，可以初步了解其个人未来的发展，因为生活习惯正常而有规律，才是一个有原则、有抱负、脚踏实地、实事求是的人。所以，从一个人生活习惯的点点滴滴，可以观察到他未来的发展。

⑫适应环境。企业在选择人才时，必须注重人员适应环境的能力，避免选用个性极端的人，因为这种人较难与他人和睦相处，往往还会扰乱工作场所的气氛。一个人初到一个企业，开始必然感到陌生，能在最短时间内了解企业的工作环境，并能愉快地与大家相处在一起的人，才是企业期望的人员。反之，处处与人格格不入，或坚持自我本位的人，都可能扰乱整体前进的脚步，造成个人有志难伸、企业前途难展的困境。

⑬坚定的政治信念。对于领导型人才，要特别关注其政治坚定性，要有大局意识。企业的各种培训，对于企业的长远发展起着至关重要的作用。较之知识的培训，更重要的是工作能力的培养。这就需要从组织高层领导到基层干部都要有一种信念，一种行为。从人才配置、激励到培养，是企业在人才管理上所应注意的问题，能够合理地安排，将会发现人才其实就在身边，依靠身边的人才，企业就可以获得高速的发展，人才就可以迅速成长，也就满足了人才自我实现的最高层次需求。

信息时代、知识经济时代已成为我们这个时代的代名词，新的东西每天都会大量地涌现出来，新的技术、新的经营方式层出不穷，"变化"成为这个时代的最重要的特征之一。只有那些灵活地适应了这些变化，而且在变化中抓住其中蕴含机会的人和组织，才能在这个时代很好地生存下去。在这样一个变革的时代，一切因循守旧、僵固不化的东西都将被扫荡一清。只有那些从内心深处渴望变化、视变革为机遇的管理者，他们的职业生命才能如同这个时代一样充满生机。

服务意识自我塑造

我是人才，因为我有这样的品质：

_____。

我还须在这些方面努力：

_____。

3.2 人才的标准

如何选择优秀的人才是让不少企业头疼的一项工作，企业要选人，首先要明确人才的意义，对自己准确定位，了解自己需要什么样的人才，人才的标准是什么。

首先，我们来分享在成功学方面有所研究的陈安之先生就选人方面的观念，值得参考：

领导的能力是选对人，而不是训练人。

选择人才需要列出所有理想人才的具体标准。

人才的态度、能力、忠诚度，三者缺一不可。

企业要成功，不要录取以赚钱为第一动机的人，而要录取一定会赢并有方法成为第一的人。

企业规模不同，用人标准会有一定的差异。但从根本上看，企业对人才的评价主要是从两个方面作出的：一是看其是否有胜任岗位的能力；二是看其是否有积极上进、严格要求自己的职业态度。

这里，我们进而分享未来人才的能力与性格倾向模型：首先，服务者应有独立、理性的选择价值目标的能力，高度的社会适应性，高度的敏感性与自我定向能力；其次，服务者还应具有主动适应环境的能力，对不明确情境的耐受性、抗拒压力与耐受挫折的能力；再次，服务者的社会角色意识与沟通能力、高度创造力与持续发展倾向、人际关系调整能力也是决定其职业发展生涯的必备条件；最后，较高的文化素养、道德修养、善于竞争与合作、专业知识和技能是人才成长的保障条件。

服务意识自我塑造

作为未来人才，您拥有的性格和能力有：

_____。

我还须在这些方面努力：

_____。

我们对人才有以下几种分类方式：

①人裁，即"裁员"。工作态度很差，能力十分有限，无德无能者，企业定会坚决裁掉。

②人豺，人面豺心者，对企业没有忠诚度，随时准备跳槽者。

③人材，"人"即"木材"，就是企业的门面，就是那些高学历、好长相的企业人员，态度很好，能力有限。人材就是有卖相而无实际价值的产品。需要培养、训练可能是

有用之材，也可能是一般的"木材"。

④人才，"人"即"才能"，具有真才实学的人。这类人员具备良好的综合素质。有文化、有能力、有专业的技能，但是能力很强，态度很差，不认同所在企业。企业需要大量这种人才，他们是企业里的干才、将才或通才。

⑤人财，"人"即"财富"。为社会、企业带来财富的人员，这才是企业、社会最需要的工作者。也许他们不具备乖巧的外表，也不是亮堂堂的MBA毕业，但是这类人能力很强，态度很好，认同企业。这类人是给企业带来财富的人，用财富的"财"字来形容他。他是老板最喜欢的人。这种人才可遇而不可求，一旦发现就要委以重任，他能为企业创造财富，甚至一个人就能救活一个企业，这种人才要千方百计地把他留住，哪怕给他股权。

服务意识自我塑造

您认为您是哪一类人才：
_____。

我还须在这些方面努力：
_____。

3.3　我们为谁工作

经常有服务者认为，我们在为顾客服务，在给企业打工，我们所有的努力都是给上司或老板在做。是这样的吗？

我们进入了多元价值观并存的时代，不同的人，价值观也会有所不同，但归根结底，我们都肯定价值和资本的重要性。资本满足了我们的基本需求，而价值左右我们的行为和观念。

可以说，我们首先为财富、收入和机遇工作，任何人最初的时候都不可能就是百万富翁，为了生活下去，我们通过学习和工作积累知识和技能，进而转化成财富。我们到底在为谁工作？如果我们是为老板工作，那么我们不工作行不行？答案当然是否定的。如果不工作，我们就丧失了养家糊口的能力，工作不仅仅是简单的雇佣关系，工作的质量会直接影响我们的财富、收入和机遇，可以说，我们都在为自己工作，社会是公平的大家庭，你在一个企业里，你的技能高，能力强，企业就给你更高的薪水，你的能力低，技能差，那你就只能拿低工资，用混日子的心态工作，这样，被"人裁"的风险会更大，真正对自己负责任的"人才"会通过努力为自己工作，降低工作中的风险。

但是，在我们追求财富的过程中，或者在财富积累到一定程度的时候，我们可能会意识到，工作的目的不仅是满足生存的需要，还有更高层次的需求，那就是实现自我价值。

工作能够丰富我们的经验，增长我们的智慧，激发我们的潜能，这些都是让我们终身受益的财富。追求自我价值的实现，能够帮助我们更加积极地投身到工作中去，更加有效率地完成工作。如果一个人仅仅为了薪水而工作，被动地接受工作，没有更高、更远的自我提升和发展的意识，工作起来就会缺乏热情，就会感觉到自己在做苦役，内心就会很疲惫。

工作质量决定生活质量。工作占据了我们生活的大量时间，我们投入了大量的精力在完成一项圆满的工作中。可以说，工作带来的幸福感是长久的，能够直接影响我们的心情和生活质量。反过来，美好的态度和心情也可以提高工作的质量和效率，良性的循环可以让我们更加有质量地活着。

感恩社会，感恩企业，感恩同事。让我们快乐地为自己工作吧！

请你说说看

_____

_____。

服务意识自我塑造

我所向往的工作是：

_____

_____。

我的"工作"还包括：

_____

_____。

3.4　一流职业理念的特点

小　看　板

敬业

拥有良好的心态和信念

做事先做人

制定工作目标导向，认真负责

注重潜能开发

专注

提前行动，主动承担责任

终身学习

对自己的职业忠诚

自律

善于控制情绪，不断提高情商

3.4.1 敬业

敬业是职场人应该具备的基本价值观和信条。所谓敬业，就是用一种严肃的态度对待自己的工作，勤勤恳恳、兢兢业业、忠于职守、尽职尽责地从事工作。松下幸之助目睹信徒在寺庙里虔诚而愉快地参加义务劳动时，感慨地说："如果员工带着宗教般的虔诚参加工作，企业肯定会无往而不胜！"

【案例3.3】

在一个普通冬日的早晨，在沈阳做"送奶工"的王秀珍送奶时，突然接到内蒙古老家的报丧电话："75岁的老父亲因病去世了。"悲痛中，王秀珍坚持送完了当天的奶，在等车时手写了165份停送牛奶通知，安排儿子冒着严寒连夜张贴。

"对不起，我爸去世了。11月30日到12月6日停奶，12月7日送奶。送奶工。"等车时，王秀珍在牛奶宣传单后面写下了这则通知。17岁的儿子当天拿着订户的资料挨家挨户张贴通知。王秀珍说："晚上9点多，我给儿子打电话问他通知完没有，他说马上就快通知完了。"一些订户没有通知到后，王秀珍立即拨打长途电话挨个通知，并请订奶户们互相通知一声："不管怎么样，12月7日，奶重新给送上！"

当记者采访王秀珍时，她的回答令我们动容。

记者：为了生活，工作累不？

王秀珍：能不累吗？有时候累得自己偷着哭。这边在外面忙活，还得急着回家照顾孩子。尤其是冬天早上送奶的路上，电动车坏了，凌晨三四点钟，整个马路上一个人都没有，想找个帮忙的人都找不着。我想给孩子打电话，可又怕影响孩子第二天上学。我一边哭一边推着电动车往前走，人家订奶户们还等着早晨喝奶呢。不过现在好多了，再苦再难我也能挺住。谢谢你们给我的信任和帮助！

记者：现在你已经出名了，你是怎么看自己的？有没有想过换换工作？

王秀珍：换工作？从来没想过。就是你们不采访，我也会坚持送下去。不管怎么样，我还是我，我还是一个送奶工。我选择了这行，就得坚持送下去，就得把工作干好。再说了，这份工作来之不易，全是一点点跑出来的，是用真心换来的。刚开始我送奶的这片都没有人送，我一个小区、一个小区地跑。慢慢地，大家开始信任我了，订奶钱从交10天变成了交1年，订奶顾客现在也达到167户了。看到这些人给我的信任，我挺安慰的，也挺高兴的。只要大家信任我、支持我，我一定干到底。

请你说说看

_____

_____。

敬业，是职业人的重要品格。在中国，敬业精神古已有之，中国古代思想家也非常提倡敬业精神，孔子称之为"执事敬"，意思是说对待事业要持尊敬、敬重的态度。古代思想家朱熹将敬业诠释为"专心致志，以事其业也"。敬业，就是要敬重并专心致力于自己从事的事业，千方百计将事情做好。中华民族历来有"敬业乐群""忠于职守"的传统。

敬业首先要爱岗，一个人一旦爱上自己的职业，他就会全身心地投到工作中，焕发出动力与热情。即使在平凡的岗位上，也能做出不平凡的事业。敬业的实质是投入并快乐地工作着，达到"不是要我做，而是我要做"的境界。

乐在工作是员工的大智慧，其深层原因如下。

在一个人清醒的时间里，工作占据了一半的时间。如果你认为工作是痛苦的，那么，在你清醒的人生中有一半是痛苦的。

工作是练习、发展及培训自己能力的最好方法。

学习不只为报酬而工作，最终的结果是能使你获得更多的报酬，这也正是对"一分耕耘一分收获"的理解。为自己工作，工作是为了自身素质的提高，同时也提高了应对职场问题的能力。

乐在工作是为了成就事业，经常指定一些一般人难以逾越的标准，通过反复努力而最终达到，这是一种乐趣，会给你带来一种一般人永远无法体会到的幸福感，这时工作已经不再是工作了，而是一个极为有趣的游戏，由你自己去操作。

工作不要60分。在以结果为导向的工作环境中，是以你在多大程度上认同责任的价值理念，并身体力行为标准的，在每件工作的过程中都要求百分之百的努力，才能完成自身的责任目标。

工作没有100分。在现实的工作环境中，一切都在不断地变化，不求甚解与精益求精是两种不同的开展工作与处理问题的态度，会导致不同的结果。精益求精没有止境，责任心会促使你不断地攀登更高的目标，不断地超越非凡，创造卓越。比如，劳动模范张秉贵，他在售货员这一普通工作岗位创造了奇迹，随手抓一把糖块就是标准的1斤（500克），一小块都不差，因而成为商业战线的一面旗帜。

希望尽自身最大的努力将工作做到最好，这是职业人敬业的重要表现。比如，美国大企业家艾柯卡，他从福特公司一个基层技术员成长为总裁。在成长中的每一个岗位上，他都兢兢业业，成绩优秀，永远是"我要做"，而不是"要我做"。"要我做"的心态是被动消极的，难以焕发其投入的激情，持有这种态度的人上班时无精打采，总是盯着时钟读秒，简直就是在熬时间，混一天是一天，下班时是兴高采烈。长此以往，不仅消磨了斗志，而且使得自己在人才市场上失去了竞争的优势。

3.4.2　拥有良好的心态和信念

著名的成功学家拿破仑·希尔指出："人与人之间只有很小的差异，但这种很小的差异却往往造成巨大的差异。很小的差异就是所具备的心态是积极的还是消极的，巨大的差异就是成功与失败。"成功人士与失败认识的差别在于成功人士都有积极的心态，即PMA（Positive Mental Attitude）。而失败人士习惯于用消极的心态，即NMA（Negative Mental Attitude）去面对人生。运用积极心态支配自己行为的人，能够用积极思考、乐观的精神和成功的经验支配自己的人生。

小 看 板

对于职业的态度更是如此，积极的心态是职业人士的阳光

要敬业、积极、热情地投入

只要向着阳光走，黑暗就永远留在后头

某大企业集团的总裁曾说："有人认为我今日的成就是因为运气比较好，其实我一点背景也没有，只是坚持自己的工作信念，全力以赴。我每周工作时间100小时以上，并没有人逼我。我喜欢我的工作，我对我的工作有责任感，我把公司当作自己的公司，我把公司的钱当作自己的钱。其实大家的聪明才智都差不多，只要你比别人多努力，只要你有信心、肯做，就一定会成功。"古往今来，因为具有坚定的态度和信念而取得成功的人比比皆是，他们都是从"过去的他"走向了"成功的他"，见表3.1。

表3.1　态度、信念决定未来

	过去的他	成功的他
海伦	看不见听不见的残疾人	作家
吕蒙	被人讥为吴下阿蒙	白衣过江，打败关羽的名将
勾践	亡国的国君	春秋五霸之一
里根	二流演员	美国总统
吴士宏	护士	TCL 集团的副总裁

从以上的例子不难看出，成功者和失败者最大的区别在于如何面对自己。成功者找方法，失败者找理由，心态决定一切。任何一种事物，我们怀着不同的心态去看待，就会产生不同的看法：成功者总是看到困难后面的机遇，失败者总是看到机遇后面的困难。人类文明的发展史表明：人们总是在不断地克服自卑、自怨、自大、自满的过程中，树立自信、自尊、自爱、自强、自立的坚定信念，克服一切艰难险阻，从一个胜利走向另一个胜利。

成功往往不是能与不能，而是做与不做。不做就永远不可能成功，要做就要怀着积极的心态，确定明确的目标，选择正确的方法，采取快速的行动，尽快达到预期的目标。任何成功者的实践表明：心态正确，将一通百通；心态不对，将一事无成。因此，员工在具体工作实践中必须随时调整自己的心态，保持旺盛的斗志和充沛的精力，为企业的发展，为实现自我价值最大化发愤图强、勇往直前。

那么，如何培养积极的心态呢？

成功学大师希尔为我们提供了如何培养积极的心态的13种方式，对我们有很大的帮助，我们应该注意学会领会，并逐渐转化为自己的行动。

①言行举止效仿你希望成为的人：找到你所希望成为的人，以此为目标，并首先从言行举止来效仿，逐渐塑造自己。例如，法国大文豪雨果从小就想成为文学家，一直把当时的一个著名作家当作学习的榜样，不断地学习、效仿，最终实现了理想。

②要心怀必胜的积极想法：要想收获成功的人生，就要像个勤劳的农民。不能仅仅撒下

几颗乐观的种子然后指望着不劳而获，而是必须不断地给这些种子浇水施肥，努力培育。

③用美好的感觉、信心与目标去影响别人：积累自己的积极心态和经验，并将这种美好的感觉传达给别人，帮助周围的人也获得积极的心态。

④让你遇到的每一个人都感到自己重要：你怎样对待别人，别人也会怎样对待你，互相尊重会形成良好的氛围。哲学家埃默森说："人生最美丽的补偿之一，就是人们真诚地帮助别人之后，同时也帮助了自己。"也就是说，成就别人的同时，也成就了自己。

⑤心存感激：有积极心态的人常怀感激之心，感激生活，感激朋友，有消极心态的人总是在不停地抱怨。

⑥学会称赞别人：赞美具有无穷的力量，丘吉尔说过这样的一句话："你希望别人具有怎样的优点，你就会怎样赞美他。"大多数人会在被赞美的方面更加努力，因为被人欣赏是每一个人都希望得到的精神需求。

例如，通用公司CEO韦尔奇就经常给部下写字条，表扬部下近期的良好表现，去激励部下越做越好。

⑦学会微笑：微笑是一种令人愉悦的表情。面对微笑的人，你会感觉到自信和友好，微笑能为你打开友谊之门，帮助你建立良好的人际关系。

例如，世界酒店大王希尔顿最先把微笑服务引入酒店业，作为制胜的法宝，为他称雄业界奠定了坚实的基础。

⑧努力寻找最佳的新观念：有积极心态的人特别注意寻找最佳的新观念，找到好的观念和创意，靠的不是能力，而是取决于态度。

⑨放弃琐碎的小事：琐碎的小事容易让人偏离重要目标，不要因为小事而使周围的人不愉快。一个人为多大的事情发怒，就表明他的心胸有多大。

⑩培养奉献的精神：一个积极心态的人所能作的最大的贡献就是给予。

例如，值得我们学习的榜样雷锋，就是一个善于给予的人，它不仅得到了中国人民的爱戴，而且得到了世界人民的尊敬，在许多国家都有"学雷锋协会"。

⑪永远也不要消极地认为某些事是不可能的。

⑫培养乐观与自信的精神：伟大的发明家爱迪生搞发明创造，往往是失败数千次。如果没有乐观与自信精神，他就不可能发明电灯。

⑬经常使用自动提示语："如果相信自己能做到，就一定能做到。""生活在一天天变好。""现在就做，使梦想变成现实。"

总之，注意培养积极的心态，抑制消极心态，并将积极的心态融入潜意识中，以此指导自己的态度与行为，就会促使你形成强大的动力，帮助你实现成功的目标。

3.4.3 做事先做人

当我们环顾科技领域叱咤风云的公司，发现他们的用人之道有一条永远法则，那就是人才的道德质量。微软亚洲研究院人力资源部的王女士说："微软研究院用人的标准除了重视扎实的专业知识、足够的创造力、工作热情、团队精神外，尤其看重人才的职业道德，应聘者要经过严格的面试，以考核其是否正直、诚信。"

联想人力资源部负责人鲁灵敏直言："人才要学会做人，人才与企业发展的最关键的结合点在于，企业要有良好的用人战略，而人才要有良好的道德质量。我们选拔人才的标准是能吃苦耐劳、有韧性、上进心强，能够自我激励、迎难而上。"

因此，要在职场中取得成功，就要做到"做事先做人"。例如，原广州乐华电器公司总裁吴绍章，在做学徒时就恪守两条格言：对领导不讨价还价，对同事不斤斤计较。这使他深得领导和同事的喜爱，终成大器。

首先，要做一个勇于承担责任的人。从法律的角度讲，任何一个社会人，其权利可以放弃，但是责任和义务必须要履行，对于职业人更是如此。每一个职业人一方面要承担自己的责任，不能让自己的责任成为别人的负担，影响整个团队的效率。另一方面也不能以此推卸责任，筑起责任划分的堤坝，对于责任交叉和责任空当置若罔闻，毫不关心。一个良性运行的组织，应提倡勇于承担责任的文化氛围。

【案例3.4】

职位与素养

1964年，日本松下电器产业公司直属的销售代理店经营恶化，松下幸之助立即以董事长名义在热海新富士屋饭店召开会议，邀请公司全体负责人、企业部长、全国营业所长、销售公司总经理参加会议。会前，松下幸之助亲自检查了会场布置，当发现他自己的讲坛比一般席位高出一截时便立即制止，将其改成与一般席位同样高低。开会前公司职员给这位董事长献大红花，松下大声说："今天开会我要向销售公司的诸位道歉，我怎么能佩戴这样的大红花呢？"

请你说说看

_____

_____。

其次，要做一个善于学习的人。传统的学习大多重视理论知识和前人的经验，其中一种是接受式学习。这种学习方式有利于人类知识的积累和延续，但是也存在着很多不足。

现代职业人的学习，应该是更重视创造性的学习，学习目标着眼于未来发展。企业要采用科学高效的学习方法，内容要丰富，形式要灵活，充分发挥员工的自主性，重在对未知领域的探索和创造性的应用，以适应知识型社会的要求。

只有终身学习，才能适应未来社会的发展变化。现代社会的发展，对人才素质的要求非常高，任何竞争最终都是人才素质的竞争。职业人为了适应激烈竞争的环境，必须不断地学习，以提高自身和团队的竞争优势。

第三，要做一个了解组织与他人需要的人。

【案例3.5】

原来如此

甲：新搬来的邻居好可恶，昨天晚上三更半夜跑来猛按我家的门铃。

乙：的确可恶，你有没有马上报警？

甲：没有，我当他们是疯子，继续吹我的小喇叭。

请你说说看

_____

_____。

评析

事出必有因，如果能先看到自己的不是，结果就会不一样。在你面对冲突和争执时，先想一想是否心中有愧，或许很快就能释怀了。

第四，要做一个虚怀若谷的人。

【案例3.6】

后生可畏

小男孩问爸爸："是不是做父亲的总比做儿子的知道得多？"

爸爸回答："当然啦！"

小男孩问："电灯是谁发明的？"

爸爸回答："是爱迪生。"

小男孩又问："那爱迪生的爸爸怎么没有发明电灯？"

请你说说看

_____

_____。

评析

不谦虚的人，特别容易栽跟头。权威往往只是一个经不起考验的空壳子，尤其是在现今这个多元开放的时代更是如此。

3.4.4　制定工作目标

制定工作目标，要求我们能自动地发掘、认识、提出自己职责内的问题，并制定出在"什么期限"要"达到什么程度"的作业、行动或工作目标，当一个目标实现后，应适时提出新的更高的目标，以便进入一个新的目标导向过程，从而使动机强度维持在较高的水平上，使人保持一种积极的状态。具有目标导向意识与能力的员工能够合理地制定目标和计划，积极主动地去寻求职责内应该完成的任务；能够整合资源、努力执行计划；能够经常进行沟通和回馈；能够经常主动向工作挑战；他们有工作至上的观念，最关心的是工作的成效与绩效；他们目标既定，就下定决心并把自己的全部心力灌注在目标推动与执行上。

3.4.5　注重潜能开发

据科学家研究，一般人的潜能只发挥了4%~6%。因此，人的潜能犹如一座等待开发的金矿，蕴藏无穷的价值。但是，由于没有进行开发，每一个人的力量都没有能够得到淋漓尽致的发挥。并非大多数人命中注定不能够成功，只要发挥了足够的潜能，任何一个平凡的人，都能成就一番事业。

【案例3.7】

一位已被医生确定为残疾的美国人——史蒂文，靠轮椅代步20年。他的身体原本很健康，但在越南打仗时，他被流弹打伤了背部的下半截。经过治疗，他虽然康复，却无法行走了。他整天坐在轮椅上，觉得此生已完结，有时候借酒消愁。有一天，他从酒馆出来，照常坐轮椅回家，却碰上3个劫匪抢他的钱包，他拼命呐喊反抗，惹怒了劫匪，他们放火焚烧他的轮椅，史蒂文竟然忘记了自己的双腿不能行走，他拼命逃走，求生的欲望让他一口气跑了一条街。事后，史蒂文说："如果当时我不逃走，就必然被烧伤，甚至被烧死。我忘了一切，一跃而起，拼命逃走，以致停下脚步，才发现自己会走动。"现在的史蒂文身体健康，能与正常人一样行走，并且已经在纽约找到一份工作。

请你说说看

_____

_____。

评析

由此可见，一个人的潜能是巨大的，任何成功者都不是天生就能成功的，成功的根本原因是开发了无穷无尽的潜能。尝试抱着积极的心态和坚定的信念去开发你的潜能，你将会有用不完的能量，你的能力会越用越强，最终取得积极的成果。反之，如果你抱着消极的心态，不去开发自己的潜能，那么你只有叹息命运不公，并且越来越无能！

3.4.6 专注

成功的第一要素是什么？爱迪生是这样理解的："是能够毫不厌倦地将你的身体与心智的能量锲而不舍地运用在同一个问题上的能力。大多数人都在做事，从早忙到晚，也很努力。唯一的问题是：他们在这些时间里做很多事，而我只做一件。假如你们将这些时间运用在一个方向或一个目标上，你同样也能够成功。"现代管理学之父彼得·德鲁克也说："我们多数人即使在同一时间内专心致志地做一件事，也不见得真能做好。如果想在同一时间内做两件事，那就更不必谈了。"

专注是指我们在做事情的时候，可以较长时间保持注意力的连续性，所以，专注的本质是对自身注意力的高效管理和利用。注意力是有限度并且波动的。我们的注意力并不会始终处在一个较高的水平，除非我们更加有策略地去使用它。

专注于某个目标，可以有效地提高我们的工作效率。每个人都有自己心目中的人生目标（或者说理想目标），将眼光放远，1年、2年、3年，甚至是5年、10年，当你经过考虑确定人生目标之后，就要保持目标相对的稳定性，而不能朝令夕改，见异思迁。当你专心致志地为你的目标奋斗时，你可以经常通过幻想未来目标实现的情景来不断激励自己。这种美好的愿望与目标需要分成阶段性目标，同时制定小的行动目标，细节的行动目标不能太空泛或者遥不可及，那样就会失去激励的作用。随着时间的推移和你不懈的努力，幻想中的人生目标就会越来越清晰，这种变化也会给你更大的信心，促使你更加专心致志、锲而不舍，尝试将专注作为你的习惯。当你具备这种状态与成功潜质的时候，成功自然也就会水到渠成，相伴而来。

3.4.7　主观能动性

优秀的职业质量来源于责任心，责任心强的员工具有主观能动性，总是想方设法提前行动，能够做到主动学习和再认识自己的工作，同时通过自己的学习不断改进和完善自己的工作。"主观能动"是相对于那些墨守成规或事后反应的行为而言的，表明的是一种为了完成某件事情而主动采取行动的倾向。

在个性层面上，"主观能动"指的是对外界效果的某种感知，使自己成为某种行动的发起人与推动者。具有效果感知力的人将事情发展的变化视为采取行为的时机，并认为自己必须参与这些行动当中。具有这种个性的人，对自己的能力有着乐观的自信，视自己为命运的主宰者。在社会和组织中，他们承担着创始人的角色，具有在解决问题和获取信息方面的能力，能够主动发扬勇挑重担的精神，主动承担压力与挑战，整个组织的效率也会因此而提高。具有主观能动性的人，通常会主动搜集相关信息并勇于承担责任。具有这项特质的管理者为完成某项任务，会发起行动、沟通、建议、会议或给予指示，他们往往主动采取第一步行动，而不会等待某种结果的出现或问题自动解决。

如果遇到某种障碍或是提前预见到可能出现的障碍，他们会采取措施冲破障碍。不管是解决某个问题还是调查某个项目，他们都会广泛地获取信息，这与有的人等待他人提供信息的做法大不一样。提前行动的人会主动承担个人责任，并接受失败的现实。

3.4.8　终身学习

在未来，你唯一持久的竞争优势，就是有能力比你的对手学习得更快。终身学习的人不能只限于某一个时期学习，而应该终生都接受教育，至少"自我学习，自我提高"的使命要终其一生。终身学习是通过一个不断支持的过程来发挥人类的潜能，它激励并使人们有权利去获得他们终生所需要的全部知识、价值、技能，并在任何人物、情况和环境中有信心、有创造性且高效地运用它们。

终身学习是21世纪最重要的概念之一，无论用什么样的语言来形容都难以表达人们对这个概念的重视与推崇。在知识经济时代，学习必须成为人们生存的第一需要，成为人生一场永无止境的竞赛。终身学习是人们在知识经济时代的成功之本。学得越多，越觉察到自己的无知。因为一个人的卓越不可能是永恒的，他必须不断地学习，才能保持旺盛的生命力。

由于知识的激增，信息的爆炸，每个员工要成长为具有一定专长的人才，终身学习是唯一的道路。因为，现代社会的飞速发展，对员工的要求越来越高，越来越苛刻。作为一名员工，要学习社会和企业发展变化对自己所提出的新的要求，学习专业领域中新的知识和技能。知识经济社会是学习的社会，终身学习作为一种必备的能力，将发挥越来越重要的作用。那么，怎样培养终身学习的习惯呢？我们知道，想要养成一个新习惯，最初阶段我们的大脑必须全力工作来克服惰性，处理分析接收到的新信息，解决阻碍我们学习的突发性情况，这个过程艰辛而缓慢，但是在不断学习的过程中，我们的大脑经过数次重复提炼出一条"捷径"，习惯性规律性的学习消耗少量的能量，此时学习变得有趣甚至不会让你感觉到劳累，学习变成了一项自觉主动的事情。如果你仍然觉得学习很无趣，尝试用外部奖励刺激自己学习。如果你对自己的自控能力很有信心，你也可以尝试通过内在激励的方式让终身学习变得趣味盎然。

3.4.9　对自己的职业忠诚

当你选择了一个组织作为你职业生涯的支点，你就要对组织保持忠诚，尽最大的努力为组织创造价值，不做损害组织利益的事，尽职尽责，做好本职工作。在职场生涯中，忠诚既是绝对的，也是相对的，对于不同的时间和空间，其内涵和外延也有所不同。忠诚并不是指对一个组织从一而终，在人才流动的情况下，对所服务的组织，更要保持忠诚，以积累自己的职业声誉。

很多优秀的员工都比较注重对组织的忠诚，尊重对组织忠诚的价值观，宁可暂时失去一些短期利益，也要维护良好的职场信誉。一个员工的成熟度，可以用职场的忠诚度来衡量。对组织的忠诚并不是指对领导的忠诚，而是指员工对组织的事业的高度忠诚。当领导与组织的事业发展冲突时，要以事业的标准来衡量，而不能屈从于某些领导者的意志。因为行为可以被人指挥，而价值观却不能动摇。

职业忠诚还表现在保守机密上。员工对曾服务过和正在服务的组织都要严格保守机密。对于曾服务过的组织，虽然现在已经离开，但过去在职时掌握的一些秘密仍不应透露给他人，特别是竞争对手。对于现在正在服务的组织，则更有义务保守秘密。很多企业都与主要技术人员和中高级管理人员签订保密协议。一旦签订保密协议，就表明你对这个组织有了一份庄严的承诺，你是在用个人的信用做保证，一旦违约，你的信用就会遭受重大的挫伤，也许眼前能换取一定的个人利益，但是长此以往却会造成职场声誉的损失和受到道德的谴责，甚至受到法律的制裁。

3.4.10　自律

员工应具备良好的自律意识，自律的原动力来自于高尚的价值观和远大的目标。就长远和整体而言，非规范行为会危害个人和组织的生存和发展，有远见的员工不会因为眼前利益牺牲未来，不会容忍非规范的存在。具有职业理念的员工都具有严格的纪律性，这种纪律性源自他们内心的信念。他们一般不依靠以恐惧为内在动力和高压政策，也不依靠各种虚无缥缈的条条框框，而是借助明确的目标来激励自己。因此，这种自律使他们更加灵活应变，而不是走向束缚和僵化。他们执着地为成功而奋斗，但更加追求奋斗中的乐趣。因此，实现自己的承诺与目标的信念，是员工创造成功人生的力量源泉。

3.4.11　善于控制情绪，不断提高情商

情商，这个概念已经受到人们的广泛重视，甚至很多人认为成功的因素有85%取决于情商。如果经常由于一些事情控制不了自己的情绪，或者按照自己的情绪来左右对同事的态

度，有可能会影响到彼此的关系，以及影响团队的工作效率。如果你作为管理者被员工认为是一个非常情绪化的人，这对工作的委派、执行及上下级关系会有严重的伤害，甚至会因此失去员工的尊重与信任。

【案例3.8】

钢铁大王查尔斯·施瓦布惩罚工人吸烟

一天中午，钢铁大王查尔斯·施瓦布在穿过他的一个炼铁车间时，发现手下的几个工人正在吸烟。就在这群工人的头顶上方挂着一个警示牌，上面写着"严禁吸烟"。这时候钢铁大王不是指着警示牌向工人们大喊大叫，而是走到这几个人身边，递给每个人一支雪茄，说道："伙计们，如果你们能到车间外面吸掉这根雪茄，我将很感欣慰。"在场的人都明白，老板是在表明，那几个工人破坏了他制定的制度，他们对老板处理此事的成熟老练的方式深感敬佩。

请你说说看

_____

_____ 。

【案例3.9】

猪的误会

某日，张三在山间小路开车，正当他悠闲地欣赏美丽风景时，突然迎面开来一辆货车，而且满口黑牙的司机还摇下窗户对他大骂一声："猪！"张三越想越纳闷，也越想越气愤，于是他也摇下车窗回头大骂："你才是猪！"张三刚骂完，便撞上一群过马路的猪。

请你说说看

_____

_____ 。

评析

不要错误诠释别人的好意，那只会让自己吃亏，并且使别人受辱。在不明所以然之前，先学会按捺情绪，耐心观察，以免事后生发悔意。

3.5 员工自我塑造

P——Plan，计划，根据任务的目标和要求，制定科学的计划；

D——Do，执行、实施计划；

C——Check，检查，检查计划实施的结果与目标是否一致；

A——Action，行动，方案修正后再执行。

关于科学工作方法，这里介绍PDCA法。PDCA循环的概念最早是由美国质量管理专家戴明提出来的，又称为"戴明环"。PDCA在循环中所代表的含义如下。

P——Plan，计划，根据任务的目标和要求，制订科学的计划。

D——Do，执行，实施计划。

C——Check，检查，检查计划实施的结果与目标是否一致。

A——Action，行动，方案修正后再执行。

PDCA循环实际上是有效进行任何一项工作的合乎逻辑的工作程序。之所以将其称之为PDCA循环，是因为这4个过程不是运行一次就完结，而是要周而复始地进行。一个循环完了，解决了一部分问题，可能还有其他问题尚未解决，或者又出现了新的问题，再进行下一次循环。

PDCA循环不是在同一水平上循环，而是每循环一次，就解决一部分问题，取得一部分成果，工作就前进一步，水平就前进一步。到了下一次循环，又有了新的目标和内容，从而更上一层楼。

3.5.1 科学工作方法之六大步骤

科学工作方法的六大步骤是PDCA法的引申，包括明确目标、收集相关数据、根据所掌握的资料作出判断、制订计划、执行计划以及检讨并修正方案。

（1）明确目标

在这一步骤中要注意以下几点。

①工作需要做到什么程度，尽可能用数字表示。

②工作所需的时间、资金，也就是成本。

③工作期限。工作何时开始，何时结束，各阶段要完成什么任务。

④所有参与此项工作的人。主要负责人是谁，每个参与人负责哪部分工作。

（2）收集相关资料

需要收集的数据包括资源数据、市场数据、竞争对手的数据、人的数据（习惯、能力、状态）、协作数据。数据应是正确无误的，非主观臆测的。在所有数据中，人的数据是很重要的。要考察竞争对手的行为模式、习惯反应，要了解合作伙伴的行事风格，对突发事件的反应等。

（3）根据所掌握的资料作出判断

因为是在分析数据的基础上作出判断、制定行动方案，所以，数据的准确是方案成功实施的前提。因此，验证数据的准确性是很重要的一步。在这里，需要判断所收集的数据是否具有科学性和代表性。

（4）制订计划

目标确立、数据齐全无误之后，就可以制订计划了。在这一步骤中，先介绍"工作包（WBS）"的概念。所谓工作包，就是把工作分解成几个块，分清各块的先后次序，各块之间的相互关系，各块由谁负责。工作包的方式实现了分工协作、合理配置资源的目的。"甘特图"是一种直观表现工作包的工具，横轴表示时间，纵轴表示要安排的活动，线条表示在整个期间计划的和实际的活动完成情况。甘特图能直观地表明任务计划在什么时候进行，以及实际进展与计划要求的对比。

（5）执行计划

执行计划的关键在于执行到位。在执行计划中，要注意信息的回馈。这个阶段的计划实现到何种程度？有什么因素导致计划不能顺利实施？原计划不能顺利实施时需要做什么样的调整？执行计划时要注意以下几点：

积极，计划实施要到位；

弹性，考虑计划实施的风险，制订灵活的计划，以便问题发生时作出调整；

回馈，以便对计划作出修正；

协作，所有参与任务的人都要共同努力，完成工作。

（6）检讨并修正方案

计划实施后要根据实施情况加以修正，要根据执行计划中的回馈信息作出是否需要修正计划的决策。

【案例3.10】

假设你周六要请两位朋友来家吃饭，约好时间是中午12：00，你的目标是三菜一汤。为此，你需要：①8：10去早市买菜；②备好做菜的工具；③10：40开始做菜。你决定所有的工作由你自己独立操作。如果不出现意外，你的目标就会实现。假设你周五晚上加班至凌晨3：40，所以周六你11：10才起床。无论如何，你不可能执行原计划。从现实来考虑，你可以有以下的选择：①打电话请朋友晚一点来；②叫外卖；③家里有黄瓜、花生米，再出去买几瓶啤酒，来个凑乎；④跟朋友说：对不起，下一次来吃饭。如果你选择方案①，那么，你改变了目标的时间范围；如果选择方案②，则改变了成本的投入；如果选择方案③，则改变了目标的实现度；如果选择方案④，则改变了目标的实现时间。在这个例子中，你周五晚上加班，就是导致你修改计划的因素。

请你说说看

_____

_____。

评析

我们的生活中总有这样那样的突发事件，处理应急突发事件是服务者需要具备的一项能力。处理应急突发事件是服务者为应对各种危急情境所进行的规划决策、动态调整、化解处理等活动过程，其目的在于消除或降低危机所带来的威胁和损失。如果突发事件带来的损失不可避免，那么应当遵循损益合理的原则，尽量降低损失，按事情的轻重缓急来选择合理的解决方案。

3.5.2 服务者的自我目标计划管理

1）目标设立的要求

目标制定得适当与否，直接关系到目标计划管理活动的效果，乃至管理活动的成败。一个好的目标，必须满足以下基本要求：

①关键性与全面性相结合。确定目标时，既要从本单位的基本任务出发，全面考虑，又要突出重点和关键性工作。

②灵活性与一致性相结合。确定目标时，必须使本目标同上级目标保持一致，以保证上级目标和总目标的实现。同时，还要从自身的实际出发，使目标具有一定的灵活性，能够适应未来的发展和客观环境的变化。

③可行性与挑战性相结合。目标没有挑战性，就没有激励作用，也无助于自己提高能力。但目标定得太高，使人感到可望而不可即，又会使人丧失信心，挫伤人们的积极性。

2）确定目标的行动计划

计划是指根据组织内外部的实际情况，权衡主观需要和客观可能，通过科学的预测，提出在未来一定时期内自己所要实现的目标以及实现目标的方法。计划就是预定先做什么（What），讨论为什么做（Why），确定何时做（When），何地做（Where），何人做（Who）以及如何做（How），即通常所说的5W1H，如表3.2所示。

表3.2　5W1H

何故	Why	为什么做	有必要吗？
何事	What	目标是什么	有什么关系？
何地	Where	在哪里工作	于何处有关？
何时	When	何时工作	到何时完成？
何人	Who	由谁做	与谁有关，职责是什么？
如何	How	如何工作和衡量	花多少资源以及用什么策略，如何衡量？

为了有效实施行动计划，除了掌握5W1H原则以外，还要制定目标工作单，明确自己的行动步骤、执行人、所需资源、行动的开始时间和完成时间、追踪人和追踪时间。确定目标工作单，要遵循如下步骤：

确认行动步骤；

确认步骤执行人；

确认目标实现所需资源；

确认每个步骤起止时间；

确认追踪时间和追踪人。

服务意识自我塑造

作为服务者，我给自己设定的工作目标是：

_____。

我还须在这些方面努力：

_____。

3.5.3 服务者的沟通协作

"如果我再次回到大学读书的话，我会集中全力学两门课：学习写作和学习在公众面前做演讲。生活中没有比具有有效沟通能力更重要的东西了。"

——杰拉德·R.福特，美国第38任总统

沟通在汉语中的原意是开沟挖渠使两水相通，《辞海》中就有"秋，吴城邗（通'干'），沟通江淮"。沟通包含交往、对话的含义，是人际交往的主要方式，也是人们生存、生产、发展和进步的基本手段和途径。将两个人之间的壁垒开凿成涓涓细流，沁透人心，两水相通，交换思想，提升自我，通过协作达成双赢，朝着共同的目标努力前进吧！

【案例3.11】

脚大还是脚小

一位女士进一家鞋店买鞋。鞋店的一位男店员态度极好，不厌其烦地替她找合适的尺码，但都找不到。最后他说："看来我找不到适合你的，你一只脚比另一只脚大。"

那位女士很生气，站起来就要走。鞋店经理听到两人的对话，于是叫女士留步。男店员看着经理留那位女士再坐下来，没过多久一双鞋就卖出去了。

女士走后，那店员问经理："你究竟用什么办法做成这生意的？刚才我说的话和您意思一样，可她很生气。"

经理解释说："不一样啊，我对她说她一只脚比另一只脚小。"

请你说说看

_____
_____。

评析

正如小说家约瑟夫·康拉德说的："给我合适的字眼，合适的口气，我可以把地球推动。"上面故事中，经理和店员说的都是实话，但是说话的方式不同，达到的效果截然不同。经理在沟通过程中，充分考虑到顾客的心理，尊重敏感的女顾客，从顾客的角度出发，委婉地表述事实。这就是合理沟通的重要性。

1）沟通的实质

沟通是人类社会交往的基本行为过程。对服务者而言，沟通是非常重要的部分。人类具体沟通的方式，形式多种多样。对于什么是沟通，有很多种说法，每种定义都从某个角度揭示出了沟通的部分真理。在此摘录比较有代表性的。

《大英百科全书》认为，沟通就是用"任何方法，彼此交换信息，即一个人与另一个人之间用视觉、符号、电话、电报、收音机、电视或其他工具为媒介，所从事的交换信息的方法"。"决策学派"管理学家西蒙认为，沟通"可视为任何一种程序，组织中的一成员，将其所决定意见或前提，传送给其他有关成员"。而中国学者苏勇在其编辑的《管理沟通》一书中，从管理的角度，特别是从领导工作职能特性的要求出发，吸收了信息学的研究成果，将沟通定义为"沟通是信息凭借一定符号为载体，在个人或群体间从发送者到接受者进行传递，并获取理解的过程"。他说的沟通实际是一般沟通。而美国学者桑德拉·墨贝尔斯、里查德·威沃尔在其最新的《有效沟通》一书中，则将沟通进一步定义为"沟通是人们分享信息、思想和情感的任何过程"。这种过程不仅包含口头语言和书面语言，也包含形体语言、个人的习惯和方式、物质环境——即赋予信息含义的任何东西。

我们可以将一般沟通科学定义如下：用任何方式或形式，在两个或两个以上的主体（如人或计算机）传递、交换或分享任何种类的信息的任何过程，就叫作沟通。如果传递、交换、分享成功，则沟通成功，该沟通是有效沟通。如果传递、交换、分享失败，则沟通失败，该沟通是无效沟通。沟通的内容、形式、载体、管道都是多种多样的。

有效沟通具有6个特性：双向性、明确性、谈行为不谈个性、积极聆听、善于提问以及非语言沟通。我们将通过几个有趣的小游戏和小测试来理解有效沟通的6个特性。

小 看 板

有效沟通的6个特性：

双向性

明确性

谈行为不谈个性

积极聆听

善于提问

善用非语言沟通

（1）双向性

我们在工作和生活当中，常把单向的通知当成了沟通。你在与别人沟通的过程中是不是一方说而另一方听呢？这样的效果非常不好，换句话说，只有双向的才叫沟通，任何单向的都不叫沟通。因此，沟通的另外一个非常重要的特征是：沟通一定是一个双向的过程。

请你做做看3.1

黑暗前行

在游戏场地内设置合适的障碍物，可以增加趣味性，也可以增加一些人为干扰。参与者两两组队，一个人蒙眼行走，另一个人不通过肢体接触，口述注意事项和路线指引蒙眼者行走。如："向前走，……迈台阶……跨过一道小沟……向左手拐……"游戏结束后，请参与游戏者分享自己的感受。

请你说说看

_____

_____。

评析

沟通是双向的过程，在蒙眼行走时，由于看不到障碍物和路线，蒙眼者对于未知充满了恐惧，此时就需要保持沟通，建立信任。唯有蒙眼者和指引者相互信任，不断用语言交流才能跨越障碍，完成游戏。我们在服务的过程中也应该重视沟通双方的情况，只有彼此理解、尊重和信任，才能提供令人满意贴心的服务。

（2）明确性

有一个秀才去买柴，他对卖柴的人说："荷薪者过来！"卖木柴的人听不懂"荷薪者"（担柴的人）3个字，但是听得懂"过来"两个字，于是把柴担到秀才前面。秀才问他："其价如何？"卖柴的人听不太懂这句话，但是听得懂"价"这个字，于是就告诉秀才价钱。秀才接着说："外实而内虚，烟多而焰少，请损之。（你的木柴外表是干的，里头却是湿的，燃烧起来会浓烟多而火焰小，请减些价钱吧。）"卖柴的人因为听不懂秀才的话，于是担着柴火走了。

沟通由传递者发出信息，但必须由接受者有效接收才能起作用。所以，发信者有责任发出明确的信息——用接受者易于理解的语言和传递方式来发出信息。易于理解的语言必须是接受者能理解的，例如，对水平不高的操作工人，用他根本听不懂的科技语言来传递，你认为"非常明确"，可是他一点也听不懂，接收不到，沟通无效。易于理解的方式是指用简练语言告诉对方，这种方式当然"易于理解"，如果拿一大本书面数据要他看，就不是"易于理解"了。应当注意选择传递方式：交换、报告、电话、文件、书面材料、技术图纸、图标、统计表、电子数据、照片、录像、身体语言、暗示等。

请你做做看3.2

你来比画我来猜

按照游戏参与者人数，将参与者平均分为多个组，每组5~7个人。一组人排成一队背对第一个人，第一个人依据提示牌的词条内容向第二个人做出相应动作，其余人依旧背对前两个人，以此类推传递动作，直到最后一个人看完前一个人的动作后，推测提示牌上的词条内容。以猜中提示牌词条内容的多少，取前三个队获奖。词条内容多种多样，可以是生活用品，如"洗衣机""电风扇"，也可以是成语，如"眉飞色舞""号啕大哭"等。

请你说说看

_____

_____。

评析

在沟通或者说信息传递的过程中，经常出现信息失真的情况，语言经过人的理解和加工可能会与原先的表述有所不同，所谓三人成虎，积毁成山，如果没有办法保证沟通的明确性，或者没有采取合适的方式去沟通，就不能明确表达自己的初衷，造成别人的误会。

（3）谈行为不谈个性

谈论行为就是讨论一个人所做的某一件事或者说的某一句话。个性就是对某一个人的看法，即我们通常所说的这个人是好人还是坏人。行为是一个人个性的体现，也就是说，一个人不管如何控制自己的行为或多或少都会体现自己的个性，在谈论行为的时候我们应该遵循"谈行为不谈个性"的原则。在工作中，我们发现有些职业人士在和我们沟通的时候严格遵循了这个原则，就事论事地和你沟通，好像有一丝冷淡，其实这恰恰是一个专业沟通的表现。我们经常在私下里议论某某同事非常热情，某某同事非常冷淡，或者某某同事非常大方等，这些都不是在工作沟通中要谈论的。

（4）积极聆听

经过广泛研究和实践的总结，管理学认为在沟通过程中所花费的时间和精力的比例分别是：

花在书写上的时间为9%；

花在阅读上的时间为16%；

花在交谈上的时间为30%；

花在倾听上的时间为45%。

由此可知，在沟通过程中，聆听是准备接受和理解信息发送者意图的关键性步骤。每个人的表达方式和沟通内容，都受其文化背景、知识结构、能力、经验等因素影响，尤其是沟通对方来自不同文化背景，采用的语言又不是母语时，更容易出现错误。因此，只有清楚地把握对方的真实意图，方能采取有效和积极的反应，否则不可避免地出现错误。

表面来看，倾听似乎是沟通中最简单的活动，但为什么要占到45%的比例呢？这几乎占了沟通活动一半的份额，难道如此重要的沟通，就是用大量的时间和精力去倾听别人的讲话吗？当然不是。因为倾听看似简单，却是最难以真正掌握其奥秘的。

业绩辉煌的美国第一银行的总裁把自己的角色看成：观察员工们的业绩，倾听同事们的要求，确保需要帮助的员工能与组织中能帮助他的同事取得联系。他认为，倾听是取得成功的关键环节。

倾听被人们作为沟通的重要能力是有一定道理的，那种专制冷漠、充耳不闻的态度，不是真正意义上的倾听。倾听代表着公正、专注、谦逊、合作的态度，是一种敞开心扉的姿态，也是尊重与接近他人的表现。

善于倾听的人也是很好的观察者，他们善于通过谈话者所表现的内容和非语言的信息，洞察对方的内心世界，并重视他人的意见，在沟通中给予积极的回馈，并得到他人的认同与尊重。倾听他人的谈话时，要态度诚恳，表情平静，并使用表示理解的身体语言。如果流露出冷漠、质疑、轻视的态度，就会伤害到对方的自尊心。要保持目光接触和微笑、点头等响应方式。适当的时候要复述谈话的要点，让对方感觉到你感兴趣和认真的态度，使对方感到受到尊重，鼓励对方坦诚地交流。在谈话过程中，作为倾听者，不要急于作出判断，提出问题时要采用开放式的方法，尽量多地提出各种可能的建议并与之讨论。有不明白的地方尽管发问，对说话者的关心，要明确地表现出来。在信息沟通不充分的情况下妄下断言，往往会因草率从事影响工作。

给予积极性、建议性的回馈是沟通关键环节，以开放性和接受他人的态度倾听，给他人以肯定的回馈，缓解对方的压力，使对方畅所欲言，情绪得到释放和宣泄，建议性的意见可以加强和谐的气氛，有助于双方积极讨论，探求解决问题的方案。

倾听的重要作用在于能使管理者尽量做到：让对方说他自己真正想说的话，而不是迫使他说你想听的话，这才是与员工沟通的重要意义所在。倾听过程中的积极回馈，会增加对方的信心，达到双方充分沟通的目的。要做到真正有效的倾听，否则，充耳不闻的倾听对双方来说都会是极大的浪费。

倾听不仅对于团队内部的沟通举足轻重，对于团队外部顾客沟通更加重要，因为真正有效地倾听顾客意见并给予积极的回馈，是组织发展的重要环节。

顾客第一的原则也体现在倾听方面。在与顾客沟通中，了解顾客对产品与服务的要求，对于需要解决的抱怨要引起高度的重视，不要忽视顾客的意见，否则会带来不可挽回的损失。即使对一些态度不好的挑剔顾客，也要用真诚的态度倾听，以取得顾客的谅解，化解顾客的怨气，以便平和地讨论问题的解决方法。要想了解到顾客的真正需求，需要积极采取行动，认真地答复顾客，直到顾客满意为止。对任何员工和组织来讲，真诚地倾听顾客的需求是非常重要的事情。

我们首先来做一个倾听能力的自我测试，看看目前我们是否做到了积极聆听。

请你做做看3.3

测试

请回答以下15个题目，根据你在最近的会议和聚会上的表现填写"是"与"否"。

1.我常常试图同时听几个人的交谈。

2.我喜欢别人只给我提供事实，让我自己作出解释。

3.我有时假装自己在认真听别人说话。

4.我认为自己是非语言沟通方面的高手。

5.我常常在别人说话之前就知道他要说什么。

6.如果我对和某人交谈不感兴趣，就会常常通过注意力不集中的方式结束谈话。

7.我常常用点头、皱眉等方式让说话的人了解我对他说话内容的感觉。

8.常常别人刚说完，我就紧接着说自己的看法。

9.别人说话的同时，我也在评价他的内容。

10.别人说话的同时，我常常在思考接下来我要说的内容。

11.说话人的谈话风格常常会影响到我对内容的倾听。

12.为了弄清对方所说的内容，我常常采取提问的方法，而不是进行猜测。

13.为了理解对方的观点，我总会下工夫。

14.我常常听到自己希望听到的内容，而不是别人表达的内容。

15.当我和别人意见不一致时，大多数人认为我理解了他们的观点和想法。

测试答案：

以下所示15个问题的正确答案是根据倾听理论得来的。

1.否2.否3.否4.是5.否6.否7.否8.否9.否10.否11.否12.是13.是14.否15.是

评析

为了确定你的得分，请把错误答案的个数加起来乘以7，再用105减去它，就是你的最后得分。如果你的得分在91~105分，那么恭喜你，你有良好的倾听习惯；如果你的得分在77~90分，表明你还有很大程度可以提高；如果你的得分还不到77分，很不幸，你是一位很差劲的倾听者，在此技巧上就要多下工夫了。

要做到积极聆听，就要掌握如下聆听技巧：

①目光要接触对方。这样既能集中自己的注意力，又能联络感情，同时还表明你的诚意、直率和胸怀坦荡。

②距离要拉近。空间距离的接近会使你们的交谈更友好，更具建设性，更能增进彼此的感情。

③表情要丰富。机警而兴趣盎然的表情能激发说话者坦诚地表达思想，相反，如果你只是装出感兴趣的样子，或者心不在焉，说话者很可能会感觉到你缺乏热情，不愿与你开诚布公。

④要听懂弦外之音。不仅要听他说了些什么，还要看是怎么说的，这样才可以获得更多的信息。例如，一对情侣在散步，这时女孩子对男孩子说"今天有点冷"，很可能女孩的本意不是说"冷"，真正的意思是希望男孩子关心她。又如，很多时候朋友或夫妻间吵架，一方在发火时常会说"我们断交"或"我们离婚"，好多人没注意到这话其实是带着"情绪"说的，不能当真。

⑤用探索性和建设性的方式去搞清或收集有关话题的信息，善于提问，不要质问。

⑥按照你的理解把对方说的话复述一遍，确保你能听懂他人的意思。

⑦不时对对方说的话作出反应，以表明你在仔细倾听。

⑧请说话人举例说明。有时对方打一个比方可能会让你豁然开朗。

（5）善于提问

有效应用封闭式和开放式两种提问方式，封闭式提问是指答案是"是"或"否"的问题，用以转移话题。例如："您这个话题已经讲完了，是吧？"

开放式提问主要用于启发对方。例如："您为什么要选择A产品？"具体内容见表3.3。

通常，我们会用开放式问题开头，一旦谈话偏离你的主题，用封闭性问题进行限制，如果发现对方有些紧张，再改用开放式问题。

表3.3 开放式问题和封闭式问题

分类	开放式问题	封闭式问题
定义	可以让讲话者提供充分的信息和细节	可以用一个词来回答
优势	信息全面，气氛友好	节省时间，控制谈话方向
风险	浪费时间，容易偏离方向	信息有限，气氛紧张
举例	会议是如何结束的？ 你喜欢你工作的哪些方面？ 你有什么问题？	会议结束了吗？ 你喜欢你的工作吗？ 你还有问题吗？

（6）善于运用非语言沟通

非语言沟通是指沟通双方通过服饰、目光、表情、身体的动作姿态、声调等非语言行为和人际空间距离等进行沟通的技巧。在我们进行沟通时，仅仅用语言是不足以表达我们的想法和意图的。非语言的沟通能帮助我们表达自己的感情，能帮助我们确认他人所说的与他人想表达的意思是否一致，能告诉我们他人对我们的感受。因此，非语言的沟通非常重要。一般来说，非语言沟通的方式包括语气语调、面部表情、身体姿势和手势、目光接触、身体距离等。

①目光接触的沟通技巧。常言道："眼睛是心灵的窗户。"目光接触，是人际间最能传神的非语言交往。目光的诚挚来自心地的纯真，在交往中通过目光的交流可以促进双方的沟通。目光的方向，眼球的转动，眨眼的频率，都表示特定的意思，流露出特定的情感：正视表示尊重，斜视表示轻蔑，双目炯炯会使听者精神振奋；柔和、热诚的目光会流露出对别人的热情、赞许、鼓励和喜爱；呆滞的目光表现出对对方讲的话不感兴趣或不信服；虚晃的目光则表示自己内心的焦虑和束手无策；目光东移西转，会使人感到你心不在焉。交往中，适当的目光接触可以表达彼此的关注，通常比较自信的人比缺乏自信的人更容易主动进行目光接触，但过多的目光接触又会增加对方的心理压力。沉默时，眼睛时开时合，对方就会猜疑你已厌倦谈话。因此，在人际交往中，眼神的作用万万不能忽视，平时应该经常培养自己用眼睛"说话"的能力。

②体态语言的沟通技巧。体态语言包括体态和身体的动作、手势。在人际交往中，人的举手投足、回眸顾盼，都能传达特定的态度和含义。身体略微倾向于对方，表示热情和感兴趣；微微欠身，表示谦恭有礼；身体后仰，显得轻视和傲慢；身体侧转或背向对方，表示厌恶反感，不屑一顾。不同的手势也具有各种含义。比如：摆手表示制止或否定；双手外推表示拒绝；双手向外摊表示无可奈何；双臂外展表示阻拦；搔头皮或颈脖表示困惑；搓手或拽衣领表示紧张；拍脑袋表示自责或醒悟；竖起大拇指表示夸奖，伸出小指表示轻蔑。有些手的动作容易造成失礼，比如手指指向对方面部，单手重放茶杯，当着顾客的面挖鼻孔、弄鼻涕等。同样的体势，不同角色的人去使用，其含义和给人的感觉是不一样的。比如，战友之间别后重逢，拉拉手、拍拍肩，表示一种亲热的感情；领导、长辈对下级、晚辈拉拉手、拍拍肩，通常表示赞许和鼓励；如果下级、晚辈随便与领导、长辈拉拉手、拍拍肩，则被人认为是不尊重的。

③语调语气的沟通技巧。俗话说："锣鼓听声，听话听音。"同一句话用不同的声调，在不同的场合说出来，可以表达不同的甚至是相反的意思和情感。比如，士兵在圆满完成了任务之后，班长对他说"你真行"，这是一种赞许；如果这个士兵没有完成任务，班长对他讲"你真行"，这时的意思就大相径庭了，它是一种责备和嘲讽。所以，在人际交往中，恰当地运用声调，也是保证交往顺利进行的重要条件。在一般情况下，柔和的声调表示坦率与友情；高且尖并略有颤抖的声调表示因恐怖或不满、愤怒而导致的激动；缓慢、低沉的声调表示对对方的同情；不管说什么话，阴阳怪气就意味着冷嘲热讽；用鼻音和哼声则往往表示傲慢、冷漠、鄙视和不服，自然会引起对方的不快和反感。

【案例3.12】

肢体语言对行为的影响

詹佳是汇金文化用品公司的业务销售员，他刚跨入罗亚的办公室。罗亚是美味食品公司的行政经理。当詹佳走进办公室时，年近60岁的小个子罗亚正坐在一张很大的皮质沙发上看报纸，手臂和两腿都交叉着。

詹佳：（走近罗亚，伸出她的手）早上好，罗经理。很高兴见到你，今天你看上去特别精神。

罗亚：是的。你迟到了。

詹佳：刚才地铁出现了故障，害得我耽搁了，不过只是5分钟。

罗亚：（用手摸了摸自己的鹰钩鼻，双臂抱得更紧了）那么好吧，我能为你做什么？

詹佳：我们公司刚进口了一批全新文具，我想你们可能用得上。

罗亚：我就实话实说了，我们刚与红星文具社（汇金公司的竞争者）签了一份订单。

詹佳：（刚从牛皮公文包中拿出产品样本的手在颤抖，音调变高，声音变得结结巴巴）哦，听，听到这太遗憾了。我只是迟到了5分钟，我们在电话中都已经妥协了，你们应该等着我来的，我们公司的定价比他们的要低10%~15%。

罗亚：（突然松开交叉的手臂和大腿，手托着下巴，身体向前倾斜着）是吗？

詹佳：（站起身，眼睛盯着天花板，整了整身上的西装）对不起，我想我们已经错过了一次机会，既然你们已经下了订单，下次我们再谈吧，好吗？

不等罗亚回答，詹佳有礼貌地道了声再见，径直走出罗亚的办公室。当詹佳离开时，罗亚刚站起身子又重重地跌坐在沙发上，显得有些目瞪口呆。

请你说说看

_____

_____。

评析

通过对故事中行政经理罗亚的分析，笔者推测罗亚开始的手臂和两腿都交叉着的动作可能出于习惯，或者因为销售员詹佳的迟到行为，对这次买卖持保留、谨慎的态度。当詹佳解释"刚才地铁出现了故障，害得我耽搁了，不过只是5分钟"的时候，罗亚"用手摸了摸自己的鹰钩鼻，双臂抱得更紧了"，表现出对意见的保守、自我封闭、冷漠或者不为所动。当知道詹佳的来意后（其实罗亚一早就知道詹佳的来意，所以在此只是一笔带过）罗亚明确表示，已经与詹佳的竞争对手签了订单。而詹佳并没有意识到迟到为她带来的不利影响，在语言中透露出对于罗亚不守信用的埋怨，当罗亚对于詹佳提出的低价表现出兴趣的时候（罗亚突然松开交叉的手臂和大腿，手托着下巴，身体向前倾斜着），詹佳却没有关注到，并且迅速终止了交谈离开办公室。可以说，这是一次失败的沟通，双方尤其是詹佳损失巨大。由于没有读懂肢体语言，错失了订单。

3）有效沟通的障碍

有效沟通的障碍主要表现在以下3个方面。

（1）是否用同样的语言交流

"同样的语言"当然不是指用汉语还是用英语交流，而是交流各方在对问题的理解方面是否有着同样的背景和常识，不能风马牛不相及，相差太远，否则沟通起来就会有很大的障碍。很多问题之所以难以解决是因为没有正确地发现问题，双方不是在用同样的语言交流，只是不停地换问题，却找不到真正的问题在哪儿，对结果的认知也不在同样的水平上。在一个相对固定的团队和组织内，往往通行一种专门的语言，不仅仅是指专业术语，也包括他们共同的文化环境和行为方式。这种语言不仅表现在他们交流的词汇方面，还是一种环境氛围，一种共同的思维方式，一种特定的行为方式。只有理解了这种背景语言，才能够更好地充分交流，提高沟通效率。

（2）回避冲突

人类的历史是一部战争的历史，同时也是一部沟通的历史。战争不能导致真正的和平。有了沟通，才会使战争逐渐走向和平。冲突是人际关系和团队工作中必然发生的现象，只要有交流就会有冲突，也只有发生冲突，沟通的重要性才能更加明显地体现出来。冲突不会自己消失，只是在表现方式上有所不同，有时是显性的，有时是隐性的，如果得不到及时解决，会积累转化成更大的冲突。只有通过有效的沟通化解冲突，才能达到和解，取得共识，以实现共同目标。

（3）态度与形式

态度在沟通过程中是至关重要的，态度要真诚，要讲究方式，不能流于形式、走过场，沟通用心才是关键。沟通的任何一方都有责任，不能挑剔对方的态度。无论是上司，还是下属，都要主动审视自身是否以真诚的态度，贯穿沟通过程的始终，因为真诚是融化一切隔阂的熔炉。在沟通方式上，了解对方的个性特征，采用彼此容易接受的方式来传达信息，会收到更好的效果。比如，在接受信息方面，"阅读型"和"倾听型"的人，对不同介质的传播方式和敏感程度是不一样的。对于一个"倾听型"的人，在沟通方面可以多采取当面交流的方式。尝试改变一下彼此之间的沟通方式，而不是首先改变各自的做事方式，也许会有更好的效果和意想不到的收获。

4）提高沟通的影响力

在职场中，通常情况下，职位高的人具有较大的影响力。但是，如果你并非身居高位，俗话说"人微言轻"，无法利用权力的优势指挥他人，也可以通过提高自己的专业水平、个人声望以及行为和交流的方式来提高自己的影响力。比如，你可以通过对团队作出有价值的贡献，提高在其他人心目中的位置，使自己在团队中具有发言权。当遇到问题时，别人会希望征求你的建议，在合适的时机加上你的影响力，就会使你在团队沟通过程中成为重要角色。

在现代组织中，知识型员工逐渐成为主力军，传统的指挥命令式的管理方式已经不能适应。知识型员工更注重自由的氛围和良好的沟通，在管理方面的影响力越来越重要。

（1）价值观与影响力

价值观是指导所有行为的基础。高尚的价值观，能够使你为团队和他人贡献积极的影响力，得到他人的认同，吸引同样价值观的人聚集在一起。高尚的价值观也是良好沟通的基础。价值取向的差异，就像在两条路上跑的车，无法接近各自的轨道。价值观的差异导致目标的不同，影响力也会减弱，难以在沟通中达成共识。

（2）专家意见更有影响力

工作中有很多实际问题，具有很强的专业性，专业不精的人无法发表有见地的意见，外行的观点很难经得住内行人士的质疑与推敲，无法形成很大的影响力。良好的专业背景和丰富的从业经验，会产生积极正面的影响，有利于建立良好的人际关系和个人声望，从而提升影响力。

（3）建立统一战线

统一战线的力量比个人的影响力要强得多，联合与自己意见相同的人，组成统一战线的联盟，寻求他人的支持，整合更多的资源，运用众人的力量施加影响。在众人的推动下，达到所要实现的目的。

（4）愿景激励

让你的目标成为他人的愿景，或者通过某种方式，使他人对你认为重要的事也感兴趣，让他人看到将给他带来好处，激发其主动积极的行动，从而减少沟通成本和过多的阻力，顺利实现目标。

（5）使用积累

无论是组织还是个人，信用就像定期的存款，只能往里存钱，一旦支取利息就会降低。因此，只有信用度高的人，才能赢得大家的信任。在团队中缺乏信用的人，得不到大家的尊重，也无法对他人施加很大的影响力。对他人具有重要影响力的人，一定是非常讲信用的，否则一旦失信，你的影响力就会大打折扣。

5）增强沟通中的说服力

沟通的过程就是不断说服的过程。所谓沟通中"沟而不通"的现象，类似于"说而不服"的现象。说服是你说过了，别人就服气了。说服能力的高低直接影响沟通的效果。无论什么样的语言形式，背后所代表的精神内涵，才是真正具有说服力的内容。

（1）用事实和资料说话

事实和资料往往是客观事物的具体表现，比任何描述和个人感受都具有说服力，同时也能增强自己的信心。在讨论问题、汇报工作甚至在说明困难时，要找到有针对性的确切资料作为依据。引用客观公正的事实或资料，陈述利弊，不偏不倚，能增强可信度。沟通中最好是站在对方的角度，事先考虑好对方会提什么样的问题，事先想象你的沟通对象会对你的说服作出何种反应。通过准备多种备选方案，以应付可能的提问。此外，还可以列举多种论据来支持你的观点，这样会更容易影响你的听众。

（2）以理服人，不能强加于人

人们经常用"晓之以理，动之以情"来描述说服过程，其实是很有道理的。重要的是要用心说服，凭借自身的人格感召力来说服，而不能依靠权威来强加于人。强制和威慑只能起到一时的作用，难以保持长久的动力，也不能实现长期的效力。说服的关键在于帮助对方产生自发的意志，激发其行动的力量，这样才能收到良好的效果。

（3）知己知彼，设身处地

不仅要考虑清楚自己的想法和行动，还要通过各种方式了解对方的情况，以便慎重思考应对的说服策略。通过投其所好和强调双方的利益，以达到说服他人的目的。可以采取多种不同的措施影响别人，针对不同的人实施不同的说服方式。必须将每个人当成不同的个体，不能在没有深入了解别人的时候就妄下结论。了解并熟悉你的说服对象所关心的事情，搞清楚什么类型的数据是最有说服力的，收集这些信息并在陈述观点时充分地利用它。了解能激励他人的因素，在谋求他人支持时，强调这些激励因素能起到非常重要的作用。

（4）步步为营，分阶段实施

将需要说服他人的问题，分解成几个不同的部分，根据不同的时间和对象，步步为营，化整为零，分成不同的阶段实施说服。分解目标的同时，也分散了发生冲突的可能性，使说服的过程减少摩擦，顺利实施。

（5）间接说服效力大

对于一些敏感的问题，为了避免造成正面的冲突，可以采取间接说服的方式，如果所要与他人沟通的问题，与自己有比较密切的利害关系，虽然是"心底无私天地宽"，也最好不要亲自出面，否则会遭到他人的质疑，减弱说服力。可以通过职位和声望更高的人，或者说服对象的朋友来进行说服。另外，还可以通过影响说服对象的环境，造成一种压力，实施间接的影响，以促使他采取行动。同时，还要与组织内外有影响的人物建立并保持良好的关系，利用他们的威望来支持你的观点。

6）沟通中交谈的技巧

（1）"怎么说"比"说什么"更重要

在人际沟通的活动中，交谈是主要形式之一。交谈不仅包括语言，还包括非语言形式，如通过人体的面部表情、手势、眼神、仪态、动作等来传达人的思想感情，心理学家们总结出一个公式：

信息传达效果=7%的语言+38%的语调语速+55%的表情和动作

交谈过程中的非语言在传达讲话者的情绪方面有着非常重要的作用，交谈的形式比内容重要得多。讲话者坚定自信的表情、热情的语气、适度的节奏，加强讲话效果的一些动作，对传达信息都会起到非常积极的作用。相反，焦虑急躁的表情、质问的语气、不耐烦的动作则会极大地削弱表达效果。

所以说，交谈中，"怎么说"比"说什么"更重要。"怎么说"并不是只注重沟通的表面形式，关键在于所传达的态度。你的态度决定了接受者的感受，而这种感受是决定接受者内心回馈的关键因素。在20世纪后期的管理理念中，评价一个经理就是看他如何进行沟通。因为大多数的沟通问题都出现在态度方面。沟通中最有效的态度就是尊重别人，接纳别人。一旦确立了尊重与接纳的态度，其他如表情、语言、形体动作等都会在这种态度的支配下有所改变，交流时就会真诚亲切、和颜悦色、语重心长、畅快淋漓。如果是轻视与排斥的态度，或者是愤怒等不良情绪，就会用敌意的眼光挑剔指责、无端批评，甚至连交谈的内容都不能搞清楚，自然会影响沟通的效果。

平时管理者在委派任务或者与员工交流时，讲完话经常会加上一句："你听明白了吗？"一些善于沟通的人已经将这句话改成了："我说明白了吗？"这两句话表面上差异并不很大，却表现出两种截然不同的沟通形式，包括态度、立场、气氛、回馈、效果等。

态度的不同会营造不同的谈话氛围，交谈的氛围对交谈对象的回馈有很大作用。面对不同个性的人，采用不同的形式营造出和谐的气氛，会使交流顺畅自如。不和谐的气氛能给人造成压抑或尴尬的感觉，会影响双方的沟通态度。所以，即使职位高的人也应主动调整自己的方式去适应别人，而不是只要求别人来适应自己，因为沟通效果才是最重要的。

（2）信息传达准确

日常工作中的沟通一般都是分配任务，听取汇报，以及对需要解决的问题进行讨论等。首先，所要传达的信息要明确，如果指令是模糊的，接受任务的任何一方就有必要提出意见，否则接受一个非常笼统的指示，会很难得到明确的结果。在行动之前，要先问清楚或澄清相关的问题。如果心存疑虑，就难以高效地开展下一步的工作。对做事方式也可以保留自己的方式，但是双方对明确的目标是不能含糊的。对所要执行的任务资源和过程的沟通也非常重要。在资源方面，应确认所应提供的支持，完成这项任务的最佳做法是什么，应该向谁报告，什么时候希望看到结果报告，如何进行工作报告，报告中包括哪些内容，要求以什么形式报告，等等，这些都是需要双方明确的信息，最好在当面交谈之后能有一份书面的确认。传递确切的信息是沟通过程中最基本的要求。如果在面对面的交流中，担心过多的问题讨论会影响领导对你的印象，而勉强接受了没有沟通清楚的任务，遇到问题或失败之后再来讨论，就可能会造成更大的浪费或损失。因此，实现对任务信息的准确沟通是顺利完成任务的根本保证。

（3）豁达的心态，慷慨的赞美

在工作的沟通过程中，赞美的力量越来越受到人们的重视。赞美的沟通方式来自于肯定的管理方式所带来的积极作用。有人说，如果你想让对方具备什么样的优点，就按照这个优点去表扬他，肯定比批评更有用。肯定式的交流方式会减少负面的紧张和冲突，激发对方的内在动力，在尊重、坦诚、和谐的气氛下交流，是赞美成为激发他人精神动力的兴奋剂。适度的赞美就是发现他人的优点和令你感动的事实与言行，然后把自己内心的感受，用积极、肯定的语言表达出来，用以鼓励对方。在工作当中，上级适度地赞美员工，能起到激励作用。然而，下级对上级的赞美要慎重，否则可能被人当作奉迎献媚，就会适得其反。朋友之间的交往，赞美可以放心大胆地使用，但是一定要注意赞美要真诚，切忌虚伪，最好能在对方身上找到证据，才能起到激励的作用。否则，赞美就会成为言不由衷的虚伪奉承之词，连他自己都不相信，就会怀疑赞美的用心。

有的人由于心胸狭隘，自私嫉妒，不愿表扬他人，不愿为他人鼓掌，其至认为赞美他人就会降低自己的形象。其实，赞美别人并不会使你失去什么，反而能提升你在他人心目中的良好形象。只有对自身有高度自信的人，才能以豁达的心态，慷慨地赞美他人，从而在人际关系方面获得更大的收获。"能够发现他人的优点，是自我的优点"，而不是以专门发现和指责别人的缺点为自身的优点。在工作中，适时地表扬员工的努力与业绩，多一些赞美，少一些批评，是最有成效的沟通方式。

7）对有效沟通的深入认识

为了进一步认识有效沟通，我们来做闭眼撕纸游戏的两个回合，大家可以从中体会。

请你做做看3.4

游戏：闭眼撕纸

第一回合：

时间：15分钟

对象：所有学员

游戏内容：

1.每位学员准备一张纸。

2.培训老师发出单项指令：大家闭上眼睛，全过程不许提问，把纸对折，再对折，再对折，把右上角撕下来，转180°，把左上角也撕下来，睁开眼睛把纸打开。对比周围人的纸，找到一张与自己完全一样的。

第二回合：

重复上述的指令，唯一不同的是这次游戏参与者们可以问问题，在老师的指导下操作。

大家闭上眼睛，把纸对折，再对折，再对折，把右上角撕下来，转180°，把左上角也撕下来，睁开眼睛，把纸打开。

请你做做看3.5

_____。

高效沟通的6个特性	是√否×	改进
双向性		
明确性		
谈行为不谈个性		
积极聆听		
善于提问		
善用非语言沟通		

8）怎样与上级沟通

在职场中，员工与上司的关系方面存在困扰的现象非常普遍，除了影响团队合作与良好的沟通外，严重时，会造成负面的冲突，甚至激烈的矛盾，影响团队的稳定。盖洛普的调查显示，员工离职的原因中，关键因素之一就是与上司的关系处理不好。也许这种结论有些过于严重，但事实上它的确是非常重要的原因。试想在我们自己的日常工作中，遇到的最多的烦恼是什么呢？很多人都会遇到与上司的关系如何把握的问题，即使像IBM这样的公司，员工流动的最重要的因素，也有"与上司相处不好"的。

我们以一个案例开始对这个问题进行阐述。

【案例3.13】

某公司宋经理的疑问

我在一家企业担任部门经理，我非常喜欢这份工作，工作也比较认真负责。但是我发现在我与上级相处的时候总会有一些问题，比如我很多合理的建议不能被采纳，而上级有很多人事上的事情对我有意保密，有时还莫名其妙地干涉我的具体工作。另外，虽然我是部门经理，但是在很多事情上，我很少有决策权，往往还是由上级来决策。我现在一直在想，到底有没有必要尽心尽力去做好这份工作？不知道该怎么办才好。

你认为宋经理的处境具有普遍性吗？应如何正确对待这种处境？

请你说说看

_____

_____。

现代管理中，有一种非常流行的说法叫作"管好你的上级"。意思是说，上级是你的资源，你应该充分地利用这个资源，以获得他的支持，去做好自己的工作。如果你认为与上级的关系只是"工作安排——工作汇报"这样一种关系，那就大错特错了。

实际上，上级对你在公司中的发展起着举足轻重的作用。如果你和上级相处融洽，那是再好不过的。但是，对于大多数人来说，他们往往与自己上级的工作习惯、做事方式、价值取向等很难取得一致，那该怎么办呢？

试图改变上级的习惯并让他适应自己是不现实的。那么，只有改变自己的做事方式，来适应上级。改变自己，提高自己的适应能力，充分利用好自己的上级，将自己的工作做好，这并没有什么不好。管理方式没有绝对的好坏之分，关键要看是否能够相互协调。调整自己的步伐，主动让自己的脚步与上级协调起来，这样就会减少很多管理的摩擦，提高工作效率。

当你对上级的管理方式或做法存在异议的时候，也要注意采纳能够被上级接受的方式。如果他是好面子的人，你可以通过书面或者私下里交谈来提出自己的看法。如果他比较能够接受不同的意见，你可以在正式场合当面与他讨论。

（1）与上司沟通的总原则

与上司沟通的总原则包括如下3点：

①以绩效为本：知、愿、能、行。

②总体风格：不卑不亢。

③沟通要领：提供完整的方案、尊重上司、服从上司、合理建议。

（2）与上司沟通的一般技巧

在与上司沟通时，除非上司想听，否则不宜多讲。如果上司意见与你的意见相同时，你应积极反应。如果你的意见与上级的略有差异，你应先表示赞同。当你持有相反意见时，不要当场顶撞。想要进行补充时，要用引申式。如果他人在场，应仔细考虑自己所发表的意见。心中尊重上司，会比较好沟通。

（3）向上司请示与汇报的程序

工作中，与上司接触最多的机会就是汇报工作，在汇报工作中也最能体现你与上司合作得成功与否。汇报什么很重要，怎样汇报也同样重要。否则，即使工作做了10分，汇报时给上司的印象只有6分，岂不冤枉？当然也不能做了8分，汇报成12分。这种夸大成绩的做法也不可取，应该杜绝。除了按照上司的要求认真完成任务之外，掌握一些汇报工作的技巧，可以使你轻松应对严厉的上司。

首先要有信心。再严厉的上司，也希望看到好的工作业绩。既然按照要求完成了上级委派的任务，你所汇报的正是他所期待的，那么，你完全不必有过多的担心。如果你有更好的建议和收获，也尽可能毫无保留地讲出来，也许上司会给你一个尝试发挥创造才能的机会。如果确实有些紧张的话，可以在汇报之前，从上司的角度，给自己提一些问题，准备一些备用方案，或者与同事一起讨论，有备无患，轻松上阵。

有关管理专家提出，向领导请示汇报的程序一般包括如下4个步骤：

①细心倾听领导的指示。一项工作在确定了大致方向和目标之后，领导通常会指定专人来负责该项工作。如果领导明确指示你去完成某项工作，那你一定要用最简洁有效的方式明白领导的意图和工作的重点。此时，你不妨利用传统的5W1H的方法来快速记录工作要点，即弄清楚该指示的时间（When），地点（Where），谁执行（Who），为了什么目的（Why），需要做什么工作（What），怎样去做（How），需要多少工作量（How Many）。在领导下达完指示之后，立即将自己的记录进行整理，然后简明扼要地向领导复述一遍，看是否遗漏或者自己没有领会清楚的地方，并请领导加以确认。

②仔细探究目标的可行性并拟订详细的工作计划。领导在下达了命令之后，往往会关注下属对该问题的解决方案，他希望下属能够对该问题有一个大致的思路，以便在宏观上把握工作的进展。所以，作为下属，在接受指示之后，应该积极开动脑筋，对即将负责的工作有一个初步的认识，告诉领导你的初步解决方案，尤其是对于可能在工作中出现的困难要有充分的认识，对于在自己能力范围之外的困难，应提请领导协助别的部门加以解决。

在明确工作目标并和领导就该工作的可行性进行讨论之后，还应该尽快拟订一份工作计划，然后交于领导审批。在该工作计划中，要详细阐述你的行动方案与步骤，尤其是对工作时间进度要给出明确的时间表，以便于领导进行监控。

③在工作进行之中随时向领导汇报。掌握好汇报的时机，当工作取得阶段性成果，发生特殊情况，工作比预定时间要延长，预料到不良结果，违反常规运作的时候，都需要向上司及时汇报。汇报前做好充分的准备，事实要真实准确，准备好数字、实物、图表等，按结论—理由—过程的顺序进行汇报。

心理学的研究发现，人们接受信息时，大体有3种倾向：倾听型、阅读型、混合型。要细心观察你的上司属于哪种类型。如果他喜欢倾听，你直接做口头汇报即可，但要抓住要领，条理清楚，简洁明确。对属于阅读型的上司，最好写成完整的书面汇报，在报告上面附上一份提纲或摘要，以节省上司的时间。上司需要的时候，会找你进行当面交流，再发挥你的口才。混合型的人适应性比较强，既喜欢当面交流，也喜欢阅读材料。书面汇报和口头汇报都可以，取决于当时的条件。但是，汇报工作无论采用哪种形式，都要准备一份较为完整的书面总结，即使上司没有时间看，也要保存好以待日后查阅。首先，写出任务的概要和结论，然后，逐条简单明了地陈述，要注意汇报前后保持一致，不能自相矛盾。另外，对于工作汇报的参与人员也要考虑，有的上司喜欢一对一交流，有的人则喜欢小组讨论。每个人对时间的管理也有所不同，了解你的上司，什么时候不希望被打扰，什么时候希望听汇报等，这些因素也是汇报工作时要考虑的方面。

关注结果是所有上司的共同特点，汇报工作时，要首先将工作成果用最简练的语言讲清楚，而不能先解释各种原因。汇报其他环节时，要主题明确，言简意赅，不要过多地解释。如果他非常关心某一点，他会在所关心的地方打断你，并提出缘由，此时你再解释也不迟。过多的解释与借口会让上司不耐烦，因为绝大多数上司都比你更有经验，更了解情况。解释太多会让他认为你在强调客观原因，或在试图找借口为自己开脱。

汇报完之后，上司一般都会提出一些改进的意见，有不同意见并不代表对你的工作成绩不认可，要求严格的上司总是希望精益求精。有的人这时候听不进去不同的意见，顽固地坚持自己的观点，这样会给上司造成固执的印象。上司的意见是吸取经验和建议的时机，一定要珍惜向上司学习的机会，诚恳的建议是你改进工作的有利条件。

④在工作完成后及时总结汇报。比如，经过你和部门同事的共同努力，终于完成了这项工作，获得了K公司的团险保单，当大家都在兴高采烈地欢庆成功之时，你仍不应该有松懈的理由。你应该及时将此次工作进行总结汇报，总结成功的经验和其中的不足之处，以便在下一次的工作中改进提高。同时，不要忘记在总结报告中提及领导的正确指导和同伴的辛勤工作。至此，一项工作的请示与汇报才算基本结束。

千万不要忽视请示与汇报的作用，因为他是你和领导进行沟通的主要渠道。你应该把每一次请示汇报工作都做得完美无缺，领导对你的信任和赏识也就会慢慢加深了。

请检查你之前向上司汇报时是否包括了上述4个步骤？

请你说说看

_____

_____。

小 看 板

向领导请示与汇报的基本态度：
尊重而不吹捧
请示而不依赖
主动而不越权

⑤尊重而不吹捧。作为下属，我们一定要充分尊重领导，在各方面维护领导的权威，支持领导的工作，这也是下属的本分。首先，对领导的工作要支持、尊重和配合。其次，生活上要关心。再次，在难题面前要帮助领导解围，有时领导处于矛盾的焦点上，下属要主动出面，勇于接触矛盾，承担责任，排忧解难。

⑥请示而不依赖。一般说来，作为部门主管在自己职权范围内大胆负责，有创造性地工作，是值得倡导的，也是为领导所欢迎的。下属不能事事请示，遇事没有主见，大小事不做主，这样领导也会觉得你办事不力，顶不了事。该请示汇报的必须请示汇报，但绝不要依赖、等待。

⑦主动而不越权。对工作要积极主动，敢于直言，善于提出自己的意见，不能唯唯诺诺、四平八稳。在处理同领导关系上要克服两种错误认识：一是领导说什么是什么，说怎样就怎样，好坏没有自己的责任。二是自恃高明，对领导的工作思路不研究，不落实，甚至另搞一套，阳奉阴违。当然，下属的积极主动、大胆负责是有条件的，要有利于维护领导的权威，维护团体内部的团结，在某些工作上不能擅自超越自己的职权。

9）与各种性格的上司沟通的技巧

对于不同性格、不同领导风格的领导，员工在与其沟通的时候要区别对待，运用不同的沟通技巧。总的来说，领导的风格分为3种，见表3.4。

表3.4　领导风格特征一览表

领导风格	倾向于
控制型	直接下命令，不允许部下违背自己的意志，关注工作的结果而不是过程
互动型	亲切友善地与部下相处，愿意聆听部下的困难和要求，努力营造融洽的工作氛围
实事求是型	按照自己的形式标准要求部下，注重问题的细节，善于理性思考

（1）控制型的领导特征和与其沟通的技巧

控制型的领导一般具有强硬的态度，充满竞争心态，凡事都要求下属立即服从，实际果决，旨在求胜，对琐事不感兴趣。

与这类领导相处，重在简明扼要，干脆利索，不拖泥带水，不拐弯抹角。面对这一类人时，无关紧要的话少说，直截了当，开门见山地谈即可。此外，他们很重视自己的权威性，不喜欢部下违抗自己的命令。所以，应该更加尊重他们的权威，认真对待他们的命令，在称赞他们时，也应该称赞他们的成就，而不是他们的个性或人品。

（2）互动型的领导特征和与其沟通的技巧

互动型的领导善于交际，喜欢与他人互动交流，喜欢享受他人对他们的赞美，凡事喜欢参与。面对这一类领导，切记要公开赞美，而且赞美的话语一定要真心诚意，言之有物。否则，虚情假意的赞美会被他们认为是阿谀奉承，从而影响他们对你个人能力的整体看法。

对待这样的上司，应该和蔼友善，要注意自己的肢体语言，因为他们对一举一动都会十分敏感。另外，他们还喜欢与部下当面沟通，喜欢部下能与自己开诚布公地谈问题，即使对他有意见，也希望能够摆在桌面上交谈，厌恶在私下里发泄不满情绪的部下。

（3）实事求是型的领导和与其沟通的技巧

实事求是型的领导讲究逻辑，不喜欢感情用事，为人处世自有一套标准，喜欢弄清楚事情的来龙去脉，常常进行理性思考而缺乏想象力，是方法论的最佳实现者。

与实事求是型领导沟通时，可以省掉寒暄的环节，直接谈他们感兴趣的实质性的东西。他们同样喜欢直截了当的方式，对他们提出的问题也最好直接作答。同时，在进行工作汇报时，要多就一些关键性的细节加以说明。

10）说服上司的技巧

（1）选择恰当的提议时机

刚上班时，领导会因事情多而繁忙，到快下班时，领导又会疲倦心烦。显然，这都不是提议的好时机。总之，记住一点：当领导心情不太好时，无论多么好的建议，都难以细心静听。

那么，什么时间比较好呢？我们通常推荐在上午10点左右，此时领导可能刚刚处理完清晨的业务，有一种如释重负的感觉，同时正在进行本日的工作安排，你适时以委婉方式提出你的意见，会比较容易引起领导的思考和重视。还有一个较好的时间段是在午休结束后的半个小时里，此时领导经过短暂的休息，可能会有更好的体力和精力，比较容易听取别人的建议。总之，要选择领导时间充分、心情舒畅的时候提出改进方案。

（2）注意运用信息及数据增强说服力

对于改进工作的建议，如果只靠嘴讲，是没有太大说服力的。但如果事先搜集整理好有关数据和信息，做成书面材料，借助视觉力量，就能加强说服力。

【案例3.14】

两位主管的报告

A主管：关于在某地区设立灌装分厂的方案，我们已经详细论证了它的可行性，3~5年就可以收回成本，然后就可以盈利了。请董事长一定要考虑我们的方案。

B主管：关于在某地区设立灌装分厂的方案，我们已经会同财务、销售、后勤部门详细论证了它的可行性。根据财务评价报告显示，该方案在投资后的第28个月财务净现金流由负值转为正值，这预示着投资将从第三年开始盈利。经测算，该方案的回收投资期是4~6年。从社会经济评价报告上显示，该方案还可以拉动我们相关的下游产业的发展。这有可能为我们将来的企业发展方案提供有益的借鉴。与该方案有关的可行性分析报告我已经带来了，请董事长审阅。

请你说说看

_____

_____。

评析

上述两位主管的报告，显然B主管更具说服力，更容易让领导满意。记住：只有摆出新方案的利与弊，用各种资料、事实逐项证明，才不会让领导认为你有头脑发热、主观臆断的嫌疑。

（3）事先为预期的领导质疑准备答案

如果领导对你的方案提出疑问，而你事先毫无准备，使你回答时吞吞吐吐、前言不搭后语、自相矛盾，当然不能说服领导。因此，应事先设想领导会提什么问题，自己该如何回答。

（4）说话简明扼要，重点突出

在与领导交谈时，一定要简洁明了。对于领导最关心的问题要重点突出、言简意赅。如对于设立新厂方案，领导最关心的还是投资的回收问题。希望了解投资的金额、投资回收期、项目的盈利点、盈利的持续性等问题。因此，你在说服领导时，就要重点突出，简明扼要地回答领导最关心的问题，而不要东拉西扯，分散领导的注意力。

（5）面带微笑，充满自信

我们已经知道，在与人交谈的时候，一个人的口头语言和肢体语言所传达的信息占50%。一个人如果对自己的计划和建议充满信心，那么他无论面对的是谁，都会表情自然；反之，如果他对自己的提议缺乏必要的信心，也会在言谈举止中有所流露。试想一下，如果你的下属表情紧张、局促不安地对你说："经理，我们对这个项目有信心。"你会不会相信他？你肯定会说，我从他的肢体语言上读到了"不自信"这3个字，我不太敢相信他的建议是可信任的。同样道理，在你面对自己的领导时，要学会用你自信的微笑去感染领导，征服领导。

（6）尊敬领导，勿伤及领导自尊

最后要注意一点，领导毕竟是领导，因此，无论你的可行性分析和项目计划多么完美无缺，你也不能强迫领导接受它们。毕竟，领导统管全局，他需要考虑和协调的事情你并不完全明白，你应该在阐述完自己的意见之后礼貌地告辞，给领导一段思考和决策的时间。即使领导不愿采纳你的意见，你也应该感谢领导倾听你的意见和建议，同时让领导感觉你工作的积极性和主动性。

请根据以下说服领导能力的自检题为自己打分。

请你做做看3.6

_____

_____。

说服领导的要点	一贯如此（3分）	经常如此（2分）	很少如此（1分）
能够自始至终保持自信的笑容，并且音量适中			
善于选择领导心情愉悦、精力充沛的时机谈话			
已经准备好了详细的信息和数据以佐证你的方案			
对领导将会提出的问题胸有成竹			
语言简明扼要，重点突出			
和领导交谈时亲切友善，能充分尊重领导的权威			

得分规则：

14~18分：能在工作中自觉地运用沟通技巧。你是一个非常受欢迎的人，你的领导很赏识你。

7~13分：你已经掌握了很多沟通技巧，并已经尝试着在工作中运用。你的领导认为你是一个有潜力的人，但还需加紧努力。

0~6分：你应该抓紧时间学习一下和领导的沟通技巧了。因为你现在和领导的关系很不融洽，适当地改善沟通技巧，可以帮助你充分发挥自己的能力，去争取更为广阔的发展空间。

11）怎样与平级沟通

（1）平级之间沟通相对较难的原因

①员工都过高看重自己的价值，而忽视其他人的价值。无论你从事的是市场、销售、生产、人事、财务还是研究开发，你都会发现我们的自我评价与其他人对我们的评价相去甚远。但是，作为一个整体而言，各部门之间、同事之间的合作却是唇齿相依，缺一不可。

②不能设身处地对待其他部门的工作。

一出现问题，马上就把责任推给与自己相关的人（部门），却很少想到其他人（部门）也有他们的难处。

【案例3.15】

销售部的张晓林急匆匆地找到部门经理："刘经理，我好不容易发展了一个新顾客，人家要的货我也早就填了单子交给了厂里，让他们抓紧时间把货给人家发过去，可是，都过了1个半月了，顾客还没有收到货，人家都打来电话催了好几遍了。找到生产部侯部长，他们说没货，经理，您说说这不是要命吗？以后人家还怎么会购买我们的东西呀？"刘经理一听也生气："生产部是怎么回事？我找他们去！我们的销售人员好不容易才拉到的单子，都要毁在他们手里，他们每个月倒是有工资保证，我们的人可全都指望着单子做成了才能拿到钱啊！"

侯部长听完了刘经理的一番抱怨，他的火也一下子着了起来："你也不能把你们完不成销售额的责任都推到我们身上，你有怨气，冲我来，我有火冲谁发？我们也希望货赶紧到啊！可最近供货商将价格提高了40%，老总让我们先别发货，我们的工人都歇了，我还着急呢！"

请你说说看

_____

_____。

③没有权力的强制性。在指挥链中，同级的员工处于水平位置，相互之间除了平等的沟通之外，难以用命令、强迫、批评的手段达到自己的目的，不能像对待不听话的下属，拿着"大棒子"来对待同事。

④职权划分的问题。平级之间出现问题的时候，很多员工不认为是沟通的问题，而认为是诸如部门划分、权限划分、职责划分的问题。其实往往就是沟通的问题，而不是职权划分等其他问题。

⑤人性的弱点——尽可能把责任推给别人。一项简单的工作，大家却经常"踢皮球"，缺乏整体观念，都不愿担责任，最后使得工作缺乏效率，工作气氛也变得非常不愉快。

【案例3.16】

某公司要招聘一名产品经理，人力资源部章经理找到产品部的胡经理，希望胡经理做一份职位说明书。胡经理想：让我写一份，等到以后人招来了不合适，人力资源部又该把责任推到我这儿了，于是说："写职位说明书，你们人力资源部是专家，我只能大概说一下我们的要求……"

请你说说看

_____

_____。

⑥员工之间利益冲突——唯恐其他人比自己强。这种现象在存在业务竞争的组织中尤为明显，员工相互保密、攀比。

（2）平级之间沟通的3种形式

员工之间如何进行沟通呢？这里有3种方式可以选择：退缩的方式、侵略的方式和积极的方式。选择恰当的沟通方式，可以实现良好的沟通。

①退缩的方式。退缩的方式就是不去争取自己的权利，不去引起他人的重视，退缩行为的目的是为了避免冲突及取悦于他人。采取退缩方式的出发点一般有以下几点：

A.他人的需求与愿望比自己的更为重要。

B.他人有应享有的权利，自己却没有。

C.自己可以贡献的才智有限，对方则比自己强得多。

【案例3.17】

财务部王经理为了保证提前统计出总经理需要的财务报表，找到销售部的谢经理，让他交出一份汇报表。谢经理考虑到如果自己不答应，势必会影响以后同财务部的关系，报账就会带来许多的麻烦，于是他的回答是："我现在实在没有空。不过，我可以想想办法，加个班。没关系的。"

请你说说看

_____
_____。

②侵略的方式。侵略行为的特征是懂得维护自己的权利，但所用的方法却已侵犯了别人，忽略或否定他人的需求、愿望、意见、感受与信念。

采取侵略行为一般是出于如下几点的考虑：

A.自己的需要、愿望与意见比别人的重要。

B.自己有应享有的权利，别人却没有。

C.自己的能力非常高，别人都比不上自己。

归根结底，侵略行为的目的在于求胜，即使牺牲别人也在所不惜。

【案例3.18】

工作中的侵略

谢经理面对财务经理的请求可能这样回答："什么？我这里的正经工作还没有忙完呢，哪里有工夫管什么报表这些乱七八糟的事！"这种只顾自己工作的侵略行为会使王经理的要求得不到满足，从而促使他也做出侵略性的回答："那是你应帮忙的事！你自己看着办吧。"

这样使两个人都觉得对方严重侵犯了自己的权利，故意不支持自己的工作，有意和自己过不去，因此，不仅使两位同事之间关系紧张，更为严重的是，可能会祸及两个部门间员工的合作。

请你说说看

_____
_____。

③积极的方式。员工间沟通的积极方式是指：在不侵害其他人和部门利益的前提下，敢于维护自己和本部门的权利，用直接、真诚并且比较适宜的方式来表达自己的需求、愿望、意见、感受和信念。积极行为的基本出发点有如下几点。

A.你必须坚持原则。

B.你必须捍卫你最重要的权利和利益。

C.你必须按照职权和公司规定的"游戏规则"行事。

D.别人的任何行为都是值得尊重的。

E.双方的沟通都是有共同目的的——把工作做好。

F.一定会有双赢的解决办法。

（3）平级之间如何积极地沟通

①坚持原则，维护自己的合理权利。在沟通过程中表现积极的人对自己的权利非常清楚。因为如果不明白自己的权利，就无从表明维护自己权利的立场。

【案例3.19】

为员工加薪

技术部王经理找到人力资源部的章经理，要求对本部小陈工资调整幅度一事重新加以考虑。王经理拿出小陈一年的工作业绩评估表："章经理，是否重新考虑一下我们部门小陈的加薪问题？他去年工作干得十分出色，可是他加薪的幅度却低于公司的平均加薪幅度。"章经理对王经理解释道："考虑到他的薪水在同级别的人中已属高薪了，所以这次年度加薪才没有同意你部提出的要求，低于了公司的平均加薪水平。"王经理："小陈的工作大家有目共睹，肯定要高于公司的平均水平，这就理应为人家加薪幅度大些。工资的基数问题，这是公司当时同人家讲好的呀，不能把这个带入到加薪幅度的问题中来，不符合公司的薪资制度……"王经理很清楚公司的制度，明白员工的权利，认为人力资源部的决定已经侵犯到了自己员工的权利，而自己有责任全力为员工争取。

请你说说看

_____

_____。

评析

试想，如果王经理不清楚自己的责任和权力的话，他就会在小陈找到自己抱怨的时候"和稀泥"，不知道是否该为自己的员工和人力资源部进行交涉。而这种犹豫，在自己的员工眼中，就会被视为不能给自己员工做主的软弱表现。

②积极地提出要求，采取直截了当的态度。积极沟通的目的是直截了当、开诚布公地提出你的要求，而不是将观点强加于人。例如，"刘经理，为了统计营收，希望你提前两天将你们部门的汇总表交给我。"这种态度使对方能清楚地明白你的意思，而不用费尽心思地猜。如果让对方去猜测自己的意图，彼此间容易产生误解，又不利于工作效率的提高，同时，对方还会认为与你这样的人不好进行合作。

③拒绝技巧。对于其他员工提出的损害自己权利、对企业没有好处的要求，要直截了当地回绝，如："请不要见怪，我做不到。""请原谅，我无论如何也无法在两天之内将汇总表报给你们。"同时，要说明拒绝的原因，如："由于各办事处主任都在跑顾客，要他们两天内将办事处的销售情况报表做出来是不可能的。相当一部分办事处主任都回不来。"注意在拒绝时不必连连道歉。之后要说明你对此事的分析，如："过去我们是按部就班地1个月报一次表，大家都习惯了。现在突然要求马上交汇总表，而我们手头上的数字不全，加上我们需要办事处、大区、销售总部3层次的统计、汇总、核实，没有一周时间是不可能的。"接着

请求对方给予进一步说明，如："用前面几个月的销售报表行不行？""能不能先不统计销售费用这一块？销售费用统计可是最麻烦的。""最晚周五下午给你们行不行？"

④积极明确地表明不同意见。当你具有与对方完全不同的意见时，应明确地向对方表示反对。如："不，我不认为……""我不赞成。"同时积极恳切地表示怀疑，如："这样做会不会有不良的后果？""我发现这其中有一个难题需要解决……"但是不能够把对方的意见批评得一无是处，如："那根本就行不通。"之后要说明你反对的理由，如："我不否认这个方案对有的部门来说有利，但对有的部门却适得其反。""我同意我们必须在管理上进行更新，但不能像你提出的那样快。"在表明不同意见时，要有礼貌地承认他人的观点，如："我知道你对此事的看法与我不同。""我明白这件事对你有不同的意义。"然后再清楚地表明你赞成的和反对的，如："我赞成尽快完成这次报表，可两天时间确实难以完成。"

（4）对同级沟通的建议

同级之间既是天然的"合作者"，有时又是潜在的"竞争者"。这是一种微妙的人际关系，必然会产生既渴望"合作"，又警觉"竞争"的复杂心理。精明的员工，应设法避免诱发对方"竞争"的心理，逐步建立互相信任、互相支持的协作关系。

①消除竞争心理，建立合作关系。通常情况下，消除"心理屏障"主要不是靠语言，而是应该用行动向对方表示。

②自己积极做好本职工作，是出于责任，绝无压倒同级的私心杂念。

③把自己取得的成绩看作是同级之间密切配合、共同努力的结果，而不是向同级显示"高明"。

④为同级取得的成绩感到由衷的高兴。

⑤以尊重为前提，以合作为导向。对需要交叉处理的事务，同级之间应当通过协商去解决，不要擅自做主处理。否则，既影响同级之间的关系，也往往使下级为难，造成工作上的困难，甚至会带来一些不必要的损失。

⑥分清职责范围，掌握处事分寸。同级相处，应当分清职责，掌握分寸，不争权利，不推责任。属于职权之外的事，绝不干预；属于职权之内的事，绝不推卸。

⑦谨防祸从口出。千万不要在不适宜的场合，随便议论同级分管的工作。不仅自己要做到这一点，而且应教育下属做到这一点。只有这样，才能在同级之间，形成相互信任、友好的和谐气氛。

⑧顾全大局。遇事要以大局为重，谨防一时意气伤了和气，而影响长远发展。即使自己站在正确的一方，也不应伤及同事的面子。但凡顾全大局的人，最终往往是主掌大局的人。

⑨保持联络，沟通情况。同级之间，只有保持经常通气，以及沟通情况，才可能进行合作，才能彼此了解，互相信任，将一些不必要的误会和摩擦，消灭在萌芽状态。因此，工作再忙，也不要忘了主动向同级提供有用的数据、信息、情况和建议。只要你能够坚持下去，就一定会赢得同级的真诚回报。

⑩进行公平竞争。同级之间应建立相互信任、相互支持的协作关系，但这并不意味着要回避"竞争"。同级之间的合作，归根到底，也是竞争的一种形式，可谓是"合作式竞

争"，这一点并不矛盾。但凡能从同级间脱颖而出者，总是那些朋友更多，"敌人"更少的人。只有合作才能达到多交朋友少树敌的目的，也就等于在竞争中胜出。当然，同级间的合作是曲线竞争，也必然避免不了直接竞争。健康的竞争方式有如下5个特点：

A.不懈努力，创造全优工作。

B.自觉向同级中的强者看齐、学习。

C.在和同级的"竞争"中，领先时不自满，落后时不气馁，一如既往，积极进取。

D.无保留地帮助在竞争中暂时落后的同级。

E.以"竞争"来激励自己，但不要让同级看出你在"竞争"。

服务意识自我塑造

我具备的沟通能力是：

_____。

我还须在这些方面努力：

_____。

3.5.4　团队协作

小　看　板

团队协作6个最重要的因素：
共同目标
核心领导
周密计划
分工协作
程控
经验总结

　　根据成功团队与失败团队的经验和教训，国内外学者经过大量的调查研究，总结出团队协作6个最重要的因素：共同目标、核心领导、周密计划、分工协作、程控、经验总结。即团队中的每个成员都对共同目标高度认同，对工作任务目标明确，尊重核心领导的权威，服从领导者的指挥，并作出周密的计划；每个成员彼此默契配合，分工体系明确，灵活高效；成员之间互相支持协作，以目标为导向进行程控，完成任务后总结经验。

　　在讨论团队协作的问题前，我们先来看一个案例。

【案例3.20】

大雁群飞的故事

鸟类学家发现，单飞的大雁或者是掉队的大雁无论多么强壮，最终飞到目的地的概率也等于零。为什么呢？原来，雁群排成各种形状，这种形状可以借助大气的浮力和风向，每只大雁只需付出很小的体力就够了。另外，雁群可以有效抵抗空中猛禽的袭击，在夜晚雁群休息时，总有一只大雁在放哨，对于雁群来说，1+1绝对大于2，这就是团队的成效。

大雁在本能上就知道合作的价值。毫无疑问，你经常会注意到它们以V字形飞行。这些雁定期变换领导者，因为为首的雁在前头开路，能帮助它左右两边的大雁造成局部的真空。

请你说说看

_____

_____。

评析

大雁尚且明白团队合作的重要性，我们更应在工作中认识团队合作的价值，真正融入团队，实现团队协同作战。在现代社会专业分工的情况下，协作是非常重要的时代主题。对于有共同目标的团队的基本要求就是必须协作，以完成共同的任务。随着社会化分工越来越精细，知识型员工的增多和工作内容智力成分的比重不断地增加，越来越多的工作不再是仅仅依靠个体力量就能完成，而必须由团队合作来实现，协作已经成为现代组织生存与发展的基本条件。团队合作已经成为现代社会最常用的工作形式，每个人都来自于各种各样的团队。社会组织的发展要求协同效应以提高生产效率，组织的管理最重要的就是建立与维护良好的协作环境，使团队成员积极努力工作，以完成共同的目标和使命。

1）团队良好协作的优势

良好的协作精神是员工的基本素质，也是团队发展的基础。良好的团队关系，并非单纯的索取与奉献，而是相互满足的互惠关系。团队成员之间的个性与能力互补，使团队成员能弥补自身的不足，借助他人的力量，也对他人的发展提供帮助。协作良好的团队能够保持信息沟通顺畅，沟通管道畅通，而且信息的交流质量较高。协作良好的团队人际关系和谐，交往频率高，情意浓厚，不仅信息交流充分，而且伴随着感情的共鸣，对团队凝聚力起着很强的推动作用。

优秀团队的顺利运行，可带来良好的正面效应，如共同承担工作责任、对目标的共同承诺、更大的创造力与效率、更有效的决策、改善沟通等。这些优势中，有许多来自于团队成员机体技能和经验的协同配合。由于具有良好的团队氛围，团队成员乐于在团队中工作，交往各方在感情上相互影响，并因此而受到激励。正因为如此，他们在团队环境中才会有出色的表现。团体系统的各要素配置良好能形成合力，产生正效应；如果配合不当，会形成摩擦，产生负效应。团队中如果引进一个协作性欠佳的成员，就会增大系统的摩擦系数和内部消耗，超过一定限度，就会妨碍团队系统的正常运转，影响团体效率的发挥。优秀的员工，都有营造和谐的团队内部氛围，创造蓬勃向上企业文化的能力。

2）团队协作失败的能力

团队成员缺乏合作精神，会造成内部分裂、相互拆台、恶意攻击、互相推诿等现象。导致团队协作失败的原因有很多，有时候团队完成了工作，但组织却不能对其贡献给予恰当的认可，或者不能有效利用。缺乏管理支持和领导不力是团队失败最常见的原因。其他一些因素还包括：团队的结构与组织结构不兼容；只关注任务而忽略了内部关系；团队成员对团队发展或协作的流程感到不适应；支持资源不足以完成工作；奖励机制不恰当等。

除了管理方面的原因，团队成员的个性特征也影响人际关系的吸引力。了解阻碍团队成员协作的心理和个性方面的原因对协调团队合作有一定的借鉴意义。我国心理学家在对人际关系的心理学研究中发现了阻碍团体成员人际关系吸引力的个性特征，具体内容如下：

①以自我为中心，只关心自己，不为他人的处境和利益着想。

②对集体工作缺乏责任感，敷衍了事，或浮夸不诚实，或完全置身于集体之外。

③虚伪，固执，吹毛求疵。

④不尊重他人，操纵欲、支配欲强。

⑤对人淡漠，孤僻，不合群。

⑥有敌对、猜疑和报复性格。

⑦行为古怪，喜怒无常，狂暴，神经质。

⑧狂妄自大，自命不凡，有较强的嫉妒心。

⑨不肯帮助他人，甚至轻视他人。

⑩自我期望值高，气量狭小，对人际关系过分敏感。

⑪势利眼，想方设法巴结领导，不听取同事的意见。

⑫学习或工作不努力，无组织，无纪律，不求上进。

⑬兴趣贫乏，生活无约束。

人们在选择朋友时受共同心理因素的影响，一般总是从对方道德质量上加以衡量。真诚、尊重、关心他人和集体的人，人际吸引力强，人缘最好，在团队协作中的人际关系也最为融洽，能促进团队的良好协作。

3）应当克服的痼疾与习惯

要与团队成员融洽相处，实现团队协作，就要克服3种痼疾——攻击他人、爱争辩、傲慢。

【案例3.21】

一位著名散文家的精彩描述

不要争论，要启发。一吨重的争论只值一克重的启发。你启发我的意思是要我慢慢形成自己的结论；你与我争论的意思是强迫我形成你的结论。而你的目的是将你的结论变成我的结论，并将我带到那里去。

那就巧妙地引导我作出你想让我作出的决定吧。不要逼我。让我的大脑按照自己的速度从容不迫地运转。

据我所知，只有很少的男人能被争论说服，女人一个也不会。

当你在争论中以事实、数字和逻辑击败我时，我会说你是正确的。但我回家后还要再考虑考虑，除非我能按照自己的思路达到同一个结论，否则，我是不会同意你的观点的。第二天我就会变卦。但是，如果你能以高明的手法启发我，最后让我自己说服自己，那么，当你拿出一张空白表格放在我面前，递给我一支钢笔说"请在这儿签名吧"时，我就会签名的。

请你说说看

_____

_____。

【案例3.22】

富兰克林的著名自述

教友会的一位朋友告诉我，我不管讨论什么问题，都要表明自己是正确的，还要以傲慢的态度压服别人。为了说明这一点，他举了几个例子。我决心要改正自己的这一缺点，因为我已经意识到这是我在争论中多次失败的原因。我给自己定了个规矩：要忍耐别人的各种直接对立情绪，要克制自己，不要发表任何过于绝对的主张。

从此以后，如果有人在我面前说了什么明显的错误，我就再也不随心所欲地给予迎头痛击，不立即指出他的建议是何等荒唐。相反，我这样开头：对某些问题或情况，您的意见是很对的……但对眼前这件事，看起来，或似乎，有点不一样，等等。我很快就发现了改变态度的好处：我与别人谈话的气氛变得融洽多了。我以谦虚的态度提出自己的想法，他们反倒更容易接受和很少表示反对了。同时，当事实证明我错了时，很少有人奚落我。当事实证明我正确时，我也更容易说服大家放弃原有错误，站到我这一边来。

请你说说看

_____

_____。

4）员工协作执行的境界

（1）员工的职业化

管理学中讲的执行要求开放的企业文化，是假定员工像西方人那样有职业分寸，公私分明，而中国的员工往往公私不分。执行就是明确利益和个人责任的关系，因此执行的前提就是员工的职业化。

（2）走出"自我中心主义"

从以自我为中心向以结果为中心转变，即从追求自我利益向追求共赢、开放合作、流程第一、结果第一、效益第一（企业的本质）转变。

【案例3.23】

第三面镜子

在美丽乡间一所房间里，窗户对面墙上装有三面镜子。

第一面镜子，表面凹凸不平，且有污点，看起来很脏。

第二面镜子，清洁精巧，并装有美丽雕刻的框架。

第三面镜子，既没有框架又没有装饰，只是一面干净清楚的镜子。

观察者被请到房间里来，向导指着第一面镜子问道："你看到了什么？"回答是："一面不干净的镜子。"

向导又指着第二面镜子问道："你看到了什么？"回答是："一面美丽的镜子。"

向导指着第三面镜子问道："你看到了什么？"回答是："我从开着的窗户里看到一片美丽的景色。"

真正的执行就如同第三面镜子，让顾客从镜子里看到美丽的风景，而不是表现自己作为镜子的特色。

请你说说看

_____
_____。

3.5.5 时间效率

小 看 板

有效的时间管理：

1.列出工作事项，按照重要性原则排出事项的次序。

2.指定每一工作事项的完成时间和计划。

3.转变为行事月历。

4.拟订待办单，并予执行。

请你做做看3.7

测试

下面用最简单的办法测试你是否能掌握时间，只需回答"是"或"否"。

1.你通常工作很长时间吗？

2.你通常把工作带回家做吗？

3.你感到很少花时间去做你想做的事吗？

4.如果没有完成你所希望做的工作，你是否有负罪感？

5.即使没有严重的问题或危机，你是否也经常感到工作有很多压力？

6.你的案头有许多并不重要但长时间内未处理的文件吗？

7.你时常在做重要工作时被打断吗？

8.你在办公室用餐吗？

9.在上个月，你是否忘记了一些重要的约会？

10.你是否时常把工作拖到最后一分钟，然后很努力地去做完它们？

11.你觉得找借口拖延你不喜欢做的事容易吗？

12.你总是因为需要做一些事而感到繁忙吗？

13.当你休了一段时间假，你是否有负罪感？

14.你是否常无暇阅读与工作有关的书籍？

15.你是否太忙于解决一些琐碎的事情而没有去做与公司目标一致的大事？

16.你是否沉醉于过去的成功或失败之中而没有着眼于未来？

测试结果：

当你有12~16个问题的答案是"是"："救命！你在时间管理方面需要改进！"

如果你有8~11个问题的答案是"是"："当心！你需要重新审视你的时间行动指南！"

如果你有4~7个问题的答案是"是"："可以！方向正确但仍需努力！"

如果你有0~3个问题的答案是"是"："恭喜！坚持并保留你的方法！"

请你说说看

_____

_____。

1）时间管理的必要性

时间管理的必要性在于，不是因为时间太多了，而是因为时间太少了。无论你是一个什么样的人，时间的拥有量都是平等的，而越是重要的人，他的时间越少，也就越需要管理。时间对每个人是常数，具有不能重复、储存、增加、转让等特性，因此，创造时间是不可能的。时间管理是能在常数的状态下，管理好时间这种重要的资源让有限的时间发挥无限的价值。

《把时间花在刀刃上》的作者洛塔尔·赛伟特总结出了时间管理的10个好处。

①花费较少的时间就可以把事情办好。

②把自己的工作做得有条有理。

③取得更好的工作效果。

④承受较少的身心压力。

⑤从工作中获得更大的满足感。

⑥承受较小的工作压力和绩效压力。

⑦获得完成高等级任务的资格。

⑧在完成工作任务过程中较少失误。

⑨更好地达到事业目标和人生目标。

而在时间管理的过程中获得更大的好处是：你学会利用最紧缺、最重要的资源——你的时间，这是你走向成功的必要条件之一。

在一个人的一生中，真正能投入到工作中的时间是非常有限的，因此也是非常宝贵的。如果告诉你，在你的一生中，即使能活到70岁，实际工作的时间也不会超过10年，你也许会大惊失色。如果不相信的话，我们可以来做一个计算。以人的一生70年来计算，大约有2.5万天，60多万小时。这只是"账面时间"，而非"实际时间"，实际上可供使用的时间根本没有那么多。假设一个人24岁大学毕业参加工作，60岁退休，那么他工作的时间将不超过36年。在36年当中，如果每天8小时用于睡眠，8小时用于吃饭、娱乐、处理生活问题等不可避免的琐碎杂事，剩下的工作时间仅有8小时，那么一生中工作时间只有10年。而且这10年当中，并不是每天都保持饱满的工作状态。所以，真正有效工作时间最多只有

5~10年。

这样的结论，是否让你非常难以接受呢？但是事实确实如此。有兴趣的话你可以计算一下，假如你活到70岁，你未来还有多少时间可以用于工作呢？所以当务之急就是抓紧现在的时间，把时间管理起来。

【案例3.24】

一篇演讲的启示

1930年，胡适先生在一次毕业典礼上，发表了一篇演讲，内容如下：

诸位毕业同学，你们现在要离开母校了，我没有什么礼物送给你们，只好送你们一句话，这句话是：珍惜时间，不要抛弃学问。

以前的功课也许有一大部分是为了这张文凭，不得已而做的。从今以后，你们可以依据自己的心愿去自由研究了。趁现在年富力强的时候，努力做一种专门学问。少年是一去不复返的，等到精力衰竭的时候，要做学问也来不及了。

有人说：出去做事之后，生活问题急需解决，哪有功夫去读书？即使要做学问，既没有图书馆，又没有实验室，哪能做学问？

我要对你们说：凡事要等到有了图书馆才读书，有了图书馆也不会读书。凡事要等到有了实验室才做研究的，有了实验室也不肯做研究。你有了决心要研究一个问题，自然会节衣缩食去买书，自然会想出法子来设置仪器。

至于时间，更不成问题。达尔文一生多病，不能多做工，每天只能做1小时的工作。你们看他的成绩：每天花一小时看10页有用的书，每年可看3 600多页书，30年读11万页书。诸位，11万页书可以使你成为一个学者了。可是每天看3种小报也得费你1小时的功夫，四圈麻将也得费你1.5小时的光阴。看小报呢，打麻将呢，还是努力做一个学者呢？全靠你们自己选择。

易卜生说："你的最大责任就是把你这块材料铸成兵器。"

学问就是用来筑器的工具。抛弃了学问便是毁了自己。

再会了，你们的母校眼睁睁地要看你们10年之后成什么器。

请你说说看

_____

_____。

评析

看到胡适先生这一番语重心长的话，你有何感受？"时间就是效率""时间就是金钱""时间就是生命""一寸光阴一寸金，寸金难买寸光阴"，诸如此类的描述我们每个人都可以脱口而出，但是我们做得究竟怎样呢？我们常常会听到以下说法：

"我要是在大学多学点东西就好啦！"

"我应该少看些电视，好好地约束自己，多读点书！"

"时间根本不够用，公司股价节节下降，董事会和股东像一群蜜蜂一样叮得我满头包；同事间争权夺利，我总是担任和事佬的角色；家人总也见不到我，几乎快要把我登报作废！"

　　社会在飞速地发展，但我们还是一天只有24小时。最成功和最不成功的人一样，一天只有24小时，但区别就在于他们如何利用这所拥有的24小时。

2）时间管理的核心

　　时间管理的核心包括习惯管理。习惯是行为有规律地重复的结果，根据生物学家巴甫洛夫的观点，习惯一旦形成，就具有一定的惯性，使行为具有自动重复的作用。良好的习惯，比如勤奋、俭朴、自律、整洁等，都能提高人们生活与工作的质量。不良的习惯则具有相反的作用，而且由于其不断地重复，使得负面影响不断加强，最终影响工作、学习和生活。发扬良好的习惯，改善不良的习惯，有意识地优化自己的习惯，是职场人的基本功之一。根据柯维的观点，习惯是意愿、知识、技能的融合。意愿就是想要做什么，知识是做什么及为什么做，技能是如何去做。习惯就是由这3个方面的因素组成。

　　我们之所以未能迅速采取行动，不是由于工作特别困难，而是我们已经养成了一有机会便会拖延的习惯。人们很少只对单一事项拖延，它通常是种根深蒂固的行为动态。如果我们能改变自己思考的习惯，那么问题就解决一大半了。

　　下面，让我们来做一个测试，看看自己是否是一个拖延者。

请你做做看3.8

请据实选择以下每一个陈述中最切合你的答案：

1.为了避免对棘手的难题采取行动，于是寻找理由和寻找借口。
　　A.极表同意　　B.略表同意　　C.略表不同意　　D.极表不同意

2.为使困难的工作能被执行，对执行者施加压力是必要的。
　　A.极表同意　　B.略表同意　　C.略表不同意　　D.极表不同意

3.采取折中法以避免或延缓不愉快的事是困难的工作。
　　A.极表同意　　B.略表同意　　C.略表不同意　　D.极表不同意

4.我遭遇了太多足以妨碍完成重大任务的干扰与危机。
　　A.极表同意　　B.略表同意　　C.略表不同意　　D.极表不同意

5.当被迫从事一项不愉快的决策时，我一般会避免直截了当的答复。
　　A.极表同意　　B.略表同意　　C.略表不同意　　D.极表不同意

6.我对重要的行动计划的追踪工作不予理会。
　　A.极表同意　　B.略表同意　　C.略表不同意　　D.极表不同意

7.试图令他人为我执行不愉快的工作。
　　A.极表同意　　B.略表同意　　C.略表不同意　　D.极表不同意

8.将重要的工作安排在下午处理，或者带回家，以便在夜晚或周末处理它。
　　A.极表同意　　B.略表同意　　C.略表不同意　　D.极表不同意

9.过分疲劳（或过分紧张，或过分泄气，或太受抑制），以致无法处理所面对的困难任务。

A.极表同意　　　B.略表同意　　　C.略表不同意　　　D.极表不同意

10.在着手处理一件艰难任务之前，我喜欢清除桌上每一个对象。

A.极表同意　　　B.略表同意　　　C.略表不同意　　　D.极表不同意

评分标准

每一个"极表同意"给予4分；每一个"略表同意"给予3分；每一个"略表不同意"给予2分；每一个"极表不同意"给予1分。请按以上评分标准计算出你的测试成绩。

评定

总分小于20分，表示你不是拖延者，也许偶尔有拖延的习惯；总分在21~30分，表示你有拖延的毛病，但不太严重；总分多于30分，表示你有严重的拖延毛病。

请你说说看

_____

_____。

评析

我相信有效率与无效率的人之间最显著的差异在于后者总是这样想："这件工作必须完成，但它实在讨厌，所以我能拖便尽量拖。"而前者的想法是："这不是件令人愉快的工作，但它必须完成，所以我得马上动手，好让自己能早些摆脱它。"

【案例3.25】

米尔克："现在就办！"

维克托·米尔克是世界上屈指可数的现代化大食品公司墨西哥城推销中心的技术总监。他的工作直接或间接地受到公司5 000雇员中3 000多人的影响。他总是忙得不可开交，可工作却从来没有干完过，想找点时间度假非常困难。他因此参加了在墨西哥城举行的一次时间管理研讨会，并取得了很大的进步。

米尔克说："现在我不再加班工作了。我每周工作50~55个小时的日子已经一去不复返了，也不用把工作带回家做了。我在较少的时间里做完了更多的工作。按保守的说法，我每天完成与过去同样的任务后还能节余1个小时。"

"我使用的最重要的方法是制订每天的工作计划。现在我根据各种事情的重要性安排工作顺序。

首先完成第一号事项，然后再去进行第二号事项。过去则不是这样，我那时往往将重要事项延至有空的时候去做。我没有认识到次要的事项竟占用了我全部的时间。现在我把次要事项都放在最后处理，即使这些事情完不成，我也不用担忧。我感到非常满意。同时，我能够按时下班，而不会心中感到不宁。

我认为，研讨会后出现的一个最重要的变化是：我更明确地确定了各项目标。过去我从未迫使自己写出要做的事并将它们排列出优先次序。我发现，现在这样做使我对各项目标有了明确的认识，把需要做的事交给别人，自己则可以集中精力去处理那些必须亲自做的事。

对我产生极大帮助的另一点是'现在就办'的概念。我有意识地尽力克服工作中的拖拉现象。我在困境中抓住一件事情就努力一次性给予处理，这使我乱七八糟的办公桌上出现了极大的变化。实际上，推销中心参加研讨会的50名管理人员已经把杂乱无章的办公桌和人为的混乱列为第二浪费时间的因素。"

请你说说看

_____

_____。

评析

对于改变一个根深蒂固的行为来说，其结果常令人失望。然而，如果你使用了正确的方法，改变行为并非如此困难。美国心理学之父威廉·詹姆士于1887年发行的《大众科学》杂志中，有篇关于行为的著名文章，讨论了这种方法，日后也得到了行为科学家的证实。当运用于改变拖延的习惯时，它的作用如下：

当你读完这些章节，已经有了动机，便立即决定要开始做改变。迅速踏出第一步是很重要的，别试图在太短时间内做太多事。不要想推翻自己整个习惯，只需强迫自己现在就去做你所拖延的某件事。然后，明早开始，每天都从你"待办"列表中选出最不想做的事情先做。

请注意：不是说你列表中最重要的事情，因为最重要的事应安排在某个特殊时段进行。最不想做的事情经常是一些小事：你为自己逾期所作的道歉，与某个同事的商谈，你知道自己必须参与某件烦人的事。无论如何，在你回信之前、回电话之前、开始上午例行工作之前，还是先处理这些事情吧。

这个简单的程序也能为你一整天的工作建立良好的基调，当你想到今天刚过15分钟，你就已经完成了一天中最难缠的事情，实在令人精神振奋。依照这个方式实施几天之后，你将渐渐养成习惯，这正是行为学派成为自我增强的行动。

虽然只建议你一天要求自己遵循此步骤做一次。但是，你将会很快地发现它会影响你这一整天的决策。每当有你不喜欢的任务时，你就会想去解决，好让自己得到迅速摆脱讨厌工作的美好感受。这套系统性办法的另一项好处是你不必做你本来就不想做的任何事情。它只是要你把拖延着的事情放到列表的第一位，而非第五位或第十位。

注意一点：当新习惯逐渐形成之际，尤其是头几个星期中，你必须特别当心，不允许自己破例。威廉·詹姆士将此比喻为缠线球。一个失手会破坏多次缠绕的成果。因此，你得对你自己严厉些，只要坚持每天开始的前几分钟，以及在两周内的每一天都坚持去做，那么，我可以保证：你将拥有一个最可贵的新习惯。现在就开始吧！

3）时间管理的原则

（1）效率与效果

效率是管理中极其重要的组成部分，它是指输入与输出的关系。对于给定的输入，如果你能获得更多的输出，你就提高了效率。类似的，对于较少的输入，你能够获得同样的输出，同样也提高了效率。因为管理者经营的输入资源是稀缺的，所以他们必须关心这些资源的有效利用。因此，管理就是要使资源成本最小化。然而，仅仅有效率是不够的，管理还必须使活动实现预定的目标，即追求活动的效果。当管理者实现了组织的目标，我们就说他们是有效果的。因此，效率涉及活动的结果。进行时间管理不仅要使活动实现目标，即有结果，而且要做得尽可能有效率。

（2）二八法则

1987年，意大利经济学家帕累托在对19世纪英国社会各阶层的财富和收益统计分析时发现：社会绝大部分人只拥有少量的社会财富。这种统计的不平衡性在社会、经济及生活中无处不在，这就是二八法则，即80%的结果（产出、酬劳），往往源于20%的原因（投入、努力）。

习惯上，我们往往认为所有顾客一样重要，所有生意，每一种产品和每一分利润都一样好，都必须付出相同的努力，所得到的机会都有近似价值。而二八法则则恰恰指出了在原因和结果、投入和产出、努力和报酬之间存在的这样一种典型的不平衡现象：80%的成绩，归功于20%的努力；20%的产品或顾客，占了约80%的营业额；20%的产品和顾客，主导着企业80%的获利。二八法则告诉我们，不要平均地分析、处理和看待问题，企业经营和管理中要抓住关键的少数，要找出那些能给企业带来80%的利润，总量却仅占20%的关键顾客，加强服务，达到事半功倍的效果。每个员工也要对工作认真归类分析，要把主要精力花在解决主要问题、抓主要项目上，不能事无巨细，面面俱到。二八法则同样适用于我们的生活，如一个人应该选择在几件事上追求卓越，而不必追求在每件事上都有好的表现。锁定少数能完成的人生目标，而不必追求所有的机会。

平时用80%的时间做重要的、紧急的事情，用20%的时间做重要的、不紧要的事情，而这20%的时间要用在投资于未来的80%的成功。

人们每天在忙碌的工作中度过，即使业余时间加班也是应尽的义务。因为很多知识型劳动很难用工作时间来衡量，即使非工作时间也不得不处理公务。从一定意义来讲，时间只有3天：昨天、今天和明天。只有今天和明天是可以掌握的。用80%的时间对今天投资，可以使你获得生存的保障。用20%的时间对明天投资，可以获得发展未来的机会，也是更具潜质的投资。

所以，即使工作再忙，也要挤出时间做一些对未来发展有意义的事情。利用好今天的时间，会少一些明天的压力与担忧。利用好20%可以自由支配的时间，投入更多的业余时间，去赢得你的未来。要做好业余时间的规划，为自己制定一个中长期的目标，然后分解为短期目标，并把它分解为每天的行动计划。如果一项计划不能表明你每天能实现什么，那么这项计划就永远无法实现。即使使用于健身或消遣，最好也能制订计划，有规律地去做。保证相对固定的时间去做重要的事情，持之以恒，肯定收获不浅。

4）有效时间管理的4个步骤

（1）有效的时间管理一般都要遵循以下4个步骤：

①列出工作事项，按照重要性原则排出事项的次序。

②指定每一工作事项的完成时间和计划。

③转变为行事月历——计划层面。

④拟订待办单，并予执行——执行层面。

下面我们来介绍一下有效时间管理的两种有力的工具——行事月历和待办单。典型的行事月历表见表3.5。

请你做做看3.9

表3.5　行事月历表

本周重点	星期日	星期一	星期二	星期三	星期四	星期五	星期六

制订行事月历时，一般要遵循以下步骤：

①根据职责确定常规项目。常规项目包括会议，如周例会、月度例会、季度例会、年度例会等；包括档案起草，如规划、总结、绩效考核等；包括沟通工作，如目标考核、标准制定、绩效回馈等。要准确记录常规项目，可使用常规项目表。

②根据阶段目标制订行动计划。

③确定私人重要事件。私人重要事件包括个人的休息、锻炼、学习、度假等；包括与孩子交流、游戏、学习、辅导、庆祝节日等；包括结婚纪念日、生日、家庭、家务等；包括庆祝父母生日、与父母交流、承担社会责任等。要准确记录私人重要事件，可使用私人重要事件单。

2）待办单

待办单可作为自己工作的检查，同时可用来确定当日或近日优先完成的事项，帮助自己把今天无法完成的事情列入明天要完成的待办单，并合理安排突发事件。定性的待办单见表3.6。

请你做做看3.10

表3.6　待办单

编号	起止时间	项目	完成否

制定待办单可按如下步骤进行：

①将月历中事项填入。

②将昨日未完成的工作项目列入。

③估计各项工作时间。

④确定工作的紧迫性和重要性。

要确定工作的重要性，可以从3个角度衡量：一是该工作是否是承诺的事项；二是该工作是否是与团队有关的事项；三是该工作是否是目标考核中权重比较大的事项。

3.5.6 创造性思维

小 看 板

防止分割思考，要整体思考

防止静止思考，要动态思考

防止表面思考，要本质思考

1）提高员工创造性思维的能力

系统思维在古代就出现了，如古希腊、中国的春秋战国时代，古代的系统思维是一种比较朴素、原始的整体思想。如果说希腊的亚里士多德提出的"整体大于部分之和"、整体转移的思想，以及4种要素的"四因论"的问题等，这些代表了当时古希腊的原始的、比较朴实的系统思维，那么在中国，老子提出的"道生一，一生二，二生三，三生万物"思想，还有金木水火土等，就是中国古代的一种系统思维、整体思维，我们的中医、中药、针灸等都贯穿了这种整体的系统思维。

《第五项修炼：学习型组织的艺术与实务》一书，是美国麻省理工学院著名教授彼得·圣吉的代表作，在本书中，系统思维是五项修炼中最重要的一项。所谓系统思维，就是要站在全局的、历史的、发展的高度，按照科学发展观的要求，用全面、协调、可持续和统筹兼顾的方法，对问题进行全面准确的分析和把握。

一是要整体思考。如对经济发展问题、安全生产问题、改革改制问题等，都要从主客观条件、外部原因和内部原因等多方面进行思考，以便从整体上做出符合客观实际的判断和结论。

二是要动态思考。要认识到，变是绝对的，不变是相对的。今天的困难不能代表昨天的失败，今天的成绩也不能代表明天的胜利。就像古希腊人所说的"人不可能蹚过同一条河流"，困难与希望同在，利益与风险共存。学会动态思考的目的，是把困难看作希望，把获取利益的过程看作是向风险挑战的过程，千方百计克服困难，规避风险，从胜利走向更大的胜利。

三是要本质思考。本质是事物的根本内在联系。本质常常被假象所掩盖，只有拨开迷雾才能见到太阳。因此，要抓住事物的本质，必须做好拨云驱雾的工作，即透过现象看本质。《第五项修炼》中有两个重要理念：一个是"蝴蝶效应"，一个是"青蛙效应"。前者是说有些小事可以酿成大错，要见微知著，防患于未然；后者是说对潜在的危险要及时察觉，不能待到危机真的发生时才临时补救。

2）逆向思维

逆向思维是一种启发智力的方式，它有别于人们通常的思维习惯，正是这一特点，动用逆向思维可以使得许多靠正常思维不能解决或者难以解决的问题迎刃而解。而一些正常思维能解决的问题，在逆向思维的参与下，解决过程可以大大简化，效率可以成倍提高。正向思维和逆向思维就像分析的一对翅膀，不可或缺。习惯于正常思维的人一旦得到了逆向思维的帮助，就像战争的统帅得到了一支奇兵。可以说，逆向思维是通往成功之路的一个重要方法。

【案例3.26】

风行的野马

20世纪60年代中期，当时在福特一个分公司任副总经理的艾斯卡正在寻求方法改善公司业绩。他认定，达到目的的灵丹妙药在于推出一款设计大胆，能引起大众广泛兴趣的新型小汽车。在确定了最终决定成败的人就是顾客之后，他便开始绘制战略蓝图。以下是艾斯卡如何从顾客着手，反向回推到设计一种新车的步骤：

顾客买车的唯一途径是试车。要让潜在顾客试车，就必须把车放进汽车交易商的展室中。吸引交易商的办法是对新车进行大规模、富有吸引力的商业推广，使交易商本人对新车型热情高涨。说得实际点，他必须在营销活动开始之前做好样车，送进交易商的展车室。

为达到这一目的，他需要得到公司市场营销和生产部门百分之百的支持。同时，他也意识到生产汽车模型所需的厂商、人力、设备及原料都得由公司的高级行政人员来决定。艾斯卡一个不漏地确定了为达到目标必须征求同意的人员名单后，将整个过程倒过来，从头向前推进。

几个月后，艾斯卡的新型车——野马从流水线上生产出来了，并在20世纪60年代风行一时。它的成功也使艾斯卡在福特公司一跃成为整个小汽车和卡车集团的副总裁。

请你说说看

_____

_____。

逆向思维的一个基本要素就是分出阶段重点。这样你不得不将长远目标和近期目标清楚地区分开来，再将逆向思维分别应用到每一个目标中去。举例来说，如果你的目标是40岁成为首席行政总监，这是不够的。这个目标太过遥远，逆向思维不能得以有效的发挥。你必须瞄准所要取得的具体成绩。这些成绩才是助你步入高层的高明战术。你想为自己树立怎样的声誉？相对公司成本行业做何种改变？在前进道路上，你想拥有哪些特别的工作经验？你想在哪里工作，与哪些人共事？以上这些问题的答案为逆向思维提供了十分具体的目标。在考虑上述问题的同时，要将长远目标分成一系列明确目标。目标越集中，逆向思维越奏效，为达到目标所需征得同意的人就越少，整个过程花的时间就会更短。在此，我们来分享九大简易创新性思维路径。

以下9个路径，可以帮助我们进行创新。

①缩小：变小、变轻、变薄、变浅。

②扩大：变重、变厚、变深、变硬。

③代用：理由，用什么代用。

④重编：重新编制规划。

⑤相反：违背常规，超越传统。

⑥结合与分离：将两种或几种不同东西的用途，即服务、目的结合起来。

⑦与结合相反：分割、拆散、专门化。

⑧他用或修正。

3）团队创造性思维的开发方法——头脑风暴法

创造性往往来自于差异性，而非相似之处。让具有不同才能和思维方式的人团结合作，才能发挥最大的创造力。人才结构的同质化不利于创造性思维的激发。员工要保持强烈的好奇心，加强创新方法的学习，比如有关"思维桥"的方法就是一种激发创造力的方法，意思是经常将生活中两种风马牛不相及的事物联系在一起，在它们之间搭起一座思维桥，想象出一种新的事物，首先不去考虑它是否合理。创造性思维最大的敌人就是自我设限的束缚，其实常识当中认为不合理或不可能的事情，往往蕴含着令人惊奇的火花。千万不能因为保守的意识将宝贵的灵感扼杀在自己的大脑中，这才是最大的浪费。

（1）什么是头脑风暴法

头脑风暴法是由美国的创造学家奥斯本于1953年正式提出的，这种方法的原理是通过众人的思维"共振"，引起连锁反应，产生联想，诱发出众多的设想或方案。具体来说，就是在研究、讨论问题时，主持者提出要解决的问题，然后让大家去思考，当某一个人率先说出一个想法后，其他人借此进行联想，从而在短时间内产生大量创造性思维的方法，他们为解决问题提供了可能的最佳方案。概括地说，就是最大限度地发挥大家的想象力，利用集体的智慧，通过创造性思考，分析问题原因，最后找到解决问题的方法。

一般情况下，头脑风暴的方法可分为4类：想象法、探索法、调整法和试验法。每一类方法的思路略有不同，但他们也有相同的特性。例如，调整法和试验法是从现有的数据出发，用直觉从这些数据中找出新的构思，而就想象法和探索法而言，要先用直觉，然后再进行信息收集和数据分析。

（2）运用头脑风暴法的原则

在运用头脑风暴时，要注意遵守以下原则：

①之所以这样做，理由在于：所寻找的好的观点是随观点数量的增加而增加的，只有在大量的观点的基础上才能选出好的切实的观点，观点的评价必须在完成以后，而不是在过程中进行。

②不能批评别人的设想。为防止阻碍创造性设想的出现，应该对每一个批评保持沉默，因为消极或贬低的批评和反驳都将妨碍头脑风暴法的进行。

③自由发言，畅所欲言。主意越新、越怪越好，因为它们一定能够推导出好的观点。

④不要过分强调个人的成绩。应以小组的整体利益为重，注意和理解其他小组成员的贡献，这样在民主的环境里才能激发出更多更好的主意。

（3）头脑风暴法的优点

头脑风暴法会帮助你提出新的观点。你不仅可以提出新的观点，而且你为此付出的努力竟少得令人惊讶。头脑风暴法使新观点很容易产生，同时它也是个尝试、检测的过程。头脑风暴法中应用的技巧取决于你欲达到的目的。你可以应用他们来开发你的新产品、新服务或者工作中的新过程，你甚至可以应用它们来发展你的个人生活。

头脑风暴法对你和你的组织有很多好处。你也可以因为成为好观点的提出者或对现存问题的解决方法的提出者而使你的个人事业受益很明显。如果公司的利润和市场占有率因你而增加，那么你的薪水将会增加，你比那些不用这种积极方式作出贡献的人更快得到升职。

如果你是一位经理，那么你一定希望能在公司内部提高创造能力和加强合作。一个员工以参与的方式工作且有机会提出他们的观点的群体，将会是更快乐和更成功的团体。

【案例3.27】

头脑风暴

在头脑风暴的会议上，主持人提出"如何提高销售业绩"的议题，与会者将此议题进行了再定义，并将其分解为3个问题"如何提高营销人员的战斗力？如何提高促销推广的效率？如何扩大市场需求的潜力？对于第一个问题，与会人员展开了头脑风暴，提出了下面的想法：

1.创造良好的团队精神

2.加强激励

3.加强制度管理及工作考核

4.增加新人，利用其冲劲

5.加强对销售队伍的管理

6.更多启发优秀人才

7.及时召开销售会议

8.提高佣金比例

9.开展多期培训

10.多开展文化与联谊活动

11.扩大销售队伍

12.提高营销人员士气

……

请小组围绕"人生面对的主要风险是什么"这个问题进行头脑风暴法的练习。

请你做做看3.11

服务意识自我塑造

我认为最应该具有的服务理念和能力是：

我还须在这些方面努力：

模块 ④

服务意识塑造

小 看 板

服务意识的具体表现：
顾客意识
团队意识
服从意识
成本意识
创新意识
行家意识
主人翁意识
品质意识

4.1　什么是服务意识

服务意识的概念可以从狭义和广义两个角度进行阐释。狭义的服务意识具体是指企业全体员工在与一切企业利益相关的人或企业的交往中所体现的为其提供热情、周到、主动服务的欲望和理念，即自觉主动做好服务工作的一种观念和愿望，它来自服务者的内心。广义的服务意识则不局限于企业和创造利益的环境中，而存在于一个人的品格和教养当中。广义的服务意识具体是指时刻考虑为他人着想，以他人的满意为己任的意识。例如，在绅士眼里，永远Lady first的理念，就是男士为女士的一种服务，而这种意识就是广义上的服务意识。它不单单存在于企业或与经济利益挂钩，还与文化修养和教育理念紧密联系。

这里我们主要是探讨狭义上的服务意识，即服务企业的服务者随时准备为服务对象（消费者、顾客）提供周到热情、满意惊喜的服务的内在素养，这种意识已经内化到服务者的思想中，变成一种惯性，而不需要刻意为之，造成不必要的精神负担。如果要给服务意识一个定义的话，服务意识是指当你进入工作状态时就能自然地产生对顾客提供优质服务的欲望。

和大家分享一个笔者亲身经历的案例：

那是在一次全国旅游产品推介会上，笔者担任此次推介会的主持人。推介会在北京一家刚刚开业不久的五星级饭店的豪华宴会厅中举行，来自北京乃至全国旅游业界人士齐聚于此。在主持的过程中，笔者依稀发现在宴会厅的另一端，一位身着制服的男士从始至终站立在一个位置没有挪动过。由于对服务的职业敏感，在会议间歇时，笔者特意前去一探究竟，结果让人只能感叹：一位身着干净整洁制服的领班，几个小时一直矗立在一个地方，笔者不禁抬头向宴会厅顶部看去，新装的中央空调正在滴答落水……原来这位可爱的先生，为了不让参会者知晓酒店硬件的不足，他宁可一动不动站在那里，面带微笑地充当一个积水桶，让冷冷的滴水一滴一滴地滴入他的衬衫后背里，足足3个小时……

我们可以想到，领班的举动一定不会是他的上司指令的，没有一位上司可以命令他的下属说，因为那里"下雨"，请某员工去充当"积水桶"，而这位领班却这样做了3个小时。答案只有一个，就是他自己认为他应该这样做。那么，是什么驱使他这样做的呢？只有一个心中装着企业，以企业利益为重，具有较强企业意识、品牌意识的员工才能做到。

服务意识自我塑造

我认为企业员工最重要应该具备的职业意识有：

_____。

我还须在这些方面努力：

_____。

4.2 树立正确的从业观念

4.2.1 顾客意识

资料显示，松下公司的日方管理者工作中经常强调的是要重视产品质量，有顾客意识。你的产品质量即使达到99.9%，但对于买到0.1%这个产品的顾客来讲损失是100%。

那什么是顾客呢？对于一家公司来说，购买你产品的人是顾客。你在为谁提供服务，谁就是你的顾客，这是一个广义的顾客观。广义顾客观分为内部顾客与外部顾客，而狭义的顾客观只讲外部顾客。你工作的目的就是为了让顾客满意，这就是顾客意识。只有让顾客满意，你才能获得生存的空间。

下面我们先来谈一谈外部的顾客满意。所谓顾客满意是指顾客对某一事项已满足其需求和期望的程度。我们在与顾客的沟通过程中必须清醒地认识到：顾客是因满意而付钱的，顾客追求充分的满意，既要对其所选择购买商品与服务满意，又要对其商品或服务购买选择的行为满意。因此，要认真关注对顾客需求的了解、对顾客感受的理解和对顾客满意的重视这3个不可或缺的关键环节。这就要求企业上下都要具备顾客意识。

再讲述一位前辈讲授的例子。10多年前他在日本出差，10 000日元的整钱想破开，店员二话没说，收了10 000日元，拿出10张1 000日元的钞票，一边说谢谢，一边把零钱递给他，这令他十分感动。本来是作为顾客的他给对方找了麻烦，应该说感谢的是顾客，而对方还要说感谢。于是他对这个小店印象非常好，每次出差，尽量到那家小店买东西。换言之，我们去一家毫不相干的店里破钱，即使店员不按你的要求办，你也不应该有任何抱怨。对店员来说，拒绝为毫不消费的顾客提供不相干的其他服务是理所当然的事。但是，一个具有顾客意识的员工，一定会利用好任何一次与顾客建立良好关系的机会，尽力满足或超越顾客需求，培养顾客对企业的忠诚度，这大概就是关注顾客感受的活生生的例子吧！

有一次，一个中国代表团到韩国访问，乘坐旅游大巴车出行。途中一位顾客内急，于是，大轿车停在了马路边。这时，一个人开着摩托车从后边驶来，他发现了这辆停在路边的大轿车，马上减速并靠了过来。"我是现代汽车的工程师，有什么需要帮助的吗？"原来，他以为这辆车出了故障。这样的举动，令在场的所有人非常感动，纷纷感叹，难怪现代汽车做得那么出色。这个例子告诉我们，追求顾客满意并不仅仅限于销售人员，是企业所有员工的事情，是随时随地的事情。

我们要在服务顾客时经常"换个角度思考"，立足顾客需求，把具体、周到的措施提供给顾客，这里包括对顾客现实需求的满足，以及对顾客潜在需求的发掘和引导，让顾客认同我们的企业，认同我们的产品或服务，获得超值的感受，获得充分的满意，进而成为企业忠实的"回头客"，为企业效益持续、长期稳定地增长奠定良好的顾客市场基础。如美国饭店的叫早服务，在有些饭店，你预订叫早服务后，第二天一早，电话会准时响起，但拿起电话，你发现没有声音。但是在美国某饭店，当你拿起电话，里面传来了清晰、甜美的声音："先生，早上好！今天芝加哥天气晴朗，27℃，祝您在芝加哥愉快。""谢谢！我今天不在芝加哥，准备去纽约。""哦，纽约在下雨，希望您提前准备雨具。"这就是令顾客感动的服务，其结果肯定是顾客满意。

接着看一看内部顾客满意。对于一条生产线的上道工序来说，你是在以你的良好的产品为形式为下道工序提供服务，所以下道工序是你的顾客。那如何能让下道工序（顾客）满意呢？自己的作业效果应该要加以自检，发现不良及时修正，不让不良品流到下道工序（顾客）手上，做到使下道工序（顾客）满意，这样才能从根本上提高产品质量，提升产品的生产效率。我们再来试想一下，如果上道工序的产品经常性不良，会导致什么结果——不仅影响下道工序的工作进度与工作质量，同时也会对整个产品线带来严重不良的影响，更有可能会由于下道工序也疏忽而导致次品流到顾客手上，这样会给企业带来难以计数的损失。

其实下道工序是顾客的观念还广泛适用于公司内部的各个部门之间。例如，对于研发部来说，你是以设计产品或资料输出的形式为工程部、制造部、品质部、生产部等部门提供服务的，所以这些下游部门是你的顾客。设计或整改一个产品，应该要自己先进行自检，并在全部合格的情况下把产品交给下游部门进行生产检验，而不应该是仅仅做个配置图，然后在连自己都不知道产品是怎么安装的情况下，就将其丢给下游部门。这样如果是先天不良的产品，后续再怎么努力生产也是无法保证不出问题的。对于采购部来说，你们是以良好的零部件的形式为生产线提供服务的，所以生产线是你们的顾客，追求零部件的上线合格率应该是你们持续的工作方向与重点。

从上面的讨论可以看出，在工作中具有顾客意识，并用顾客意识这样一个"工具"来指导日常工作是多么重要。其实，在我们的日常工作当中，经常发生部门之间的推诿扯皮，归根到底还是某些部门缺乏顾客意识。特别是在当今社会竞争无比激烈的情况下，更显示出它的威力。追求外部顾客满意，企业就能赢得稳定的顾客，不断成长的市场；赢得内部顾客满意，就可以提高产品质量、工作质量、工作效率。一个企业如果没有顾客意识，那它就不会是一个优秀的公司，不能取得长足的发展。如果一个员工没有顾客意识，那他也决不会是一个优秀的员工，最终也必将被淘汰。

【案例4.1】

星巴克的顾客意识

星巴克是世界上增长最快的品牌之一，它是《商业周刊》全球100个最佳品牌之一，其品牌价值年平均增长在12％左右。星巴克是为数不多的在恶劣的经济环境下仍能保持品牌价值稳步增长的公司。不过，星巴克品牌引人注目的却不是它的增长速度，而是它的广告支出之少。星巴克每年广告支出仅为3 000万美元，约为营业收入的1％，这些广告费用通常用于推广新口味咖啡饮品和店内新服务，如店内无线上网服务等。与之形成鲜明对比的是，同等规模的消费品公司的广告支出通常高达3亿美元。

不过，星巴克的高成长、独特品牌和它所倡导的"咖啡体验"等都不足以说明这家公司值得经营者去关注甚至效仿。实际上，除了星巴克的极品咖啡豆之外，在星巴克，业务的核心还有一个独特的东西：关系（Relationships）。星巴克的核心价值在于与"人"的关系——这个"人"包括顾客、员工、供应商和合作伙伴。许多成功的公司发现，发动全公司的力量去建立顾客、员工、供应商和合作伙伴这四者之间基于信任的、互惠的和长期的关系网络，对于公司的长期繁荣至关重要。星巴克则是建立这样的关系网络，创建以关系为核心的组织的典范。

现在，各种公司都把资源集中在核心业务，而把许多非核心业务剥离出去，这股潮流使得公司越来越依赖于那些关键的利益攸关者——在产品或服务的开发阶段就邀请顾客加入其中；与供应商共享越来越多的信息；与合作伙伴建立更为广泛和长期的关系；激发内部员工的创造力也至关重要。虽然许多公司在管理实物资产方面有着丰富的经验，但对于管理关系网络，它们都应该效仿星巴克。

请你说说看

_____

_____。

评析

星巴克这种能把握人的价值的具体体现其实就是顾客意识和服务员工有效管理相结合的产物。

4.2.2　团队意识

团队意识是指整体配合意识，包括团队的目标、团队的角色、团队的关系、团队的运作过程4个方面。团队是拥有不同技巧的人员的组合，他们致力于共同的目的、共同的工作目标和共同的相互负责的处事方法，通过协作的决策，组成战术小组达到共同目的，我们每个人的相互关系，都会对他人起到重要作用。团队意识是一种主动性的意识，将自己融入整个团体对问题进行思考，想团队之所需，从而最大限度地发挥自己的作用，而非仅仅是被动、消极地服从命令。前者可以促进团队的发展，而后者只是简单地拼凑。IBM把工作团队视为"通过协作的决策，组成工作小组达到共同的商业目的"。道格拉斯·K.史密斯（Douglas K.Smith）在《团队的智慧》（_The Wisdom of Teams_）中指出："团队是拥有不同技巧的人员的组合，他们致力于共同的目的、共同的工作目标和共同的相互负责的处事方法"。作为团队中的一员，每个人的工作都对他人起到重要作用。

从团队意识的功能和作用上说，团队意识表现为企业这个整体的一种集体力，即1+1>2的结合力，或称为"系统效应"。团队意识是企业全体成员的向心力、凝聚力。"心往一处想，劲往一处使"，真正把自己看成是企业的一部分。以自己作为企业的一员而自豪，并以此为自己全部生活、价值的依托和归宿。每个员工都深深体味到这个企业是我获得基本生活保障和立命安身之所时，这种团队意识便成为一种安全感。

那么，员工如何培养自身的团队意识呢？一个热爱工作的人，通常会让自己的工作顺畅、井然有序，并有效地达成任务与目标。作为一名服务企业的员工，团队意识对于你是否能够提供让顾客满意的服务起着至关重要的作用。首先，要了解本身的职责与工作目标，如果有任何疑问会主动、适时与同事沟通，以达成共识。第二，要知道如何区分事情的轻重缓急，按照优先顺序逐一完成工作任务。要时刻记得，服务无小事的信条。第三，对于每一项重要的交办事项，能事先做好沟通协调工作，并制订按部就班的工作计划，依预计时间循序进行。第四，分别列出自己工作上所谓"应为"与"不应为"的因素。以负责销售的业务人员为例：其"应为"项包括：主动出击，以热诚服务来赢取顾客的信赖，对自己企业及产品的充分认识等。而其"不应为"项包括：态度冷漠傲慢，以不实言词或不当手段蒙骗顾客等。弄清了这些"应为"与"不应为"的要素，就等于确立自己工作未来遵循的原则，这一点非常重要。第五，随时注意观察其他同仁表现优异的工作方法，吸取他们的经验，引为借鉴，或由此而举一反三，提高自己的工作绩效。

团队精神不是集体主义，不是泯灭个性，不是扼杀独立思考。一个好的团队，应该鼓励和正确引导员工个人能力的最大限度地发挥。团队成员个人能力的最大限度地发挥，其实是个人英雄主义的最好体现。个人英雄主义在工作中往往表现为个性的彰显，更包含有创造性的工作，以及勇于面对压力和敢于承担责任的勇气。团队应该能给团队成员提供一个充分施展、表现自己才能的机会，那么，这将会为团队带来永不枯竭的创新能力！诚然，团队精神的核心在于协同合作，强调团队合力，注重整体优势，远离个人英雄主义，但追求趋同的结果必然导致团队成员的个性创造和个性发挥被扭曲和湮没。没有个性，就意味着没有创造，这样的团队只有简单复制功能，而不具备持续创新能力。团队不仅是人的集合，更是能量的结合与爆发。

作为团队成员，不要因为身处团队之中就抹杀了自己的个性特质。记住，团队制度的建立是为了更好地发挥成员的才能，只要你不逾矩，你就完全可以随心所欲。"八仙过海，各显神通"地开展你的工作。强调团队合作，并不意味着否认个人智慧、个人价值，个人的聪明才智，只有与团队的共同目标一致时，其价值才能得到最大化的体现。成功的团队提供给我们的是尝试积极开展合作的机会，而我们所要做的是，在其中寻找到我们生活中真正重要的东西——乐趣，工作的乐趣，合作的乐趣。

一个企业就像一部机器，机器的正常运转需要每个部件的相互配合，缺一不可，否则，就会影响到整个企业的效率，使整个团队处于瘫痪状态。团队成员只有对团队拥有强烈的归属感，强烈地感觉到自己是团队的一员，才会真正快乐地投身于团队的工作之中，体会到工作对于人生价值的重要性。

　　服务工作必须讲究团队意识，强调合作。即使一项工作需要若干人组成小组来完成，即使接待一位顾客必须经过多个部门的合作才能完成。当接到顾客投诉或者发生紧急情况时，就更需要互相之间取得联系，采取团队行动，进而让事情得到圆满的解决。

　　需要说明的是，团队与帮派的区别：帮派是以帮派的要求为最终的奋斗目标，如盈利，未考虑合法性、社会形象及社会贡献性；而团队则是为了一个合法的，共同发展的建设性方向为最终奋斗的目标。团结与义气的区别：义气就是迁就，未考虑同伴的发展与长期方向，不管同伴的最终目的正确与否，盲目地去帮助；团结则是在不违背道德原则和制度的前提条件下，合理地帮助同伴以及去改变同伴的错误思想，共同进步。团队是经过格式化的模式，达到一定默契的队伍，否则只能叫乌合之众，是不可能有战斗力的。

　　最后，我们谈谈团队意识的树立。第一，集体成功观的树立。团队中所有成员必须意识到，个人的成功需融入集体的成功之中，只有项目成功、团队成功，才谈得上个人的成功。相反，服务的失败会使所有人所付出的努力付诸东流，表现再出众的成员也不会有成就感。因此，只有团队协作是项目成功的必要条件。第二，团队要树正气，刹歪风。水桶原理更适合衡量团队战斗力。团队中全体成员要认清极少数人的工作进度拖延会造成这个项目的不可控，个别模块的不稳定会造成整个系统瘫痪这一严峻现实。不是所有人在团队中都举足轻重，但任何一个人出一个微不足道的差错，就会使整个团队的工作功亏一篑。因此，团队中每一个成员要勇于和影响团队士气、干扰集体工作正常进行的做法作斗争。第三，个人利益和团队利益相结合。团队中应达到共识——团队利益大于个人利益，如果团队成功需要，不惜暂时牺牲个人利益。团队中人人都能为团队着想，自觉维护团队形象，自愿以团队纪律约束个人行为，摒弃个别人自以为是、艺高脾气大、居功自傲的作风。第四，沟通无限，理解万岁。项目团队中所有成员应该及时有效沟通，相互理解。团队中出现意见分歧时，分歧双方的基本态度应该是说服对方而非强制对方，裁决两种不同意见的唯一标准是看哪一种意见更有利于推动项目向正确的方向发展。

请你做做看4.1

团队角色自测问卷

姓名：_____ 电话：_____

说明：

对下列问题的回答，可能在不同程度上描绘了您的行为。每题有8句话，请将10分分配给这8个句子。分配的原则是：最能够体现您行为的句子给分最高，以此类推。最极端的情况也可能是10分全部分配给其中的某一句话。请根据您的实际情况把分数填入后面的表中。

1.我认为我能为团队作出的贡献是：

A.我能很快地发现并把握住新的机遇。

B.我能与各种类型的人一起合作共事。

C.我生来就爱出主意。

D.我的能力在于，一旦发现某些对实现集体目标很有价值的人，我就及时把他们推荐出来。

E.我能把事情办成，这主要靠我个人的实力。

F.如果最终能导致有益的结果，我愿意面对暂时的冷遇。

G.我通常能意识到什么是现实的，什么是可能的。

H.在选择行动方案时，我能不带倾向性，也不带偏见地提出一个合理的替代方案。

2.在团队中，我可能有的弱点是：

A.如果会议没有得到很好地组织、控制和主持，我会感到不痛快。

B.我容易对那些有高见而又没有适当地发表出来的人表现得过于宽容。

C.只要集体在讨论新的观点，我总是说得太多。

D.我的客观想法，使我很难与同事们打成一片。

E.在一定要把事情办成的情况下，我有时使人感到特别强硬甚至专断。

F.可能由于我过分重视集体的气氛，我发现自己很难与众不同。

G.我容易陷入突发的想象之中，而忘了正在进行的事情。

H.我的同事认为我过分注意细节，总有不必要的担心，怕把事情搞糟。

3. 当我与其他人共同进行一项工作时：

A.我有在不施加任何压力的情况下，去影响其他人的能力。

B.我随时注意防止粗心和工作中的疏忽。

C.我愿意施加压力以换取行动，确保会议不是在浪费时间或离题太远。

D.在提出独到见解方面，我是数一数二的。

E.对于与大家共同利益有关的积极建议，我总是乐于支持的。

F.我热衷寻求最新的思想和新的发展。

G.我相信我的判断能力有助于作出正确的决策。

H.我能使人放心的是，对那些最基本的工作，我都能组织得"井井有条"。

4.我在工作团队中的特征是:

A. 我有兴趣更多地了解我的同事。

B.我经常向别人的见解进行挑战或坚持自己的意见。

C.在辩论中,我通常能找到论据去推翻那些不甚有理的主张。

D.我认为,只要计划必须开始执行,我有推动工作运转的才能。

E.我有意避免使自己太突出或出人意料。

F. 对承担的任何工作,我都能做到尽善尽美。

G.我乐于与工作团队以外的人进行联系。

H.尽管我对所有的观点都感兴趣,但这并不影响我在必要的时候下决心。

5.在工作中,我得到满足,因为:

A.我喜欢分析情况,权衡所有可能的选择。

B.我对寻找解决问题的可行方案感兴趣。

C.我感到,我在促进良好的工作关系。

D.我能对决策有强烈的影响。

E.我能适应那些有新意的人。

F. 我能使人们在某项必要的行动上达成一致意见。

G.我感到我的身上有一种能使我全身心地投入到工作中去的气质。

H.我很高兴能找到一块可以发挥我想象力的天地。

6.如果突然给我一件困难的工作,而且时间有限,人员不熟:

A. 在有新方案之前,我宁愿先躲进角落,拟订出一个解脱困境的方案。

B. 我比较愿意与那些表现出积极态度的人一道工作。

C.我会设想通过用人所长的方法来减轻工作负担。

D.我天生的紧迫感,将有助于我们不会落在计划后面。

E.我认为我能保持头脑冷静,富有条理地思考问题。

F.尽管困难重重,我也能保证目标始终如一。

G.如果集体工作没有进展,我会采取积极措施去加以推动。

H.我愿意展开广泛的讨论意在激发新思想,推动工作。

7.对于那些在团队工作中或与周围人共事时所遇到的问题:

A.我很容易对那些阻碍前进的人表现出不耐烦。

B.别人可能批评我太重分析而缺少直觉。

C.我有做好工作的愿望,能确保工作的持续进展。

D.我常常容易产生厌烦感,需要一两个有激情的人使我振作起来。

E.如果目标不明确,让我起步是很困难的。

F.对于我遇到的复杂问题,我有时不善于加以解释和澄清。

G.对于那些我不能做的事,我有意识地求助于他人。

H.当我与真正的对立面发生冲突时,我没有把握使对方理解我的观点。

自我评析表

大题号	C W	C O	S H	P L	R I	M E	T W	F I
1	G	D	F	C	A	H	B	E
2	A	B	E	G	C	D	F	H
3	H	A	C	D	F	G	E	B
4	D	H	B	E	G	C	A	F
5	B	F	D	H	E	A	C	G
6	F	C	G	A	H	E	B	D
7	E	G	A	F	D	B	H	C

答题纸

```
大题号        1 2 3 4 5 6 7
实干者（CW）  G A H D B F E
协调者（CO）  D B A H F C G
推进者（SH）  F E C B D G A
创新者（PL）  C G D E H A F
信息者（RI）  A C F G E H D
监督者（ME）  H D G C A E B
凝聚者（TW）  B F E A C B H
完善者（FI）  E H B F G D C
```

总计：分数最高的一项就是你表现出来的角色，分数第二高、第三高就是你的潜能。如果分数在10分以上的有3项，证明你这3样都可以扮演，这个就看你的兴趣和能力在哪里了。如果你有一项突出，这很重要，超过18分，你就是这类人。一般来说，5分以下为你不能去扮演这个角色，15分以上证明你这个角色表现很突出。

团队角色优缺点介绍

实干者：善于把谈话和观念变成实际行动，吃苦耐劳，实际，宽容，勤劳，有组织能力、实践经验，有自我约束力。弱点是缺乏灵活，对没有把握的事情不感兴趣。

协调者：阐明目标和目的，帮助分配角色、责任和义务，为群体做总结，稳重、智力水平中等，信任别人，公正，自律，积极思考，自信，有天生的领导才能。弱点是在智能和创造力方面很平常。

推进者：强调完成既定程序和目标的必要性，并且完成任务，主动探索。有较高的成就，极易激动，敏感，不耐心，好交际，喜欢辩论，具有煽动性，精力旺盛。弱点是激进有争端，冲动，易急躁。

创新者：提出建议和新观点，为行动过程提出新的视角，个人主义，慎重，知识渊博，非正统，聪明，才华横溢。弱点是高高在上，不重视细节，不拘礼仪。

信息者：介绍外部信息，与外部人谈判，有外交天分，有求知欲，多才多艺，喜爱交际，直言不讳，具有创新精神。弱点是事过境迁，容易转移兴趣。

监督者：分析问题和复杂事件，评估其他人的贡献，冷静，聪明，言行谨慎，公平客观，理智，不易激动。弱点是缺乏鼓动和激发他人的能力。

凝聚者：寻求群体进行讨论的模式，促使群体达成一致，并作出决策，擅长内部人际交往，温和。喜欢社交，敏感，以团队为导向，不具备决定作用。弱点是在危急时刻会优柔寡断，耽误时机。

完善者：为别人提供个人支持和帮助，认真，有急迫感，勤奋有序，力求完美，坚持不懈，勤劳，注意细节，充满希望。弱点就是过于拘泥细节，不看重大事。

服务意识自我塑造

根据团队角色自测，我认为我在团队承担着这样的角色：

_____。

我还须在这些方面努力：

_____。

4.2.3　服从意识

在《没有任何借口》一书中，作者描写了美国西点军校的一种行为准则，长官提问时，回答只能是：报告长官，是；报告长官，不是；报告长官，不知道；报告长官，没有任何借口。比如，长官问"你认为你的皮鞋这样就算擦亮了吗?"你的第一个反应肯定是为自己辩解："报告长官，刚才排队时有人不小心踩了我。"但是不行，所有的回答都必须在那4个"标准答案"里，所以，你只能回答："报告长官，不是。"长官要问为什么，你最后只能答："报告长官，没有任何借口。"细细一想，便知这当中体现了高度的服从意识，对于长官的命令不可以有任何借口来推托，而是全力以赴地执行。唯有如此，才能上下一心，发挥出集体的力量。大家都知道，服从是军人的天职，那么只有军人这个职业才需要高度的服从意识吗？随着生产力的发展，社会分工越来越细致，生产劳动就更加需要团结协作的精神，而一个团体如果没有人来领导就如同一盘散沙，领导的作用又是通过怎样的方法来实现的呢？那就是纪律。但如果大家的服从意识很淡薄，那么一切都是空谈，所以不仅仅是军人，处在社会中的每一个人都需要这种服从意识。

西点军校之所以这样规定，就是要让新生学会忍受不公平，学会恪尽职责，明白表现不达到十全十美是"没有任何借口"的。学校认为，只有秉持这种信念，才有可能激发起一个人的毅力，产生出最大的效果。服务工作也是一样，因为别人的行为影响到自己的工作成绩而造成自己承受指责与批评时，自己心里就会不由自主地产生一种委屈和不公平的心态，从而呈现出种种客观因素为自己辩解。而我们必须改变这种心态与意识，找出主观原因，是因为自己把关不严或操作不当而让别人的行为影响到自己的工作成绩。如饭店服务工作中，自己房间做干净了，工程部维修时弄脏，受批评的却是自己。服从，是指受到他人或者规范的压力，个体发生符合他人的或规范要求的行为。服从往往意味着牺牲和奉献。既然要服从，往往就需要放弃个人的想法或自由，一心一意地执行上级的命令和指示。因此，如果从个人利益与集体利益关系的角度来审视服从的话，服从实际上是利益得失的问题。作为企业的所有者和领导者，其所下达的指令，基本都是以组织目标的实现为基础的。所以，下属对其指令的服从，是下属以企业利益为重的基本表现形式，而那些没有服从的人，无疑是以自我利益为价值首选的。企业的目标是以经济效益为主的，它可能看重那些不以企业利益为重的员工吗？

1）服从是有结果的行动

请看下面的题板：任务与结果。

睡觉是任务	睡着是结果
吃饭是任务	吃饱是结果
考试是任务	通过是结果
苦劳是任务	功劳是结果
上班是任务	创造价值是结果
开会是任务	解决问题是结果
打扫是任务	环境整洁是结果
结婚是任务	家庭幸福是结果
工作是任务	赚钱是结果
开公司是任务	盈利是结果
早睡早起是任务	身体健康是结果
考学历是任务	找到工作是结果
踢球是任务	提高团队意识是结果
培训是任务	成长是结果
赚钱是任务	快乐是结果
微笑是任务	拉近距离是结果

在我们的工作生活中，以上所说的任务与结果的PK，无疑我们在完成任何一项任务时都是有目的的，而每一项任务的完成都是冲着结果去的。如果我们的工作只是为了完成任务，那结果就会是五花八门的。那么怎样做到有结果的服从呢？

2）服从的表现形式

（1）基于制度的服从

管理学中，谈到制度经常会提到《火炉理论》，即红炉定律。这一定律的核心包括警告、公正、及时与惩罚4个层面的意义。企业制度与规定，就像一个熊熊燃烧的火炉，对员工首先是一种警告，即不要靠近它，靠近就会被灼伤（做到有法可依）。其次，说明制度是公正的，火炉对所有的人的惩罚都是公平的，不会因人的差别而不同（做到有法必依）。第三是制度的及时性，对所有违法靠近火炉的人，灼伤都是即刻造成的（做到违法必究）。最后，是惩罚，一旦靠近火炉，灼伤损失是巨大的不可挽回的（做到执法必严）。我们常说，制度面前人人平等，各层级管理者都无权对偏爱的下属护短、滥用同情、以私交代替法规，要做到奖惩分明，用制度说话，按制度办事。

（2）基于权威的服从

企业如航船，掌舵的船长对船员和乘客无疑就是绝对的权威，企业的经济和社会效益取决于员工对决策的服从水平，如果政令不畅，落实受阻，再英明的总经理也不能完成任务。同时，尊重管理者的权威，承认其公益性，培养员工对这种权威的服从意识。一旦管理者对某一问题作出决定，各级部门都必须无条件放弃自己的不同意见，坚决地、不折不扣地服从指令。在岗员工对自己的直接上级不能说"不"，对工作任务不能有丝毫折扣。能够执行好以结果为导向的任务。

（3）基于顾客的服从

作为服务者，我们早就明白了顾客就是上帝的法则。顾客价值说的是决定一家企业生死的是顾客。如果不把顾客价值上升到信仰的地步，企业必死无疑，没有顾客价值，企业就死亡，无论它过去多么辉煌。有了顾客价值，即使出现了一些错误，顾客会原谅，百年企业就是这样活下来的。

（4）基于良心的服从

一个具有良好工作意识和服务意识的服务者，在任何时候一定会做到用良心做事。服务企业的员工所面对的不单是上司，更重要的是顾客利益。用心做事，良心做事，是服务者必须要具备的服务品质之一。

总之，服从是有责任感的表现。如果不服从，能否保证任务的完成？答案是不能。美国著名的西点军校提出了这样一个观点：只有具有服从品质的人，才会在接受命令之后，充分发挥自己的主观能动性，想方设法完成任务。即使完成不了也能勇于承担责任，而不是找各种借口来推脱责任。由此可见，一个人如果连服从都做不到，怎么能具有很强的责任感、纪律观念和自律意识？又怎么能正确处理个人利益与组织利益之间的冲突？不服从，就代表他不接受领导交给他的任务，或是仅仅按照符合自己利益的方式去完成任务。服从是对上级的认同感和尊重的表现。作为下属，怎样才能获得更多的表现机会？当然是为上司所看重并有所好感。但在现实中，很多管理者都抱怨员工对他们不尊重。例如，当他们对下属下达命令和指示的时候，员工就开始和他们讲条件，讲价钱。又如，员工们对管理者制定的各种规章制度，喜欢搞所谓的"变通"，使得正常的工作指令不能及时得以贯彻执行。

换言之，不具有服从意识品质的人，也不会有哪个上司认为他是尊重自己的。如果下属给上司不尊重自己的印象，又怎么能获得上司的欣赏呢？其实，这样的结果其原因就在于下属的服从意识淡薄。如果下属的服从意识比较强，就会在第一时间深入地贯彻执行上司的指令，而不会给上司留下不尊重他的印象。谁都希望自己的下属能够对自己绝对地服从，有谁愿意把一个总是喜欢和自己作对的人放在身边呢？这也是为什么现在提倡服从型人才的原因。

其实，不仅管理者希望下属能够服从自己，管理者的上司也希望他的下属能够服从自己。因此，服从是领导能力的基本表现形式。如果你希望向组织中的更高层级发展，获得一个更高的职位，那么就必须学会服从。这是因为，无论处于什么层级，领导者的权利总是有限的，领导者的地位再高，他还是需要对另一个更高的领导负责，学不会服从，也就学不会领导。

3）企业是个人发展的平台

个人工作的目标是什么？无论是最基本的薪水，还是更高层次的职业梦想，个人的发展都离不开企业这个舞台。企业能提供个人发展需要的一切：关系、资金、能力、知识、视野等。由此可见，企业对个人事业发展的作用是巨大的。既然企业是个人事业发展的平台，那么，如果这个平台不是足够大、足够高的话，对个人发展会不会很有利呢？有的人可能说："我可以选择一家更好的企业作为自己的发展平台。"但是，如果在一个小的平台上都不能做得非常出色，又怎么会有机会选择更好的平台呢？谁都希望可以到更好的平台去发展，但不是谁想去就能去的。如果这么容易的话，这个平台还可能那么好吗？例如IBM、微软这些世界500强的企业，是很多人期望进入的企业，但是，是不是每个人都可以进入呢？另外，即使在一个优秀的企业，也是同样需要服从的。如果不服从，再好的平台也会成为废墟。把自己置身在这样一个场景：到野外去玩，正巧下雨了。这个时候你看到了一个摇摇欲坠的草屋，你会不会进去避雨？大部分人都会这样选择。可是，这个草屋由于受不了风的力量，马上就要倒了，需要你去扶住它，不让它倒。因为它倒了，你就没有地方避雨了。那么，这个时候，是你需要草屋？还是草屋需要你？有的人可能会说："是草屋需要我，因为我不扶它，它就会倒了。"那么你为什么一定要扶它呢？因为如果你不扶它，它就无法为你避雨了。看来还是你需要它多一点，要不你为什么没有离开它呢？因此，如果你希望可以在雨没有停下来之前，在草屋多待一会儿，你就需要努力地工作，以保证草屋不倒。

4）服从保证了公平的工作环境

每个人都希望获得公平的待遇，但是公平的环境是需要大家一起去营造和维持的。西方国家给大多数人的印象是自由，在那里流传着这样一句话："没有绝对的自由，要自由首先就要受限制。"任何人，都无法脱离限制。从整个社会来看，有法律的限制；从企业来看，也有制度的限制。人拥有也应该尊重自己选择道路的权利。但是，每个人也必须为某一种环境制度顺从或改变。不能说希望自己可以睡懒觉，就不遵守公司的作息条例，然后在工资结算的时候，大叫"我要自由，我要选择自己的生活"。前文已经提到过，服从除了对人的服从以外，还有对规范和制度的服从。如果我不服从制度，他也不服从制度，那么这个企业还有公平可言吗？这样的工作环境会是你想要的吗？因此，为了获得企业公平、有序的工作环境，自己首先要服从。服从会使整个企业组织的各个环节有效率。在以前的章节中，曾经提到过工作流的概念。任何工作都有工作流，就如同在一个流水线上工作一样。流水线效率的高低，往往取决于在流水线上工作的人，能否快速地完成自己的工作任务，以保证下一道工序的顺利进行。而如果某一个环节有所延误的话，那么整条流水线，是不是都要停下来等待这一环节的工作完成？流程中各环节及时准确地完成工作，是保证整个流程体系顺畅的前提。否则，整个流水线的工作就是一种无秩序的，更谈不上效率了。没有效率，还会有效益吗？企业的效益同样来源于效率。这个效率，不仅仅是指某个环节上的效率，更是指整个工作流的效率。而提高工作效率的一个基本前提是：每个环节都在正常地工作。领导的一个重要工作就是分配各个环节正常的工作任务。因此，下属对领导指令的服从，是企业效率提升的一个基础。

如果下属不服从统一指令，各有各的想法，企业会怎样？企业就会产生内耗，就可能原地不动，甚至是后退。但要是每个人都服从指令呢？企业的工作就会有效率，企业就可能在短时间内积累价值，个人也就可能会获得一个更好的平台去发展。

卢梭说："盲目地服从乃是奴隶们所仅存的唯一美德。"现代人不是奴隶，在团队中必须全心全意遵从团队的价值观，在高度认同的前提下，绝对地服从团队的制度和文化，从而提升执行力，提高效率，产生巨大的力量。

最后，我们一起来分享一个小看板：

小 看 板

这样的下属最有前途：
1.自动报告你的工作进度——让上司知道
2.对上司的询问有问必答而且清楚——让上司清楚
3.充实自己，努力学习，才能了解上司的言语——让上司轻松
4.接受批评，不犯两次过错——让上司省事
5.不忙的时候，主动帮助他人——让上司有效
6.毫无怨言地接受任务——让上司圆满
7.对自己的业务，主动提出改善计划——让上司进步

服务意识自我塑造

服从意识很重要，因为我有这样的品质：

_____。

我还须在这些方面努力：

_____。

4.2.4 行家意识

每一位服务企业的员工都应该具备服务业的行家意识，而且要有不断成为一名"行家"的追求。自从里兹提出"顾客永远不会错"的酒店经营格言以后，服务企业的服务者在一个多世纪以来，不断地完善这种意识。有人可能认为行家意识就是把顾客当上帝而自己做仆人，这是一种误解。行家意识的实质其实是要服务者知晓服务的真正内涵。对顾客的服务是一件很困难的事情。如果你没有具备一定的专业度，你是无法服务好每一位顾客的。顾客来到你的企业购买或享用你的"服务产品"，想要看到的是你的服务给予他的满意与惊喜，专业与品质。我们常常可以看到一位技艺超群的服务者受到顾客的点赞，或许是银行柜员"一秒

点钞"绝活，或许是调酒师上下飞舞的花式调酒瓶，或许是面点大师如丝线的手工拉面，或许是企业一项巧夺天工的设计……这些无一不告诉我们，服务者的专业度对服务的重要性。

而服务者是用你所拥有但顾客没有或知之甚少的专业度来提供你的服务，最终让顾客满意或惊喜的过程。所以，追求卓越的服务是每一位服务者永久的工作，精进你的技艺，创新你的服务，不断提升你的专业度，是保证你服务品质的重要基石。

4.2.5　创新意识

我们都知道，服务业是与政治、经济、社会发展息息相关且反应最为敏捷的职业。同时，服务业又是与科技、时尚、人民生活联系最为紧密的职业。服务业的每一位员工都必须具有良好的创新意识和创新能力。创新意识（Sense of Innovation）是指人们根据社会和个体生活发展的需要，引起创造前所未有的事物或观念的动机，并在创造活动中表现出的意向、愿望和设想。创新意识有主动性和被动性两大类，它是人类意识活动中的一种积极的、富有成果性的表现形式，是人们进行创造活动的出发点和内在动力，是创造性思维和创造力的前提。创新意识包括创造动机、创造兴趣、创造情感和创造意志。

观念的创新是基础。思想观念的创新应渗透于工作、学习、生活和一切社会事务中，使创新成为我们的自觉行动和永恒主题。在实践工作中，要冲破一切妨碍发展的思想观念，突破思想的保守性、思维的陈旧性、思路的局限性，敢想敢干、敢闯敢试、敢为人先，用新观念、新思维研究新情况，用新举措、新办法解决新问题。思想观念的创新要破除保守心理，树立凡事争先的赶超意识。走出因循守旧、墨守成规、满足现状、不思进取、顺其自然、温饱即安的思维模式，时时争先，处处争先。要破除狭隘思维，树立博采众长的海量胸怀。凡事不求所有，但求所用，但求所得。要破除依赖心理，树立敢为人先的拼搏精神。大力倡导勇于开拓、敢为天下先的胆识和魄力，冲破一切妨碍发展的思想观念和思维方式，改变一切束缚发展的做法和规定，革除一切影响发展的体制弊端，始终保持一种时不我待、只争朝夕的拼搏精神，敢于竞争，奋力拼搏，勇攀高峰，不断创造新业绩。

方法的创新是关键。明确了目标，找准了方向，我们就要下大力不折不扣地一以贯之。因此，要全力推行求真务实、注重实效的工作方法，要大力提倡工作方式、工作手段的创新。通过创新方式方法，大力提高整合力和凝聚力，从而提高工作效率，要注重在工作中边实践，边探索，边总结，不断丰富创新内容，完善创新措施，要加大创新力度，推动创新工作上水平，上台阶。创新可以是方法的重组，也可以是方式的原创，但绝不是花样的翻新。既可以是传承性的创新，又可以是原创性的创新，只要能吻合实践、服务实践就是科学的创新。

制度的创新是灵魂。创新的种子要发芽生长，需要适宜的气候和环境。发展创新文化、培育创新精神，需要观念的支撑，方法的执行，更需要制度的保障。制度创新的灵魂是尊重人，服务于人，平等待人。社会要为创新活动创造良好的法制环境、政策环境、市场环境和舆论环境，把对创新规律的理解和对创新活动的态度贯穿于体制机制当中，通过制度的杠杆协调创新主体与社会之间的平衡关系，才能更好地吸引社会资源要素不断投入到创新活动之中，提高创新的质量和效益，才能更大地激发人们的创新热情，保护创新的积极性主动性，才能更有力地保障创新文化价值观的形成和确立。要坚决革除"枪打出头鸟""木秀于林，风必摧之"这样的错误心理。要勇敢走出对敢于冒尖者被视为"冒失"，打破常规者被看作"异类"，富有个性者被当成"不成熟"，这样的认识误区。有了这些，创新者"闯"的魄力会更大，"抢"的意识会更强，"争"的劲头会更猛，"拼"的勇气会更足。

守旧，意味着落后。创新，才能充满生机。时代在发展，社会在前进，实践在变化，我们的思想观念也要由浅入深，逐步升华。创新就是一股气，一股不甘落后的志气、奋起直追的勇气、后来居上的豪气。一股勇于探索的气势，敢为人先的气概，尊重个性的气量；一股鼓励创新的气氛，崇尚创新的气魄，竞相创新的气象。

服务创新就是使潜在用户感受到不同于从前的崭新内容。服务创新为用户提供以前没能实现的新颖服务，这种服务在以前由于技术等限制因素不能提供，现在已经突破了限制而能提供。服务创新具有4个维度：服务概念，即供应商以什么概念吸引新老顾客。顾客接口，即供应商与顾客端交互平台。服务传递，即供应商和顾客间有效传递所共创或获取的价值途径。技术选择，即如何开发新技术并应用于服务系统中，推出新服务概念，设计更先进的顾客接口，建立更有效的传递系统。

为了使顾客感觉到新的服务，要求提供额外的服务，特别是对服务传递过程的创新，或者对现存的服务包、服务传递过程逐步作出改善，也可以只是简单地变更附加服务的某些成分，或者与竞争者相比改变服务定位。服务创新具有激进式和渐进式两种：

①激进式。对世人和市场都是全新的，通过新服务周期中的某些步骤开发出来。激进式创新包括3种类型：重大创新、创新服务、新服务。

②渐进式。渐进式创新通常是对现有服务组成的微小调整。渐进式创新也包括3种类型：服务延伸、服务改善、风格转变。

这里我们特别强调的是服务创新，它包括以下5种途径：

①全面创新，借助技术的重大突破和服务理念的变革，创造全新的整体服务。其比例最低，却常常是服务观念革新的动力。

②局部革新，利用服务技术的小发明、小创新或通过构思精巧的服务概念，而使原有的服务得到改善或具备与竞争者服务存在差异的特色。

③形象再造，是服务企业通过改变服务环境、伸缩服务系列、命名新品牌来重新塑造新的服务形象。

④改型变异，通过市场再定位，创造出在质量、档次、价格方面有别于原有服务的新的服务项目，但服务核心技术和形式不发生根本变化。

⑤外部引入，通过购买服务设备、聘用专业人员或特许经营等方式将现成的标准化的服务引入到本企业中。

服务创新过程中应把握好以下几个方面：

①把注意力集中在对顾客期望的把握上。在竞争对手云集的市场中，不必轻易改变产品本身，而应该把注意力集中在对顾客期望的把握上，认真听取顾客的反应以及修改的建议，一般80%的服务概念来源于顾客。

②善待顾客的抱怨。顾客的抱怨往往表明服务有缺陷或服务方式应当改进，这正是服务创新的机会。对待顾客的抱怨，均应立即妥善处理，设法改善。以耐心、关怀来巧妙地解决顾客的问题，这是服务创新的基本策略。

③服务要有弹性。服务的对象相当广泛，有不同期望及需要，因此，良好的服务需要保持一种弹性。服务有许多难以衡量的东西，一味追求精确，非但难以做到，反而容易作茧自缚。

④企业员工比规则更重要。创新就是打破一种格局以创造一种新的格局，最有效的策略就是向现有的规则挑战，挑战的主题是人。通常，顾客对服务品质好坏的评价是根据他们同服务者打交道的经验来判断。

⑤用超前的眼光进行推测创新。服务是靠顾客推动的，当人们生活水平低于或等于生存线时，其需求模式是比较单一的。随着富裕程度的提高，消费需求由低层次向高层次递进，由简单稳定向复杂多变转化，这种消费需求的多样化意味着人的价值观念演变。

⑥产品设计和体现的服务要与建立一揽子服务体系结合起来。产品创新从设计开始，服务也从设计开始。要在产品中体现服务，就必须把顾客的需要体现在产品设计上。在产品设计中体现服务，是一种未雨绸缪的创新策略。要使顾客满意，企业必须建立售前、售中、售后的服务体系，并对体系中的服务项目不断更新。服务的品质是一个动态的变量，只有不断地更新才能维持其品质不下降。售前的咨询、售中的指导、售后的培训等内容会随着时间的推移使其性质发生变化，原来属于服务的部分被产品吸收，创新的部分才是服务。所以，企业不创新，就无法提供优质的服务。

⑦把"有求必应"与主动服务结合起来。不同的企业对服务的理解不同。其中，很多企业对服务的定义过于狭窄。餐饮企业对服务的理解可能就是笑容可掬；设备销售企业，可能把服务理解为"保修"；银行可能认为服务就是快捷并不出差错；商品零售企业可能认为服务就是存货充足和免费送货。这些理解都只是把服务限定在"有求必应"的范围内，满足于被动地适应顾客的要求。一个企业要在竞争中取胜，仅仅做到"有求必应"是不够的，应不断地创新服务，由被动地适应变为主动关心，主动探求顾客的期望。比如，国际商用机器公司认为，公司的发展是由顾客和市场推动的，主张把公司的一切交给顾客支配。虽然许多公司的产品在技术上胜过国际商用机器公司，其软件用起来也很方便，但是，只有国际商用机器公司肯花工夫来了解顾客的需要。他们反复、细致地了解顾客的业务需求，所以，顾客愿意选用国际商用机器公司的产品。可见一个企业不去主动探求顾客需要哪些服务，或仅仅做到符合标准而不去创新，就注定要被消费者所抛弃。

⑧把无条件服务的宗旨与合理约束顾客期望的策略结合起来。企业不遗余力地满足顾客的需要，无条件地服务顾客，是达到一流服务水平的基本原则，但在策略上必须灵活。合理约束顾客的期望常常是必要的。顾客对服务品质的评价，容易受其先入为主的期望所影响，当他们的期望超过企业提供的服务水准时，他们会感到不满。但当服务水准超过他们的期望时，他们会大感满意。企业有必要严格控制广告和推销员对顾客的承诺，以免顾客产生过高的期望，而在实际服务时尽可能超出顾客的期望。正确地处理无条件服务与合理约束两者的关系，是企业在服务创新中面临的挑战。

⑨把企业硬件建设与企业文化结合起来。服务行业应用现代科技，对企业的基础设施进行大规模的投资，不仅能极大地扩大服务种类、提高服务效率，而且还能够带来显著的竞争优势。

【案例4.2】

海式大家庭——把人当人看，是海底捞最大的创新

哪怕在海底捞干过一天的员工都知道"客人是一桌一桌抓的"这句张勇董事长的语录。

尽管每桌客人都是来吃火锅的，但有的是情侣，有的是家庭聚会，有的是商业宴请。客人不同，需求就不同，感动客人的方法就不完全一样。

从买菜、洗菜、点菜、传菜、炒底料到给客人涮菜、打扫清洁、收钱结账，做过火锅店每一项工作的张勇深知，客人要求五花八门，标准化服务最多能让客人挑不出毛病，但不会超出顾客的期望。他开办火锅店初期，一天，当地相熟的干部下乡回来，到店里吃火锅。张勇发现他鞋很脏，便安排一个伙计给他擦了擦。这个小小的举动让客人很感动，从此，海底捞便有了给客人免费擦鞋的服务。一位住在海底捞楼上的大姐，吃火锅时夸海底捞的一种辣酱好吃。第二天张勇把一瓶辣酱送到她家里，并告诉她以后要吃海底捞随时送来。

这就是海底捞一系列"变态"服务的开始。

开连锁餐厅最讲究的是标准化，比如肯德基薯条要在一定温度的油锅炸多长时间，麦当劳汉堡包的肉饼有多少克重。可标准化保证质量的同时，也压抑了人性，因为它们忽视了执行者最值钱的部位——大脑。让员工严格遵守标准化流程，其实等于雇用一个人的双手，没雇用大脑。这是亏本生意，双手是最劣等的机器，最值钱的是大脑，大脑能创造，能解决流程和制度不能解决的问题。

比如吃火锅，有的人要标准的调料，有的人喜欢自己调；

有的人口味重，需要两份调料，有的人连半份都用不了；

有的人喜欢自己涮，有的人喜欢让服务员给他涮。

一个客人想吃冰激凌，服务员能不能到外边给他买？

一份点多了的蔬菜，能不能退？

既然是半成品，客人可不可以点半份，多吃几样？

一个喜欢海底捞小围裙的顾客，想要一件拿回家给小孩用，给不给？

碰到这些流程与制度没有规定的问题，大多数餐馆当然是按规矩办——不行；在海底捞，服务员就需要动脑了——为什么不行？在海底捞这些都可以做到。这大概就是服务了。

"创新在海底捞不是刻意推行的，他们只是努力创造让员工愿意工作的环境，结果创新就不断涌出来了。没想到这就是创新。"张勇说过，后来公司大了，他试图把创新用制度进行考核时，真正的创新反而少了。"创新不是想创就能创出来的，考核创新本身就是假设员工没有创新的能力和欲望，这是不信任的表现。"

请你说说看

_____

_____。

评析

什么是创新？一个个鸡毛蒜皮的创新，就是海底捞员工每天做的一件件小事。独立看起来，都微不足道。可是一万个脑袋天天想着做这些事，同行就很难和海底捞竞争。一个管理创新论坛请张勇去讲话，张勇说："我们的管理很简单，因为我们的员工都很简单，

受教育不多，年纪轻，家里穷的农民工。只要我们把他们当人对待就行了。"把人当人待，也算管理创新？对，这就是海底捞最大的创新。

4.2.6　成本意识

其实，服务企业的服务并非单纯的"殷勤待客"，要意识到它还是一个"营业实体"，是一个"企业"。一个服务管理者如果不能明确理解怎样用"经济"手段解决成本问题——合理利用最小限量的时间和劳动力获得最合适的利益，那么，他不可能成为一个真正的服务企业管理人。追求利润是企业的首要原则，无论哪个部门，无论是谁，都应不断地反复培养问题意识：为了获得利益，应该怎样做？这是培养成本意识的先决因素。其实，现在的企业中，对经营状况的把握已经不再是单纯简单的报告，而是运用全面、详细的统计数据来实现，对每个部门每天的工作状况和努力程度都力求通过数据资料如实地反映出来。

1）现代成本意识的概念

成本意识是指节约成本与控制成本的观念，是"节省成本的观念，并了解成本管理的执行结果"。成本意识包括注意控制成本，努力使成本降低到最低水平并设法使其保持在最低水平。树立员工的成本意识，就是要使员工树立这样一种思想：成本是可以控制的，成本管理需要大家的共同参与，并在工作中时刻注意节约成本。只有树立起员工的成本意识，具备了良好的成本意识，才能建立起降低成本的主动性，才能使降低成本的各项具体措施、方法和要求顺利地得到贯彻执行和应用。员工良好的成本意识是成本管理的必要条件。成本意识的普遍建立有赖于管理者的提倡、强有力的制度约束、管理人员的以身作则和员工素质的普遍提高，需要适当的利益机制、约束机制和监督机制相配合。现代成本意识是指企业管理人员对成本管理和控制有足够的重视，不受"成本无法再降低"的传统思维定式的束缚，充分认识到企业成本降低的潜力是无穷无尽的。以准时制生产方式JIT（Just In Time）为代表的日本成本管理实践不同于西方的一个重要特点是：与其设定合理的目标，不如设定理想的目标。我们说这就是成本意识的根本体现，也就是说成本意识具有追求极限的"理想性"特征。

2）成本意识的类型

（1）效率成本意识

效率和成本是相关的，原本1小时完成的会议耗时3小时，如果平均小时工资为20元/小时、10人参加的话，效率成本损失为400元，所以，在日韩企业有"会议1小时Best，2小时Better，3小时怀疑""报告1张Best，2张Better，3张无能"的说法。在工作中，对于过问的某一项工作进展本应及时主动通报，这是基本的规矩，但大多数的情景是需要反复追问，而被跟催人往往以"在等其他部门……""太忙了，没有时间……""忘记了……"等搪塞，还有些情况是逃避，"这件事好难，做不到，要不领导解决吧？""那件事是某某部门的事情，和我无关"，不是主动寻找通过无间协同解决问题的思路和办法，最终下来这些都会转化为企业的成本。

（2）失误成本意识

失误和成本是相关的，失误会导致效率成本损失，并产生返工的成本或造成财产损失，我们在检查中发现消防疏散图没有方向标识，有些疏散图和所在位置不相匹配，现在改善，做方向标识和更新部分疏散图也都需要返工（人工、材料）费用，同时存在消防风险。当然，我们干工作，失误不可避免，如何减少失误呢？一要坚持按制度和标准做事。二要建立确认文化，不清楚的内容务必确认，争取一次把事情做对。一旦做得不对，要及时改正，将损失降到最低，要的是做对事情而不是面子。三是工作是最好的老师，在工作中总结提高，提升判断能力；四是学习他人的长处和经验。

（3）资产成本意识

在经济不景气的时代，要充分使用企业现有资源。当有人力资源需求时，看通过内部调配能否满足需求，如冷冻站有人员需求，则通过事业部内部其他部门有制冷证资格的人员来调配。当有固定资产需求时，看事业部内部，或通过战略发展&企管部在公司内寻找资源，如石岩动力站的文件夹没有地方放，需要文件柜，则通过战略发展&企管部，用电源事业部的旧文件柜来解决，当遇到非十分紧急、非十分重要的改造工程时，实施临时冻结。

（4）费用成本意识

钱要用到刀刃上，对于可以避免的业务费用、办公费用和维修费用，就是两个字"不花"。另外，有些记录能用电子文档管理的，就不打印出来；允许的情况下双面打印。允许的情况下，使用一面已使用过的废纸进行打印或复印。允许的情况下，几份不同类型记录共用一个文件夹。用量大的表单，确认无误后实施印刷。上墙文件在确定前，要充分评估必要性等。

（5）采购成本意识

首先做好合格供应商的评估，确保品质和服务；其次对维修物料、分包业务要做到货比三家；最后要做好采购计划，充分评估采购的必要性，缩短采购周期，加快库存周转。

3）成本意识的提高

提高全员的成本意识，是组织成本管理的重要基础工作，是组织加强成本管理的重要内容，是组织降低、控制或保持成本水平的有力保证。提高全员的成本意识是组织较长时期的工作任务。全员的成本意识与管理者的意识相关，提高全员的成本意识除管理者有较高的成本意识外，管理者还应营造一个有利于提高成本意识的氛围和推动成本意识的管理。组织可通过以下工作或活动来提高全员的成本意识：

①在培训计划中强调成本的重要性和控制成本的必要性。

②对员工不断进行成本意识方面的教育，通过培训和教育来提高全员的成本意识。向员工宣传组织的成本理念，使每个员工都能理解组织的命运和自己的命运是相互联系的。

③建立激励机制，运用"成本考核"和"成本否决"等手段从严管理，使员工意识到组织控制成本的严肃性。

④建立"资源节约型"和"低成本运营"的企业文化。

⑤积极倡导成本是企业的核心竞争力，同时也是员工的核心竞争力。

4）现代企业成本意识

现代企业成本意识是指企业管理人员对成本管理和控制有足够的重视，不受传统思维定式的束缚，充分认识到企业成本降低的潜力是无穷无尽的。确实，在相关指标不变的情况下，降低成本支出的绝对额，反而会相应地增加企业的收益，而单纯降低成本确实是有限度的。然而，在各项经济指标发生变化的情况下，有时增加成本支出的绝对额，也会相应地增加企业的收益。因此，现代企业成本管理的内容不仅仅是孤立地降低成本，而是从成本与效益的对比中寻找成本最小化。现代企业成本意识包括：以人为本、成本优势、精益成本、科技驱动成本、成本避免及成本效益等方面的认知。

（1）以人为本的观念

①企业整个成本管理过程是人支配的，成本管理的主体是人而不是物。

②强调对人性的理解，尊重人、关心人、爱护人、培养人、教育人，关注人的需求，凝聚人的智慧，激发人的潜能，提升人的技能，促进人的发展。

③成本管理必须围绕调动人的积极性、创造性展开。

④促进员工在公开公平的原则下富于竞争，不断提高科学文化素质，最大限度地调动员工创新、创优、创效的积极性。

（2）成本优势的观念

企业的竞争说到底就是产品的质量和价格的竞争，企业提供物美价廉的产品可以在市场中获得竞争优势，求得企业的发展和壮大。实现"物美"指的是质量的提高，而实现"价廉"的基础则是成本优势。

（3）精益成本管理观念

以顾客价值增值为导向，融合精益设计、精益服务技术、精益采购、精益生产、精益物流，把精益管理思想与成本管理思想相结合，形成了现代成本管理理念。以"消除一切浪费，追求卓越"为全体员工共同的价值观和行为准则，从采购、设计、生产和服务上全方位、全过程、全员地控制成本，以达到产品（服务）成本最优，从而使企业获得较强的竞争优势。

（4）科技驱动成本观念

科学技术是第一生产力，科技进步是降低成本的根本途径。科技的潜力是无穷的，不断将先进的技术应用在日常生产上是企业降低成本消耗、提高产品质量、实现挖潜增效的有效途径。通过新产品开发、成熟产品的优化设计、新材料的运用、工艺技术的创新、设备技术改进、员工素质的提高和采用信息化管理等措施，实现管理手段、方法的科技化，增强产品竞争力，增加产品附加值，进而降低成本，扩展利润空间。

（5）成本避免观念

成本避免的观念根本在于从管理的角度去探索成本降低的潜力，认为事前预防重于事后调整，避免不必要的成本发生。这种高级形态的成本降低需要企业在产品的开发、设计阶段，通过重组生产流程，来避免不必要的生产环节，达到成本控制的目的，是一种高级战略上的变革。

（6）成本效益观念

成本效益的实质，就是劳动成果与劳动消耗的比例关系。简单地说，就是"所得"与"所费"或"产出"与"投入"的比例。提高成本效益是企业永恒的主题和不变的追求，这不仅是企业自身存在的内在价值，也是市场经济的本质要求。

在此，需要说明一点的是，服务企业在成本意识树立的基础上，如果成本意识的实施与顾客满意相矛盾时，需要企业慎重决策。

【案例4.3】

沃尔玛的企业文化

沃尔玛总裁李斯阁曾说过：沃尔玛在中国扩张的速度取决于本土管理人才的培养速度。沃尔玛在某年的年报中特地谈到，沃尔玛加强了海外分店管理人员的培训，为下一年扩张海外加盟店计划储备人才。所以，即使之后开始取消对外资零售企业的限制，沃尔玛的分店也不会一夜之间如雨后春笋般破土而出。

这种不惜成本对员工进行的培训，也被认为是灌输沃尔玛文化的重要途径。

沃尔玛任何一名新员工进来，"首先不讲规章制度，而是要讲企业文化"，他们会得到一本沃尔玛的创始人山姆·沃尔顿的传记，员工们要对自己的企业如何成长起来的历史烂熟于心。现在，因为员工太多，山姆的传记已经不能人手一册了。但新员工在入职的前两天要接受企业文化的培训，聆听培训师讲述沃尔玛的创建和发展历史，包括中国公司的创建和发展历史，要知道如何和其他部门的员工进行沟通，要到各店面进行参观以熟悉公司如何运营，让低层主管成为企业文化的代理人，言传身带，一直到高管都是如此。他们需要崇敬他们的创建者，久而久之，在大大小小各式各样的场合，你都会不经意地听到这样的口头禅"山姆怎么说怎么说"或是"如果是山姆，遇到这种事情，他会怎么办"等。

沃尔玛的文化在外人看来，最先提到的往往是高呼口号（Wal-mart Cheers），这是山姆·沃尔顿1977年到韩国访问时学到的。现在也成了中国零售企业的一堂必修课。

沃尔玛现任总裁李斯阁在1979年8月第一次参加沃尔玛的会议时，也对高呼口号感到不自在。他说："我只是跟着大家做动作，反正是拿人家的薪水做事嘛！"但到了第二年，他已经开始投入，第三年已经完全被这种狂热所感染。

沃尔玛是一家零售企业，不能像制造企业一样进行半军事管理。但要实现统一和高效，他们必须坚持沃尔玛成立至今所取得的经验，明智地选择把时间用在能够加强落实文化的措施上。

这种企业文化的建立，对于高效有序地管理一个150万人的公司至关重要。原沃尔玛大连店的总经理康炳华后来去了IBM公司做了一名咨询顾问，他惊奇地发现IBM的打印纸从来只用一面，而且再不必为节省长途电话费而用IP卡，他出差必须遵守IBM的住宿标准入住更高级别的酒店而且不用和别人合住一个房间。一切都突然变得异常奢侈起来，这让他有点不习惯。他已经在沃尔玛养成了根深蒂固的成本意识，很多时候都会下意识地按照这种原则去行事。

请你说说看

_____

_____。

评析

康炳华说："很多东西是潜移默化逐渐形成的，进去后你发现别人都在这么做，所以你也不能例外。"这个企业就像一个按照自己的方式正常运转的强大机器，你一进去便被裹挟着和它一起运转前进，别无选择。

4.2.7 主人翁意识

比尔·盖茨不止一次地强调：我们常常讲的主人翁精神，是一个员工所具有的天然禀赋，具有这种精神的人，他的个人利益和公司利益是一致的。在微软，员工和公司的前途是紧紧连在一起的，微软人有着强烈的主人翁意识，这使得他们对于任何事情都是为公司着想，全力以赴。正是微软人具有这种主人翁精神，微软有着这样为企业着想的员工，今天的微软才会有这样的不凡。作为公司的员工，需要把自己的位置摆正，充分发挥主人翁精神。在工作中积极思考，灵活应变，具有"企兴我荣，企衰我耻"的意识。主人翁精神发挥好的企业会是一个充满活力、充满朝气的企业。相反，主人翁精神发挥不好的企业，只是一个机械化的运作车间，迟早会迷失在市场经济的大潮中。同样的道理，一个员工具有主人翁意识——视工作为事业，视事业为己任。关心和爱护周围的一切，事事为企业着想，处处为企业效力，自觉为企业的发展贡献自己的全部智慧和力量。这样的员工，定当得到合理的回报。一切行动着眼于公司的利益。某大型IT企业对内部员工进行企业核心价值观培训，讲师津津有味地讲了这样一则故事：

新娘过门当天，发现新郎家有老鼠，嘿嘿笑道："你们"家居然有老鼠！第二天早上，新郎被一阵追打声吵醒，听见新娘在叫：死老鼠，打死你，打死你，居然敢偷"我们"家米吃！讲到这里，讲师自然也就点出了要旨：每位员工进入公司后，都应有过门心态，树立主人精神！提到"主人精神"，我们并不陌生，从早期的视厂如家，发扬主人翁精神，到现在倡导的做岗位的主人，公司的主人，某某事业的主人，在公司的文化导向中，似乎认定了一个事实：员工只有成了主人，才能对公司事业具有很强的责任心。

一家大公司推出了新产品，需要更新品牌，公司所有员工都为更换品牌的事情忙得不亦乐乎，而更换品牌的花费也非常高。其中有一个小插曲，公司在全国有七八十面的路牌广告要更换刷新成一个新的路牌，所有的计划都在进行中。有一天，公司品牌更换计划的负责人苏涯跑来跟总经理说，他认为有一笔3万元的经费可以省下来，因为这七十几块路牌大小都不一样，本来是要找广告公司来帮公司做出七十多种图样，要花3万元，其实我们内部美工的同仁加班加点做个一两天，就可以做完，那这笔钱就可以省下来了。其实在这个品牌更换的过程当中，公司花的钱很多，这一笔钱早就是在预算内的，可是苏涯想到这个问题，然后就以这种"把钱花在刀口上"的主人翁精神，来做这样的提议，他觉得这件事情是他自己要做的事情，本来就应该是这样，帮公司把最少的资源用在最大价值的地方。

主人翁意识对于一个企业的竞争力来讲，是非常重要的。如果每一个人都有主人翁精神，都把公司内部的事当作自己的事来做的话，公司无形当中会形成很大的竞争力。因为大家会把所有可能的成本降低，包括信息的成本、合约的成本、监督的成本、实施的成本，都可以大幅度地下降，还可以把一个人的潜能大幅度提高。只要你有主人翁精神，你就会认为自己在做一件很有价值的事情。主人翁精神是一个简单而深刻的概念。它有着巨大的影响力，它激发人们带着强烈的责任心去思考每一件事。设想有这样一个工作团队，每个人都像主人一样，每个人都以主人自视，他们认真负责，积极热诚，那该多好。在现代公司里工作，我们要充分发扬主人翁精神，将自己的所作所为置于企业的发展之中，把公司的目标作为自己的目标，担负起自己的工作责任，一切行动着眼于公司的长远利益。主人翁精神，并不是说把自己当成企业的主人这么简单，而是以一种与公司血肉相连、心灵相通、命运相系的感觉，去做好每一件事情，去面对每一个顾客，在你每一个成功或者失败的经验里面，渗透出企业以及你个人这种共同的精神气质。主人翁精神固然是有"奉献"的一面，但其实在"奉献"的同时，不仅对公司有正面的帮助，而且收获最大的还是自己，是在实实在在收获"属于自己"的财富。

再进一步看，从主人翁精神可以培养出一种创业精神。创业的精神、创业的能力是人的能力的最高表现，因为创业就是"无中生有"，创业就是用最小的资源获得最大的价值，就是培养你把钱用在刀刃上的能力。这样的能力对于一个在职场上的人而言弥足珍贵，会永远伴随在他的成长过程当中，而不会拘泥于他在什么公司。比起在工作上公司所给的头衔、职称来，这种能力显得更有价值，因为这是你自身的财富，谁也无法拿走。

在这个社会里，绝大多数的人都必须从一个员工做起，在某个公司中奠定自己的职业生涯。只要你是公司里的一员，你就应该抛开任何借口，投入自己的忠诚和责任，一荣俱荣，一损俱损！将身心彻底融入公司，尽职尽责，处处为公司着想，那么任何一个老板都会视你为公司的支柱。乔治是主管过磅称重的小职员，到这家钢铁公司工作还不到一个月，就发现很多的矿石并没有完全充分地冶炼，一些矿石中还残留了没有被冶炼好的铁。如果这样下去，公司会有很大的损失。于是，他找到了负责这项工作的工人，跟他说明了问题，这位工人说："如果技术有了问题，工程师一定会跟我说，现在还没有哪一位工程师跟我说明这个问题，说明现在没有问题。"乔治又找到了负责技术的工程师，对工程师说明了他看到的问题。工程师很自信地说我们的技术是世界一流的，怎么可能会有这样的问题。工程师并没有把他说的看成一个很大的问题，还暗自认为，一个刚刚毕业的大学生能明白多少，不会是因为想博得别人的好感而表现自己吧。但是乔治认为这是个很大的问题，于是拿着没有冶炼好的矿石找到了公司负责技术的总工程师，他说："先生，我认为这是一块没有冶炼好的矿石，你认为呢？"总工程师看了一眼，说："没错，年轻人你说得对。哪里来的矿石？"乔治说："我们公司的。""怎么会，我们公司的技术是一流的，怎么可能会有这样的问题？"总工程师很诧异。"工程师也这么说，但事实确实如此。"乔治坚持。"看来是出问题了。怎么没有人向我反映？"总工程师有些发火了，总工程师召集负责技术的工程师来到车间，果然发现了一些冶炼并不充分的矿石。经过检查发现，原来是监测机器的某个零部件出现了问题，才导致了冶炼的不充分。公司的总经理知道了这件事后，不但奖励了乔治，而且还晋升乔治为负责技术监督的工程师。总经理感慨地说："我们公司并不缺少工程师，但缺少的是负责任的工程师，这么多工程师就没有一个人发现问题，并且有人提出了问题，他们还不以为然，对于一个企业来讲，人才是重要的，但是更重要的是真正有主人翁精神的人才。"乔治能获得工作之后的第一步成功，就是来自于他具有主人翁精神，处处为公司的利益着想，源于一种责任感。以主人的心态去对待公司，处处为公司着想，把公司视为己有并尽职尽责的人，终将会赢得成功的奖赏。

主人翁意识一方面是来自于服务者本身，但更重要的是来源于企业文化和所营造出的氛围。主人翁意识常常是指一种义务，把公司办好的义务。而权利与义务需要对等，有多大的义务就应该有多大的对等权利。如果在某些方面他没有决策权，那么服务者就没有必要背上主人翁意识的义务。所以，服务企业要想培养员工的主人翁观念，就要先构建好企业内部的企业文化以及奖励政策。鼓励企业内部员工能够把个人荣辱与公司荣辱紧密结合起来。带着"主人翁意识"去工作，强调的是当面对一些工作，员工需要如何去开展，以及将工作完成到什么程度。在一般企业中，一个工作交代下来，按照自我工作习惯完成70%，根据员工的认识以及习惯，就算是完成了。但是交给领导后，领导可能会发现员工还有20%没有做到位，上级领导会要求下次可以多想一步，可以做得更好。然后工作交到老板那里，老板可能还会发现领导也没有发现的10%。

这样一来，对老板而言，员工的工作完成度就是70%，但是他们希望能拿到一份100%甚至120%的工作成果。所以他们会希望，员工可以直接达到100%，这样经过完善，成果将会超出所有预期。不仅如此，主人翁观念还要求员工不仅要做好自己分内之事，而且要以此为出发点多想一步，多考虑一点。可以通过换位思考的方式，假如你是老板，你是负责人，你是这个企业的所有人，那么你会如何指定发展目标，你会如何完成这些任务那些工作？在服务行业，这种带着主人翁观念去工作的意识尤为重要。因为大多数的服务从业者都直接面对顾客，而这样的服务者的一言一行一举一动往往代表着公司的形象，所以，若是带着主人翁意识的员工，便会像维护自己家或者家人一样，时刻以公司利益为重，为公司的未来和发展考虑。尽全力找出适合顾客的服务方式，让企业放心，让顾客满意。作为服务者，如果想要在服务行业有更好的发展，自然是要有一定的主人翁意识，即想酒店之所想，想顾客之所想，想酒店顾客之所未想。想在企业决策之前，为企业发展考虑，想在顾客要求之前，为顾客满意度努力。这样的服务从业者才能将个人利益与企业利益有机结合，而这样的从业者才会在服务行业有长足的发展，而这种个人发展汇聚出的力量会带动整个企业的蓬勃发展。

4.2.8　品质意识

何谓品质？我们整天与品质打交道，但谈到什么是品质这个看似简单而又非常难的问题，不同的人有不同的看法，大概没有几个人能非常准确地说清楚。先请大家回答几个问题：

①我们进行消费（购物、医疗、旅游、教育等）的时候首先考虑的是什么？

②谈谈选择产品或服务的标准有哪些，即产品好坏的标准？

③就你的认识，谈谈什么是品质？

当一位消费者在买一件产品的时候，他要对产品进行全方位的权衡：①产品的质量怎样？②产品的价格是否公平？③供货商的服务是否优良？④这个产品使用起来是否安全？⑤产品的交期怎样？

看看哪些厂家的产品更能满足自己的需求。因此，我们说每个顾客购买产品都是由一定的期望所决定的：或是产品的功能、性能，或是产品的外观，或是公司的信誉，或是商品价格，或是它的牌子，或是它的服务。如果商品在使用中达到了人们的这种期望，顾客就感到满意并认为这种商品的质量好。反之，如果商品在使用中没有达到这些期望，人们就会作出产品质量不好的判断。因此，从消费者角度来考虑，我们可以将质量简单地定义为产品（服务）能够满足顾客期望的能力。所以那些真正符合消费者要求的产品，我们认为就是好的产品，好的质量！

1）企业的竞争——质量的竞争

21世纪是质量的世纪，是质量竞争更加激烈的世纪。企业只有牢牢抓助质量这个企业的生命线才能立于不败之地，请牢记"品质是价值与尊严的起点，是企业赖以生存的命脉"。企业经营必须在提高产品和服务质量、创新质量上下工夫，生产世界级质量，才能赢得用户，在竞争中取胜。一个企业，不仅产品质量要优异，达到用户的需求，还必须以优异的服务来满足用户的需求。在产品质量上，不仅要在功能和性能上符合标准，还要不断满足用户对功能和性能标准以外的新要求。不仅要满足用户物质上的要求，而且要具有魅力质量，使用户获得精神上的享受。同时，要物美价廉，引导消费，从而实现企业为社会服务，企业获利，员工受益，达到顾客—企业—分供方—员工连锁互利的关系。要做到这一点，企业必须建立用户完全满意的经营理念和质量价值观，不断增强全体员工的质量意识、市场意识、竞争意识，以及提高质量、降低成本的使命感和责任心。只有这样，才能使企业立于不败之地。

在此，我们来分享一下质量专家的品质定义，专家从不同角度给质量下了定义：

①"质量的定义就是符合要求，而不是好。""好、优秀、独特"等术语都是主观的和含糊的。——克劳士比（强调产品或服务的符合性）。

②"质量是一种以最经济的手段，制造出市场上最有用的产品。""质量无须惊人之举。"——戴明（强调产品或服务的适用性）。

③"产品在使用时能够成功满足用户需要的程度。"——朱兰（强调产品或服务的适用性）。

④"质量管理就是要最经济、最有效地开发、设计、生产、销售用户最满意的产品和服务。"——石川教授（强调产品或服务的适用性、满意性）。

2）品质意识的理念

（1）0.1%不良的品质水准代表什么意义？99.9%还是不够好。

我们来分享一个案例：

这是一个发生在第二次世界大战中期，美国空军和降落伞制造商之间的真实故事。在当时，降落伞的安全度不够完美，即使经过厂商努力的改善，使得降落伞制造商生产的降落伞的良品率已经达到了99.9%，应该说这样的良品率即使现在许多企业也很难达到。但是美国空军却对此公司说No，他们要求所交降落伞的良品率必须达到100%。于是降落伞制造商的总经理便专程去飞行大队商讨此事，看是否能够降低这个水准？因为厂商认为，能够达到这个程度已接近完美了，没有什么必要再改。当然美国空军一口回绝，因为品质没有折扣。后来，军方要求改变检查品质的方法。那就是从厂商前一周交货的降落伞中，随机挑出一个，让厂商负责人装备上身后，亲自从飞行中的机身跳下。这个方法实施后，不良率立刻变成零。

如何评析这个案例呢？首先，我们认为提高质量，总是有方法！其次，许多人做事时常有"差不多"的心态，对于领导或是顾客所提出的要求，即使是合理的，也会觉得对方吹毛求疵而心生不满，认为差不多就行。但就是很多的差不多，产生质量问题。第三，或许我们应该站在消费者的角度想一想：买回的酵母做的馒头里吃出一根头发，什么滋味？！我们也许会说：10万（或10亿）袋酵母里才有一袋里有一根头发，有什么大惊小怪的。但是对我们来说是十万分之一，对于吃到头发的消费者来说，是100%。试想，如果什么事情只有99.9%的成功率，那么每年有20 000次配错药事件，每年15 000婴儿出生时会被抱错，每星期有500宗做错手术事件，每小时有2 000封信邮寄错误。看了这些数据，我们肯定都希望全世界所有的人都能在工作中做到100%。

在品质问题上我们没有折扣可打，不符合标准就是不符合标准，没有任何讨价还价的余地。你在品质上打折扣，顾客也会对你打折扣！我们决不向不符合要求的情形妥协，我们要极力预防错误的发生，而我们的顾客也就不会得到不符合要求的产品或服务了，这就是"零缺陷"。

（2）不要持双重标准

许多人总是认为工作中缺陷是不可能避免的，也习惯接受缺陷并容许其不断发生。但我们在个人生活中，却常常会坚持零缺陷的标准。我们会对饭店上菜的片刻延误喋喋不休，会对汽车的误点牢骚满腹，对服装的一处线头的外露不厌其烦地反复更换，为工资奖金比同伴低一点点心情不畅，我们会对小孩考试得99分而没有得到满分高声呵斥，我们会……总之，生活中的一些细小的缺陷、错误，我们均不能容忍。实际上，我们大部分人一直坚持双重标准，一个是生活上追求完美无缺陷的零缺陷标准，一个是工作上马马虎虎、差不多就行的标准。如果我们在工作上也坚持零缺陷的标准，每个人都坚持第一次做对，不让缺陷发生或流至下道工序或其他岗位。我们的工作中就可以减少太多处理缺陷和失误造成的成本，工作质量和工作效率也可以大幅度提高，经济效益也会显著增长。所有的人都能在工作中做到100%。因为我们是生产者，同时我们也是消费者。更重要的是，我们因此而感到每天的忙碌工作有意义，而不是庸庸碌碌地只想换一口饭吃。

3）树立正确的品质理念

"理念"这个词原来日本人使用较多，近来中国人也开始使用。品质理念主要是指质量管理的观念，就是对质量管理的一种总的看法、态度。理念一经形成之后，就会使人对某种对象或事物采取相应的行为模式，"态度决定一切，思想决定行动"品质是由人做出来的，取决于人员的品质观念和态度，如果人员的品质观念和态度发生偏差，则品质体系再完善，品质控制方法再先进也没用。如果有正确的质量观念，则在工作中把质量放在首位。相反，就会忽视质量工作，更谈不上把质量放在首位。服务者要正确树立以下几个观念：

①品质不是检查出来的，是设计出的，生产出来的，预防出来的，习惯出来的，是以顾客的满意度为依归的。

②品质与每个人息息相关（作业员、管理人员、技术人员等）。

③每个人员非常清楚地知道自己的工作要求，并且使自己所做的每一件事情都符合要求，就是对品质在做贡献。

④零缺陷，100%是可以完全达到的。

⑤品质的提升不能一蹴而就，必须通过持续改进而达到。

⑥没有好的品质，公司明天可能就要破产，我明天可能就要失业。

⑦别人能做好品质，我们为什么不能做好？

⑧优秀的产品是优秀的人干出来的。

⑨你的下一道工序就是你的市场，下一道工序是用户！将下一道工序当作你的消费者，每一个人都对自己的品质，对自己的消费者负责。

⑩全员品质，全员品管，全员参与。

⑪我们的工作就是要零缺陷。

⑫质量是免费的。

⑬质量重在预防。

⑭品质改善无止境。

⑮质量第一，产量第二。

⑯品质是价值与尊严的起点，是企业赖以生存的命脉。

⑰品质没有折扣，品质就是按照顾客的要求不折不扣地执行！

⑱品质改善人人有责，要有改善的意识。

服务意识自我塑造

请你谈谈你对品质的理解：

_____。

我还须在这些方面努力：

_____。

4.3 树立正确的服务意识

4.3.1 以绅士淑女的态度为绅士和淑女提供忠诚服务

在讨论这个问题之前，我们首先要提及"顾客总是对的"这个在服务业中宣扬了几十年的服务信条。作为一种服务理念和经营哲学，"顾客总是对的"已经是服务行业的金科玉律了。它最早是美国现代酒店之父斯塔特勒先生提出的，强调的是一种无条件为顾客服务的思想，酒店要始终把顾客摆在"有理"的位置，即使在某些方面店方有理，也要"得理让人"。从服务行业职业道德角度出发，它要求从业人员不仅"无理"要让人，"有理"也要让人。从经营管理的角度出发，其根本含义和直接目的是服务企业必须努力提高服务质量，确保顾客满意，只有顾客满意了，才会愿意消费，企业才会有盈利。"顾客总是对的"这句话的最好诠释应该是——不管顾客是对是错，都要站在顾客的立场思考问题，给顾客以充分的尊重，并最大限度地满足顾客的需求，让顾客满意。

这里，我们一起分享丽嘉酒店"以绅士淑女的态度为绅士和淑女提供忠诚服务"的案例。丽嘉酒店集团公司的前身是波士顿丽嘉酒店，这家著名的波士顿酒店出色的服务，已成为丽嘉在世界各地所有酒店恪守的标准。这一标准的本质已被归纳总结为一系列称为"黄金准则"的核心准则：信条、优良服务的三步骤和丽嘉员工的基本准则。

信条：

1.我们的服务宗旨，是让丽嘉酒店成为一个让顾客获得体贴关怀和舒适款待的地方。

2.我们保证为顾客提供最完善的个人服务及酒店设施，让顾客身处一个温馨、舒适而又优美的环境。

3.丽嘉的服务经验除可令顾客身心舒畅，甚至可满足顾客内心的需求与愿望。

优良服务的三步骤：

1.真挚热诚地问好，应尽可能称呼顾客的名字。

2.预见顾客所需，作好充分准备，遵从顾客意愿办事。

3.欢欣的道别，跟顾客亲切地说再见，应尽可能称呼顾客的名字。

丽嘉的员工基本守则：

1.信条是我们公司的基本信仰，所有员工均必须了解、谨守和实践该信条。

2.我们的座右铭是："我们以绅士淑女的态度为绅士淑女们忠诚服务。"作为专业服务人士，我们以相互尊重和保持尊严的原则对待顾客与同事。

3.优良服务的3个步骤是丽嘉酒店的待客基础。每位员工必须遵循，以确保顾客满意，愿意重视及忠于丽嘉酒店。

4.员工承诺是丽嘉酒店工作环境的基础。全体员工都将信守该承诺。

对员工承诺：

在丽嘉，我们的绅士和淑女是对客服务承诺中最重要的资源。通过实施信任、诚实、尊重、团结和承诺的原则，我们培养并充分发挥员工的才干以达到个人和企业的互利。丽嘉致力于创造一个尊重个人价值观，提高生活质量，实现个人抱负，巩固丽嘉成功秘诀的工作环境。

1.所有员工均须圆满完成其工作岗位的年度培训课程。

2.应将公司目标传达给所有员工，支持该目标的实现是每位员工的责任。

3.在工作中创造乐趣和自豪感，所有员工都有权参加制订与其工作相关的计划。

4.每位员工应不断寻找酒店运作弱点。

5.为满足顾客和同事的需要，每位员工都有责任建立团体协作和相互扶持的工作环境。

6.授权于每位员工。例如，当顾客有问题或有任何特殊需求时，即使需要暂停您的正常工作，也要全力解决顾客的问题。

7.时刻保持整洁是每位员工的责任。

8.向顾客提供最好的亲身服务，每位员工都应负责了解和记录顾客的喜好。

9.不可失去一位顾客。每位员工都有责任确保顾客得到即时安抚。任何员工接到顾客投诉都须负责，妥善解决并作好记录。

10.经常展示微笑。保持积极的眼光接触。对顾客和同事使用恰当的礼貌用语，例如"早上好""当然可以""乐意效劳"和"荣幸之至"。

11.无论身处工作环境以内或以外，均须充当酒店的使者，言谈保持积极肯定，将关注转告相关人员。

12.亲自带顾客到酒店内的其他地方，避免只是指示方向。

13.使用丽嘉酒店的电话礼仪，在铃响3声内接听电话，语带"微笑"。尽可能称呼顾客的名字。若需顾客等候，应问顾客"您可否稍等片刻？"不可询问来电者的姓名和意图或挑选接听来电并尽量避免转接电话。遵守语音信箱标准。

14.关注自身仪表并为之感到自豪。每位员工都应通过遵守丽嘉酒店的着装、仪容标准，展示职业化的形象。

15.安全第一。每位员工应负责为顾客和同事建立起一个安全和无事故的工作环境，警惕所有的火警和安全紧急程序并立即汇报任何险情。

16.保护丽嘉酒店的财产是每位员工的职责。节约能源，维护酒店资产并保护环境。

时至今日，这些黄金准则已用书面形式印刷在一张口袋大小的薄片上，为丽嘉酒店25 000名绅士和淑女们所熟知，信奉并执行。每一位新员工在上任前的强化培训中将了解到黄金准则，以后在每日所有雇员都需参加部门的例会中，员工还将进一步熟悉这些准则。公司华盛顿总部也于每天提出议题传达到全球每个丽嘉酒店供他们讨论和学习。黄金准则是所有雇员培训的基础。丽嘉酒店作为行业的先锋，每年对员工的培训达到120个小时。

酒店总裁兼首席执行官Simon Cooper说："虽然我们模仿其他酒店制定了黄金准则，但这准则被印制在宗旨卡片上却是这一行业首创，这为我们的成功绘制了蓝图。每位员工在口袋里都装有丽嘉酒店的商业计划，时刻提醒他们让顾客满意是酒店的最高使命。"丽嘉出色的企业文化，我们信守员工承诺，培养并充分发挥员工的才干以达到个人和企业的互利。

我们说，客我之间的关系如果只是停留在上帝与奴仆的关系上，那么服务者与顾客之间在服务开启之前就是一种相对不平等的关系。那么，开启友好、个性和令顾客满意、惊喜甚至感动的服务就都是被动的了。在被动之下提供的任何服务都不会是由心而发的，也就更谈不上优质服务、忠诚服务了。诚然，如果客我之间的关系是绅士和淑女之间平等的交往关系，那么服务只是绅士和淑女获得良好体验与经历甚至美好记忆的过程。这样的服务不是更加自然，更加美好，更加令人感动吗？

服务意识自我塑造

我认为客我之间的关系应该是这样的：

_____ 。

我还须在这些方面努力：

_____ 。

4.3.2　服务必须以顾客为中心

1）服务必须以顾客为中心

开放、共享、联合与合作是经济全球化的特征。这样的合作和联盟既可以集中优势、优化资源配置、进一步占领全球市场，又能相互借助对方的资源、技术、管理、产品等方面的优势实现互补，增强各方的综合竞争实力。其中就包括了企业自身的顾客和其战略联盟的顾客，因为顾客已经成为企业最重要的资源之一。从顾客的角度来看，经济全球化的这些特征改变了他们的思维方式和行为方式，缩短了他们与企业的距离，尤其是信息技术的飞速发展，带来了顾客消费行为历史性和根本性的变革。所以，企业必须积极采取措施应对消费观念不断变化的顾客。

20世纪90年代以来，随着大市场营销理念的产生发展，在各个阶段营销思想的基础上对营销过程和营销方式进行了整合。认为企业营销是一个与消费者、竞争者、供应商、分销商、政府机构和社会组织发生互动作用的过程，正确处理与这些个人和组织的关系是企业营销的核心，是企业成败的关键。关系营销坚持了企业与顾客之间的长期关系是关系营销的核心的思想，首次强调了顾客关系在企业战略和营销中的地位与作用，而不是单从交易利润的层次上考虑。

顾客关系管理（CRM）代表了企业为发展与顾客之间的长期合作关系，提高企业以顾客为中心的运营性能而采用的一系列理论、方法、技术、能力和软件的总和。CRM作为新的管理思想，延续了关系营销的核心思想，但绝不限于此。CRM更强调对现有顾客关系的保持与提升，从而达到长期的顾客满意，甚至顾客忠诚。CRM不仅考虑了如何产生营销策略，而且包括了如何让营销策略通过卓有成效的方式作用于顾客。在操作层面上，CRM真正强调和实现了信息技术与营销、销售与服务活动的集成。数据仓库技术、数据挖掘技术、OLAP技术等成熟的信息技术在CRM系统中起到了技术支撑平台的作用，CRM在它们的集成作用下，基本摈弃了市场营销领域靠经验决策的做法，极大地提高了决策的科学性和准确性。

所以，企业营销的发展趋势可总结为：存在从交易导向向关系导向转变的趋势。无论从学术或理论角度，将短期利润最大化以及强调市场交易作为营销的重点是相对狭隘和不合时宜的，这与日益剧增的强调长期顾客关系的事实不相符。

同时，经济的全球化使企业之间的界限越来越模糊。现代企业所面临的市场竞争无论在广度还是深度上都在进一步扩大，竞争者已不仅仅包括行业内部已有的或潜在的竞争对手。在利益机制驱动下，许多提供替代产品或服务的竞争者、供应商和顾客也加入了竞争者的链条中来。竞争的观念逐渐由以利润为导向发展到以顾客为导向、保持持续竞争力为导向。低成本、好的产品不足以保证企业立于不败之地，如何有效地避免顾客占有率的流失，强化企业与顾客的关系已成为竞争的标准。企业开始意识到良好的顾客关系在顾客保留中所起的关键作用，并着手提升顾客对企业的忠诚。

顾客决定着企业的一切：经营模式、营销模式、竞争策略。顾客的一举一动都应该引起企业的特别关注，否则企业有可能会失去稍纵即逝的发展机遇。而无论企业的产品好到什么程度，顾客就是市场，是企业竞争的唯一导向。如何才能在强者如云的竞争环境中捕捉到顾客的有效需求，维持长期的合作关系呢？企业迫切需要一个崭新的经营指导思想和一个可操作的指导方法来帮助提升处理顾客关系的能力。这些都是"以顾客为中心"的经营理念所要解释的内容。

2）"以顾客为中心"的服务管理理念的特征

任何一个经过长期发展的经济都不可避免地经历着这样一个从以产品为中心到以顾客为中心的经营模式的转变。传统经营模式是以产品为竞争基础。企业关心更多的是企业内部运作效率和产品质量的提高，以此提高企业的竞争力。随着全球经济一体化和竞争的加剧，产品同质化的趋势越来越明显，产品的价格和质量的差别不再是企业获利的主要手段。企业认识到满足顾客的个性化需求的重要性，甚至能超越顾客的需要和期望。以顾客为中心，倾听顾客的呼声，对不断变化的顾客期望迅速作出反应的能力成为企业成功的关键。因此，企业的生产运作开始转到完全围绕以"顾客"为中心进行，从而满足顾客的个性化需求。

"以顾客为中心"的经营理念具有以下特征。

①企业将关注的重点由产品转向顾客。

②企业将仅注重内部业务的管理转向到外部业务——顾客关系的管理。

③在处理顾客关系方面，企业从重视如何吸引新的顾客转向到全顾客生命周期（Customer Life-Time）的关系管理，其中很重要的一部分工作放在对现有关系的维护上。

④企业开始将顾客价值（Customer Value）作为绩效衡量和评价的标准。

企业如何实现企业战略、企业文化、组织结构等的变革，以适应、满足顾客不断变化的需求和期望，是"以顾客为中心"的经营模式需要解决的最根本问题。在当今的时代背景、市场背景和企业管理背景下，这种需要显得更加迫切和必要。反映在运营层面，企业迫切需要解决如何提高企业的核心竞争力，在管理好当前顾客关系的前提下，更快、更好地预测、满足顾客多变的需求和期望，从而占有更大的顾客占有率。

在当前，以及以后更长的时间内，企业应该支持以顾客为中心的发展战略，以顾客为导向组织企业的服务和管理。而顾客发展战略是企业为有效制定面向顾客的长期决策，实现和坚持以顾客为中心的经营模式和企业文化，以顾客为导向的营销策略所必须参照的指导思想。顾客发展战略是对企业战略中最有影响力的战略思想。这一战略的实施离不开企业各种职能的战略支持，如目标市场战略、营销组合战略、市场竞争战略、财务战略、协作战略、组织战略、人才战略等。它强调企业全员的参与。它帮助在企业中凝练一个以顾客为中心的经营模式，一个以顾客为中心的企业文化和辅助进行以顾客为导向的企业决策。企业的每一个成员成为顾客的拥护者和综合者，拥护者是指员工积极与顾客交流、获取需求信息。综合者是指每一个人处于由不同部门组成的内部网络系统之中，协同响应顾客的消费活动。为此，以顾客为中心是企业生存发展之本。就服务企业来说，牢固树立为顾客提供优质服务的理念就十分重要了。

3）以顾客为中心的服务理念

①坚持以顾客为中心，树立为顾客服务理念，要明确几个概念：

第一，顾客的期待或需求。顾客是怎么想的，想要什么，是满意还是不满意，是一个心理上的感觉，主要是主观因素（引导顾客）。另外，满足顾客的利益需求是客观因素（专业技术）。

第二，超越是专业。仅仅达到还不够，要做到最好，让顾客感觉我们是专业的，让顾客认可我们，远远超出顾客的期待，令人难忘。

第三，团队精神。为顾客服务的同时，要让顾客感觉到我们有一个专业团队在为其提供专业服务及后方支撑，不是孤军作战。使顾客对我们信任、认可。坚持以顾客为中心，树立为顾客服务理念要明确服务的几个层次。

②以顾客为中心，树立为顾客提供优质服务的理念。要做到几个服务：

第一，超值服务。是指具有附加值的服务，是指那些可提供可不提供，但是提供了之后能够使顾客更加满意，觉得有更大收获。

第二，难忘服务。是指顾客根本就没有想得到的，远远超出顾客预料的服务。服务的水准线应该是满足的服务，因为优质的服务不仅要满足顾客物质上的需求，而且要满足顾客精神上的需求。从而树立以顾客为中心的理念，逐步构建服务企业顾客发展战略，以顾客为导向组织企业的服务和管理。

请你做做看4.2

请你列举几个服务业中以顾客为中心的好举措：

1.简化手续方便顾客。

2.＿＿＿＿＿＿＿＿＿＿＿＿＿＿＿＿＿＿＿＿＿＿＿＿＿＿＿＿＿＿＿＿＿＿＿＿＿。

3.＿＿＿＿＿＿＿＿＿＿＿＿＿＿＿＿＿＿＿＿＿＿＿＿＿＿＿＿＿＿＿＿＿＿＿＿＿。

4.4　服务意识培养

如前所述，服务是一种让顾客感到满意的行为，服务的目的是让顾客购买自己的产品。而让顾客产生购买行为只有一个办法，就是让顾客感到满意。这种满意的心理也许产生在购买前，购买中，甚至购买后，无论如何，我们必须让顾客感到满意。优秀的服务从何而来？那就是明晰的服务要求，有效的管理措施和实施标准，以及公平的奖惩和员工良好的服务心态。从这里可以看得出，员工良好的服务顾客的心态决定着服务的结果。那么，培养员工良好的服务心态而不是心情，找到帮助员工建立良好心态的途径，营造良好企业服务氛围是服务者服务意识塑造的关键。

4.4.1　服务意识的本质与误区

> **小　看　板**
>
> 行为和态度是服务的两大误区。
> 错误行为的产生，也源于错误的态度！
> 优质服务是阻击竞争对手的最后一道防线。

1）认识服务意识的本质

我们知道，服务的本质是与顾客的交易过程以及之后的密切合作，是来自我们积极主动的工作态度和无条件兑现对顾客承诺的责任感和能力，也是我们自身态度、能力与价值的体现。从服务的内容上讲，服务是优雅的仪容仪表，落落大方的言谈举止，丰富而有趣的商品知识，娴熟而专业的服务技能，有礼有度的服务意识和热情诚恳的服务态度。从服务的内涵上讲，服务是为使企业与顾客之间形成一种难忘的互动（愉悦亲密的、愉快的、自己经历的）企业所能做的一切工作；服务是发现顾客的需求并尽可能满足顾客需求，帮助顾客为其提供方便的过程；服务是一种无形的精神商品；服务更是一种态度。服务可以用3句话来概括：令顾客满意；为企业创造利润的过程和方式；体现个人价值与能力的舞台。

服务意识是一种心态，一种态度，一次努力，一次感动。

2）避开服务的误区

因为服务是一种互动，那么，在客我交往的过程中，特别是提供服务的服务者一方常常会陷入几个误区，在误区中投入服务工作，势必会带来不好的后果，这些误区主要表现在三个方面：一是宣言与行动，理想与实际的差距。我们知道了服务的重要性，懂得了顾客对于服务企业的重要性。但当我们进入工作状态时经常会出现想的和做的，理想与现实产生较大差距。二是将顾客视为"生意"，而非"人"。我们常常更多地强调了顾客对于企业生存的重要性，就会自然将其看作企业的"生意"，却常常忘记顾客原本也是一个有需要的和完美体验的"人"。三是以己度人，而非角色与立场的互换。服务者在服务过程中，常常会用自己的判断来提供服务，忘记了换位思考，设身处地地为顾客着想。服务误区的产生主要是在行为和态度上。而错误行为的产生，也源于错误的态度。最典型的错误行为如：对顾客说"我不知道""我也没办法"，或者根本忘记了顾客的存在，或者纠缠在"谁对谁错"上。典型的错误态度如：一遇到问题就逃避责任；因自身立场和利益的驱使而轻视顾客；自我防御意识太强，而在服务中的表现显得与服务氛围格格不入。

当然，服务管理者自身对服务和服务意识的认知也存在着一些误区，这些误区的出现对服务本身的影响力会更大。具体表现有：企业会因迁就顾客而蒙受损失；企业难以做到让所有的顾客都满意；企业并不能始终认同顾客要求的合理性；企业的经营管理并不仅依顾客的要求作为依据和出发点；投诉处理的主要任务就是做通顾客的工作，息事宁人地让顾客放弃不合理的要求等。

4.4.2　服务的意识和影响

1）服务的意识及影响因素

我们知道，顾客的体验来源于每一位员工对待顾客的态度和行为。态度决定行为，行为反映态度。服务意识是影响服务结果和顾客感受的决定因素。服务的意识就是服务者在思想和观念上真正地将顾客的利益放在首位，最大限度地主动满足顾客在接受服务中的物质和精神需要的基本驱动力。那么，影响服务品质的因素有哪些呢？首先是服务者观念的改变：一是真正理解顾客服务的价值；二是从"要我做好"到"我要做好"；三是从尊重顾客到感动顾客；四是能够感受服务的愉悦。其次是服务者的职业道德与服务心态：她应该是主动的、是有责任感的、具有合作精神的人。最后是服务者服务能力的因素：如前所述，我们说一位优秀的服务者是一个有敬业精神的、有专业度的、具有良好服务心态的、可以管理情绪的、具有相当专业技能的专门人才。

2）服务管理者在服务意识培养中的角色

服务是阻击竞争对手的最后一道防线，服务者是决定这道防线是否强有力的重要保障。那么，如何培养具有良好服务意识的员工队伍呢？服务管理者起着至关重要的作用。我们说，领导者是服务者热情服务的旗帜，是服务的催化剂。服务管理者是宣传、营造服务的氛围，形成自己的服务文化的主宰者，是无穷榜样力量的释放者，是服务标准化、规范化的制定者与推进的发动者，是革新服务程序、标准、制度改革的开拓者，是最新服务理念的倡导者，是各类新颖的服务方式与内容实践尝试的支持者，更是企业顾客服务战略的执行者，他能够有效平衡顾客服务提供和顾客服务成本之间的关系。他是顾客服务流程的革新者，能够分析顾客的思考方式，满足顾客需要，提高顾客满意度，把企业服务战略和企业内外部环境结合起来。服务管理者能够将公司服务战略应用到日常运营流程和管理中监督和分析企业顾客服务情况，结合企业服务战略和本部门实际运营情况，对顾客服务流程进行改进和创新，贯彻企业服务战略，创建服务文化并应用于不断发展的业务之中，收集整理并向上级管理层反馈顾客服务相关信息，协助组织整体顾客服务的发展。

4.4.3 服务的标准与超越

1）服务的标准与服务意识

每当谈及标准就应该是讲这件事情的最低要求。如前所述，服务的最低标准是顾客满意。服务的高标准是超越顾客的期望值，没有最好只有更好的标准。在服务意识培养中，制定专业化、精细化、可达成、可评估的管理制度和企业运营法则是服务标准化管理的保障。逐步建立能为顾客提供卓越服务的服务体系，建立卓越顾客服务的语言规范、行为规范和礼仪规范体系。在此基础上，服务者服务意识培养应注意以下几个方面：灌输服务意识永远是首位；服务态度永远比服务技能重要；边走边教，边干边学，现场管理与跟进督导双管齐下；通过各种员工参与式的情景培训，使服务者在最基本的行业服务规范训练中逐步形成服务的条件反射，最终成为一种服务的习惯；尽可能将常规服务程序化、标准化；无论是服务环境、工作条件，还是激励机制，都应竭力为员工创造和养成良好服务意识服务。

2）服务的超越与服务意识

什么是超越的服务？我们说，具有良好职业道德与服务心态，有着较强企业荣誉感和同伴合作意识，能够超越顾客期望的传奇服务，才是真正的超越的服务。如何实现这一超越，关键点有3个：一是关怀，让顾客知道我们理解他们的需求，我们不只是要做到，还要让他们知道和感受到我们对顾客的关爱之情。二是道歉，如果我们在工作中有错误，就道歉。要勇于承担责任，所有服务者都应该知道我们有一个恒久不变的职责就是主动道歉和承担错误。三是改进，开展零缺点计划管理的推广。不断改进和提升服务程序和标准，是不断超越顾客服务标准的最好手段。

4.4.4 服务意识的培养与管理

1）服务意识与心态的培养

服务意识的培养不同于服务技能技巧的培训，重在态度的培养。我们常说：种下态度，收获行动；种下行动，收获习惯；种下习惯，收获品格；种下品格，收获命运。服务意识的培养就是一种习惯和职业品格的培养。管理人员要以身作则，树立榜样，运用教练式管理、服务式管理，随时总结服务例案的成败得失并与员工分享，以培训、督导和现场教练为工具，以正面事迹、人物的宣传、激励为手段，加之服务程序和服务项目的及时修订与调整等，潜移默化，无处不在地进行服务者职业素养的培养。

作为服务者，要努力实现自我态度管理。不断激发自己对工作的热情；永远都觉得不够好，不满足；视自己为企业的主人，树立正确的主人翁意识；勇于承担企业的重担，做最重要的事；记得服务的灵魂永远都是态度第一；不断努力打造一个更好的自己；少说多干，坐而言不如起而行；为自己设定目标，成功就在你心中。

2）服务意识培养的管理

服务意识培养中有几个关键因素：个人因素、工作因素、家庭因素。就个人因素来说，服务者应树立正确的目标和计划，学会情绪的自我管理，有一定的抗挫折力和忍耐力。能够在服务中实现自己价值感。从工作因素上来说，服务者所在的企业应该是一个风清气正的、具有良好企业文化和底蕴的企业，而服务者所在的岗位是一个适合他发挥自己特长的、有着清晰的职责描述和角色认知的位置。服务者可以清楚地知道自己的职业发展方向。家庭因素是一个看似不很重要却常常起着决定作用的因素，服务者的收入是否能够缓解家庭收入的压力，他的工作是否得到家人的认可和支持等。这些因素都有赖于企业和服务管理者能够不断营造和建构这样的服务职场和空间。

服务意识的培养是一个养成的过程。不要急于求成，而要逐步实现。企业的关爱，员工的努力都是必需的。

案例分享

自我控制的7个C——让你更成功

1.控制自己的思想：Concept

2.控制自己的时间：Clock

3.控制接触的对象：Contacts

4.控制沟通的方式：Communication

5.控制自己的承诺：Commitments

6.控制自己的目标：Causes

7.控制自己的忧虑：Concern

服务意识自我塑造

我认为自己在这个方面最需要自控：

_____。

我还需要在这些方面努力：

_____。

模块 **5**

管理意识塑造

小 看 板

领导做什么：
创造一个员工乐于并且能够实施企业目标的环境。

领导作用：
员工忠诚，顾客忠诚。

　　我们有知识，有经验，有热情，有潜质，这些很重要。但作为管理者，或者进一步做一个优秀的服务管理者，还需要更系统、更有细节地锻炼。其中，做好自我管理是第一步。什么是"自我管理"？就是"入心"，就是要树立良好的管理意识，在实施管理过程中，由心而发的管理准则。管理，其实就是一个不断建设、完善、应用大家共同拥有平台的过程。

　　那么，管理者即领导。领导做什么？领导就是要创造一个员工乐于并且能够实施企业目标的环境。最终实现企业为员工负责，员工为顾客负责，员工忠于企业，顾客忠于企业的目标。

　　树立良好的管理意识，达到管理入心，是本模块要解决的问题。

　　何为管理意识？管理意识，是指管理者能够自觉运用科学管理的思想方法和原理原则去认识、分析和解决管理问题，在长期管理过程中形成的一种特殊的智慧、欲望和冲动。它是产生于人类社会的管理实践中，同时又高于管理实践，对管理实践起着指导作用。现代服务经济条件下的企业管理者，应具备7种管理意识：整体意识、结构意识、人本意识、制度意识、市场意识、竞争意识和创新意识。

　　想要做一名优秀的管理者，我们首先应明确什么样的管理者才是优秀的管理者。一提到优秀的管理者，我们心中可能会想到任正非、史蒂夫·乔布斯、马云等人，他们的个人特质和成功之道各不相同，但是却可以从他们身上总结出一些如何才能成为优秀管理者的经验。以下是一般优秀管理者所具备的素质：

1）过硬的专业能力

　　管理者需要解决很多比较实际、专业的事务，需要过硬的业务能力和素质，从而在组织中"让人心服口服"。管理者应具备相适应的专业、技能、理论知识，熟悉自己专业范围的工作内容、程序、方法、技巧、熟练运用本专业工具的才能。

2）有强烈的事业心和责任心

　　事业心是管理者努力成就一番事业的奋斗精神和热爱工作、希望取得良好成绩的积极心理状态，虽然说仅有事业心并不能够保证一定可以取得事业的成功，但是没有事业心的人绝对不可能有什么大的成就。责任心是对自己行为后果负责的一种踏踏实实的一种敬业精神，它是一个人应该具备的基本素养，是健全人格的基础。

3）坚持学习，不断完善自己

管理者在进行管理的过程中必然会遇到各种各样的新问题，如果用旧知识去解决新问题，必然会导致很多问题的出现。能够不断学习的管理者可以让自己越来越有魅力。

4）关心自己的每一个员工，对他们有深厚而真挚的情感

企业的发展和运营是每一个员工共同努力的结果，员工是公司的主人翁之一，理应得到关注和鼓励。如果企业的氛围像家庭一样温暖，那么员工定会为了共同的目标而付出更多的努力，实现企业和员工个人的双赢。

一个优秀的管理者所需要具备的素质还有很多很多，如分析和解决问题的能力，有良好的自身形象，团队建设能力等。这些素质都是通过学习和锻炼慢慢积累起来的。

5.1　成为专业的服务经理人

服务经理人，是指具备专业的服务技能和资历，并通过他人运用相关资源，带领团队完成工作的人。

作为专业的服务经理人，要具备两个条件：

首先，是要把服务做专业，自身成为服务者中的佼佼者，即品牌的服务者，我们称之"品牌服务人"。

这既需要资历（硬件），也需要能力（软件），缺乏任何一个条件，都难把服务做专业。因为达到服务的专业度，不同于一般的产品加工，不能单靠技巧或规则，还要靠不断的检验积累、体会，靠悟性，靠人际关系的推动，靠由此升华的"系统观照力"。换言之，一年服务经历者与三年服务经历者，虽然在技巧上看不出差别，但在问题处理的实际能力上，常常有关键性的不同。因此，我们说"老员工是公司的财富"。

其次，我们所说的专业的服务经理人，是指能够有专业度地进行服务管理的人。他们是一些善于像"品牌服务人"一样去激励别人，善于利用各种资源。他们能够为内外顾客提供"体系"服务，同时又能过通过这个"体系"，打造出成千上万个"品牌服务人"的人们。

这些管理者有以下鲜明的特征：

第一，他们是"给人方便，给人自信，给人欢喜"的服务心法的忠实实践者。

第二，他们知道"品牌服务人"为什么能够激励人，而且自己就是"品牌服务人"。

当然，他们都不是超人，而是跟我们一样的普通服务者，却能做出令人满意或感动的事。他们能随时、随地、随人、随事地在自己身边发现"品牌服务人"这样的人和事，告诉大家，并以身作则，领导大家一起学着做。他们能够带领团队创造出团队品牌服务的风格——"用心极致，满意惊喜加感动"。

第三，他们具有领导者必备的"系统观照力"。

"系统观照力"是一种"项目思维"能力，而非"认为思维"能力，不是被动接受一个任务，而是主动地将任何任务整合成一个"项目"的思维方式。具有"系统观照力"的人，看问题不仅能着眼脚下——自己分工内的"一段事"，而且能将眼光、心思延伸到服务流程的上游和下游，帮助他们履行职责，共同完成"整个"流程的工作（细节），并致力于使整个"项目"更加完整、精彩。

这里，我们按习惯称之为管理能力。

有时候，我们说某个人没有责任心，通常是因为他给我们（或别人）留下一个烂摊子，换言之，就是他们只顾"自己那一段事"，而忽略别人的存在。"铁路警察，各管一段""各人自扫门前雪，莫管他人瓦上霜""看好自家门，管好自家人"等，讲的都是这类人。这样的服务者是一些没有"系统观照力"的人，如果不作调整，将不适合承担服务管理者的责任。

第四，他们善于身体力行地去建设服务管理体系。

在提供服务的过程中，他们非常善于发现、总结顾客满意和不满意的规律性，并从中归纳、构建、维护、使用、发展规则，最后形成大家做事（提供服务）的共同约定。这个约定，就是服务管理体系。他们制定规则，建立约定，建立体系，同时，又能黑白分明地领导执行，并教导大家该做什么，不该做什么。

第五，他们能在岗位角色里，自觉地通过体系去完善服务细节。

对于做错了事情的人，他们能够晓之以体系规则，加以订正。同时，迅速反省是不是体系存在问题，然后进行体系修正。

他们不纠缠于孤立的"一件事""一个人"，不简单地说"这件事"对或错，而是说"这件事"不符合某一体系规则，所以纠正。不简单地说"这个人"有问题。"一件事""一个人"属于细节层面，而非体系层面，所以，不应该是管理者应有的态度。过度纠缠于细节，容易造成人们眼界狭窄，感情用事，失去平静心，从而使问题的处理失去公允，失去整体平衡，按下葫芦起了瓢。

所以，作为专业的服务管理者，他们善于超越"这件事""这个人"，而从体系的高度审视"这件事""这个人"，然后，从体系的角度，进行细节调整，使原有的体系更加完善。这时，他们的表现，便自然多了几分超然、几分宽阔、几分开朗、几分大度，也更加受人尊重，获得更加多的合作。

正因为有了体系意识，他们才更加懂得如何对细节进行调整，才能观照到一个细节与另一个细节的关系，才能形成细节调整的机制，使之服务于体系。

苏东坡说，好诗的功夫，不在写诗本身，而在诗外。在服务管理上，这个道理也一样。

第六，他们善于协调、确定并领导团队，朝一个共同的方向进步。

作为专业的服务管理者，他们会认真对待和开发每一个服务者与生俱来的优秀服务品质和资源，打造品牌服务专业团队。

一个人、一个动物、一句话、一个物件、一种现象，都蕴含着能量，但只有当能量被规定了方向，才会成为有所用的资源。一条野牛的力量释放在大街上，就可能惹祸，但如果放到斗牛场，被赋予了娱乐的方向，就成了可利用的资源，西班牙人以此获益。

人力资源开发，就是为员工的能量确定一个合适的释放方向。专业的服务管理，自然是给服务者确定一个"品牌服务人"的发展方向。

【案例5.1】

甜美的音乐

马丁吉他公司成立于1833年，位于宾夕法尼亚州拿撒勒市，被公认为世界上最好的乐器制造商之一，就像Steinway的大钢琴，Rolls Royce的轿车，或者Buffet的单簧管一样，马丁吉他每把价格超过10 000美元，却是你能买到的最好的东西之一。这家家族式的企业历经艰难岁月，已经延续了6代。目前的首席执行官是克里琴·弗雷德里克·马丁四世，他秉承了吉他的制作手艺，他甚至遍访公司在全世界的经销商，为它们举办培训讲座。很少有哪家公司像马丁吉他一样有这么持久的声誉。那么，公司成功的关键是什么？一个重要原因是公司的管理和杰出的领导技能，它使组织成员始终关注质量这样的重要问题。马丁吉他公司自创办起，做任何事都非常重视质量，即使近年来在产品设计、分销系统以及制造方法方面发生了很大变化，但公司始终坚持对质量的承诺。公司在坚守优质音乐标准和满足特定顾客需求方面的坚定性渗透到公司从上到下的每一个角落。不仅如此，公司在质量管理中长期坚持生态保护政策。因为制作吉他需要用到天然木材，公司非常谨慎和负责地使用这些传统的天然材料，并鼓励引入可再生的替代木材品种。基于对顾客的研究，马丁公司向市场推出了采用表面有缺陷的天然木材制作的高档吉他，然而，这在其他厂家看来几乎是无法接受的。马丁公司使新老传统有机地整合在一起。虽然设备和工具逐年更新，雇员始终坚守着高标准的优质音乐原则。所制作的吉他要符合这些严格的标准，要求雇员极为专注和富有耐心。

家庭成员弗兰克·亨利·马丁在1904年出版的公司产品目录的前言里向潜在的顾客解释道："怎么制作具有如此绝妙声音的吉他并不是一个秘密，它需要细心和耐心。细心是指要仔细选择材料，巧妙安排各种部件，关注每一个使演奏者感到惬意的细节。所谓耐心，是指做任何一件事都不要怕花时间。优质的吉他是不能用劣质产品的价格造出来的。但是谁会因为买了一把价格不菲的优质吉他而后悔呢？"虽然100年过去了，但这些话仍然是公司理念的表述。虽然公司深深地植根于过去的优良传统，现任首席执行官马丁却毫不迟疑地推动公司朝向新的方向。例如，在20世纪90年代末，他提出了一个大胆的决策，开始在低端市场上销售每件价格低于800美元的吉他。低端市场在整个吉他产业的销售额中占65%。公司DXM型吉他是1998年引入市场的，虽然这款产品无论外观、品位和感觉都不及公司的高档产品，但顾客认为它比其他同类价格的绝大多数吉他产品的音色都要好。马丁为他的决策解释道："如果马丁公司只是崇拜它的过去而不尝试任何新事物的话，那恐怕就不会有值得崇拜的马丁公司了。"马丁公司现任首席执行官马丁的管理表现出色，销售收入持续增长，在2000年获利接近6亿美元。位于拿撒勒市的制造设施得到扩展，新的吉他品种不断推出。雇员们描述他的管理风格是友好的、事必躬亲的，但又是严格的、直截了当的。虽然马丁吉他公司不断将其触角伸向新的方向，但却从未放松过尽其所能制作顶尖产品的承诺。在马丁的管理下，这种承诺决不会动摇。

请你说说看

管理者到底应该具备哪些管理技能？又如何扮演好其管理角色？

_____。

服务意识自我塑造

我认为服务经理人应具备的条件还有：

_____。

我还需要在这些方面努力：

_____。

5.2 服务管理者的专业角色

小 看 板

管理者角色转变

从：	到：
管理者	协作者
回应	事先反应
信息储存	信息提供
以管理为重点	以顾客为重点
对程序负责	对过程负责
功能经理	战略伙伴
个人专家	团队伙伴
遵守人力资源预算	创立人力资源战略
领导者	服务经理人

5.2.1 从普通员工到管理者——服务经理人的专业角色

作为服务经理人，他们大多是从员工岗位晋升上来，他们有着非常丰富的服务经历和经验，有对服务的亲身感受和认知，在角色转变方面有3个比较关键的变化：

1）关于身份定位的转变

一般服务者到管理者的过程，首先是完成"服务人"的转变，再通过努力达到"品牌服务人"的层次。"品牌服务人"使得服务者成为了精神上的"独立者"，思想上的"独立实体"，一个言简意赅的服务行业的形象品牌，一个给顾客一诺千金、让人信赖，并能从中获得激励的"服务精英"。由"品牌服务人"到专业的服务经理人的晋级提升是一次质的飞跃，这时的"品牌服务人"具备专业的服务技能与资历，能够带动团队成员，游刃有余地运用相关资源，是出色完成工作的人。

最根本的改变，在于过去是自己做好就可以，现在则不仅要自己做好，而且要懂得通过他人来完成工作。现在是管理，是在实践着对一个体系而不是一件事的运作。

2）关于部门定位的转变

过去的服务者是部门中的一分子，现在的服务经理人则要管理一个部门。这就要求我们的思路有一个明确的调整——从集中精力完成上级交代的一个工作的"任务型思维"，转向通过主动设计、操作、造就并完成一个完整项目的"项目型思维"。

作为服务经理人的你是在主持一个专业服务公司的工作，你是领导者，你要找市场，找顾客，拉资源，寻求合作伙伴，达成共赢甚至多赢。如果你不是在服务外部顾客，那么，你一定努力服务好某位服务外部顾客的人（内部顾客）。

3）关于工作定位的转变

作为服务管理者，精于业务仍然需要，同时更要精于管理——平衡各种资源，特别是人力资源，使之产生动力，实现生产功能，大多数时候，用于管理的精力，可能还是绝对的。

而管理本身就是一个专业。关于这一点，可以参考很多专家的建议，如"管理就是沟通""管理就是一种平衡""管理就是算好各方面的账""管理就是三人行必有我师"等。

那么，服务管理者在服务质量保证中的角色认知和目标设定也应随之改变。从原来的员工的鼓舞者到鼓舞员工士气，创造力争上游的团队气氛；从顾客服务第一人到亲自为重要顾客服务，用榜样作用带动员工行为；从员工的榜样到以身教人，力量无穷；从员工的朋友到做员工的朋友，并正向影响员工；从沟通者到理解他人需要，并使他人理解你；从营销者到带领员工创造令顾客满意的产品和服务，并将其传递给顾客；从合作者到与其他部门合作，保证质量链有效运行。做一个崇尚质量，确立并坚持正确的价值观，不受外界不良影响的人，同时，保持积极心态，永远崇尚质量。

让这些管理者实现从专才向管理人才的转变，把"自己做得好"的观念转变成"带领或组织团队做得好"。做一个好的管理者，还必须具备领导力。做领导，无外乎关注"人"和"事"。人的信念影响人的行为，而人的行为又影响人的成果。管理者更像是"顾问+教练"的领导力实施者，即教练心态信念+顾问型领导力，教练心态和顾问方法双管齐下，相辅相成，充分发现、发掘人的潜能，提升管理团队的领导力、影响力、执行力，从而提升企业绩效。

【案例5.2】

忙碌的王厂长

王厂长是光明食品公司江南分厂的厂长。早晨7点，当王厂长驱车上班时，他的心情特别好，因为最近的生产报告表明，由于他的精心经营，他管辖的江南分厂超过了公司其他两个分厂，成为公司人均劳动生产率最高的分厂。昨天，王厂长在与其上司的通话中得知，他的半年绩效奖金比去年整整翻了两倍！

王厂长决定今天要把手头的许多工作清理一下，像往常一样，他总是尽量做到当日事当日毕。除了下午3点30分有一个会议外，今天的其他时间都是空着的，因此，他可以解决许多重要的问题。他打算仔细审阅最近的审计报告并签署他的意见，仔细检查工厂TQM计划的进展情况。他还打算计划下一年度的资本设备预算，离申报截止日期只有10天时间了，他一直抽不出时间来做这件事。王厂长还有许多重要的事项记在他的"待办"日程表上：他要与副厂长讨论几个员工的投诉；写一份10分钟的演讲稿，准备在后天应邀的商务会议上致辞；审查他的助手草拟的贯彻食品行业安全健康的情况报告。

王厂长到达工厂的时间是7点15分，还在走廊上，就被会计小赵给拦住了。王厂长的第一反应是：她这么早在这里干什么？小赵告诉他负责工资表制作的小张昨天没有将工资表交上来，昨天晚上她等到9点也没有拿到工资表，今天实在没办法按时向总部上报这个月的工资表了。王厂长作了记录，打算与工厂的总会计师交换一下意见，并将情况报告他的上司——公司副总裁。王厂长总是随时向上司报告任何问题，他从不想让自己的上司对发生的事情感到突然。

最后，王厂长来到办公室里，打开计算机查看了有关信息，他发现只有一项需要立即处理。他的助手已经草拟了下一年度工厂全部管理者和专业人员的假期时间表，它必须经王厂长审阅和批准。处理这件事只需要10分钟，但实际上占用了他20分钟的时间。接下来要办的事是资本设备预算。王厂长在他的电脑工作表上，开始计算工厂需要什么设备以及每项的成本是多少。这项工作刚进行了1/3，王厂长便接到工厂副厂长打来的电话。电话中说在夜班期间，3台主要的输送机有1台坏了，维修工要修好它得花费5万元，这些钱没有列入支出预算，而更换这个系统大约要花费12万元。王厂长知道，他已经用完了本年度的资本预算。于是他在10点安排了一个会议，与工厂副厂长和总会计师研究这个问题。

王厂长又回到他的工作程序表上，这时工厂运输主任突然闯入他的办公室，他在铁路货车调度计划方面遇到了困难，经过20分钟的讨论，两个人找到了解决办法。王厂长把这件事记下来，要找公司的运输部长谈一次，好好向他反映一下工厂的铁路货运问题，什么时候公司的铁路合同到期及重新招标？

看来打断王厂长今天日程的事情还没有完，他又接到公司总部负责法律事务的职员打来的电话，他们需要数据来为公司的一桩诉讼辩护，因为原江南分厂的一位员工由于债务问题向法院起诉公司。王厂长把电话转接给人力资源部。这时，王厂长的秘书又送来一大堆信件要他签署。突然，王厂长发现10点到了，总会计师和副厂长已经在他办公室外面等候。3个人一起审查了输送机的问题并草拟了几个选择方案，准备将它们提交到下午举行的例行会议上讨论。现在是11点5分，王厂长刚回到他的资本预算编制程序上，就又接到公司人力资源部部长打来的电话，对方花了半小时向他说明公司对即将与工商所举行的谈判策略，并征求他特别是与江南分厂有关问题的意见。挂断电话后，王厂长下楼去人力资源部部长办公室，他们就这次谈判的策略交换了意见。

王厂长的秘书提醒他与地区另一家公司的领导约定共进午餐的时间已经过了，王厂长赶紧开车前往约定地点，好在不过迟到了10分钟。下午1点45分，王厂长返回他的办公室，工厂副工长已经在那里等着他。两个人仔细检查了工厂布置的调整方案以及周边环境的绿化等工作要求。会议的持续时间较长，因为中间被3个电话打断。到3点35分时，王厂长和工厂副厂长穿过大厅来到会议厅。例行会议通常只需要1个小时，不过，因讨论工人工资和利益分配以及输送系统问题的时间拖得很长，这次会议持续了3个多小时。当王厂长回到他的办公室时，他已经精疲力竭了。12个小时以前，他还焦急地盼望着一个富有成效的工作日，现在一天过去了，王厂长不明白："我完成了哪件事？"当然，他知道他干完了一些事，但是本来有更多的事他想要完成的。是不是今天有点特殊？王厂长承认不是的，每天开始时他都有着良好的打算，而回家时却不免感到有些沮丧。他整日就像置身于琐事的洪流中，中间经常被打断。他是不是没有做好每天的计划？他说不准。他有意使每天的日程不要排得过紧，以使他能够与人们交流，使得人们需要他时，他能抽得出时间来。但是，他不明白是不是所有管理者的工作都经常被打断和忙于救火，他能有时间用于计划内的工作和防止意外事件发生吗？

请你说说看

_____

_____。

问题

1.王厂长在该分厂属于（　　）。

　　A.基层管理人员　　　　　　　B.中层管理人员

　　C.高层管理人员　　　　　　　D.专业管理人员

2.王厂长应该履行的主要职责是（　　）。

　　A.贯彻执行分厂的重大决策，监督和协调基层管理者的工作

　　B.负责制定组织的大政方针，沟通组织与外界的交往联系等

　　C.抓部下解决不了或无力解决的重大问题、部门间的协调等

　　D.直接指挥和监督操作者，保证上级下达的各项计划和任务的完成

3.根据卡特兹的三大技能，在本案例中，对于王厂长来说，（　　）更重要。

　　A.概念技能比技术技能　　　B.技术技能比概念技能

　　C.技术技能比人际技能　　　D.人际技能比概念技能

4. 根据明茨伯格的管理者角色理论，王厂长打算计划下一年度的资本设备预算时所扮演的管理者角色是（　　）。

　　A.挂名首脑　　　B.谈判者　　C.领导者　　　D.资源分配者

5.王厂长疲于奔命，忙碌了一天，效果却不尽如人意，对其工作最恰当的评价是（　　）。

　　A.重效率，轻效果　　　　　　B.轻效率，重效果

C.重效率，重效果　　　　D.轻效率，轻效果

6.对于案例中王厂长总是随时向上司报告任何问题的做法，你认为最合理的评价是（　　）。

A.充分体现了下级对上级高度负责的态度

B.公司在组织运行中较好地贯彻了统一指挥的原则

C.体现了总公司与分厂间的有效沟通

D.没有很好地把握权责一致的原则

参考答案

1.C　2.BC　3.A　4.D　5.B　6.D

服务意识自我塑造

作为准服务经理人，我认为我在服务与管理中的角色应该是：

_____。

我还须在这些方面努力：

_____。

5.3　专业服务管理者的信念

信念是意志行为的基础，是个体动机目标与其整体长远目标相互的统一。没有信念人们就不会有意志，更不会有积极主动性的行为。信念是一种心理动能，其行为上的作用在于通过士气激发人们潜在的精力、体力、智力和其他各种能力，以实现与基本需求、欲望以及和信仰相应的行为志向。凡是事业取得成功的人士，都是心中有信念的人。

作为专业服务的管理者，这个信念应该是什么呢？就是随时、随地、随事、随人——给人方便，给人自信，给人欢喜。当然，我们在服务的同时，一定会收获方便，收获自信，收获快乐。我们只管用细致、周到的服务种植积极、友善、快乐的种子就好了。

随时、随地、随事、随人，都考虑到如何"给人方便"，这是更多服务过程的硬件条件，如交通、住宿、购物、通信等。任何方便通常都是一个智慧的（如设计）、资金的、场地的、人力的投入的结果，但也不能忽视软件条件，即服务人在尽力、精力、情感方面的投入。

"给人自信"的内涵就更加广泛了，而其核心的东西，在于专业度，我们越专业，顾客越安全，越有信心。给顾客自信可以出现在每一个服务和管理环节上，大到服务产品、服务环节的设计，小到服务过程中的举手投足，一言一行，都会让你的顾客沁人心脾地感受到你服务的专业度。"给人自信"的客我交往，会更好地营造良好的客我关系，激发顾客的消费积极性和对企业的忠诚度。

"给人欢喜"的境界就更加高尚了，包括谦逊而阳光的态度、主动而自觉的个性、营造良好人际关系的能力等，是"雪中送炭"，是"锦上添花"，更是"精神力量的提升"。让顾客带着快乐的心境把你的服务和产品推介给更多的人，口口相传，赢得更好的知名度和美誉度。

这个信念是服务人必须有的心态，是管理者在服务过程管理中必须遵循的第一原则，也是顾客最为在意的部分。

【案例5.3】

创造有向心力的团队

美国西雅图的派克鱼市场，主要卖海鲜，但《财富杂志》500大企业的高层，却纷纷到鱼档偷师学管理。这个每逢假日总会吸引4万名游客慕名而来的鱼市场，除了鱼档外，还有花店、面包店、餐厅和手工艺店等共逾300家，聚集了约100个农民和150个手工艺者。鱼档老板日裔美国人横山说出了经营重点："我们的首要工作不是鱼，而是要让顾客有美好的一天。"他的员工甚至会在顾客面前，突然拿出一尾满脸凶相的大鲨鱼来吓唬顾客，这反而能博得顾客的欢笑。

为了改善包装货物的速度，减少员工从柜台走出来拿了顾客挑选的鱼再走回柜台埋单的麻烦，鱼档想出了"抛鱼"的手法——负责柜台的服务者，收到顾客买鱼的要求后，便会向鱼市场的鱼贩大喊，而所有鱼贩都会喊出鱼名，其中穿橙色围裙的鱼贩，便会以利落的身手将鱼如抛篮球似的抛给柜台前的人员包装，包好的鱼让顾客带走。

但万万料不到，此举却可以让一些平时机械性的工作，加入了游戏般的趣味性、合作性，凝聚成效率高超的团队。这种既快速又精彩的交货方式，充满着独特的人情味，渐渐成为鱼市场的"表演"特色。无论任何阶层的顾客，都喜欢看鱼贩抛鱼、开玩笑和唱歌，将趣味融入工作中。顾客买得开心之余，整个交易环境也变得热闹起来。

请你说说看

_____

_____。

评析

1.寓游戏于工作——游戏不仅是项活动，它也是种想法——可以为手上的工作注入新活力，激发有创意的解决办法。

2.创造别人美好的一天——能令人难忘的服务能"创造别人美好的一天"，你就会有能力将一成不变的习惯，扭转成特别的回忆。

3.人在心也在——你会筋疲力尽，是因为做事不专心。"人在心也在"是练习全神贯注并打击疲劳的最好办法。

4.选择你的态度——你若老往坏的方面看，就会发现生活一无是处。要是你发现目前的生活态度不是你想要的，可以换个新的态度。

———选自畅销书《鱼：一种提高士气和改善业绩的奇妙方法》

故事里有一个女经理，肩负了不可能的任务，要把公司里一个多年来奄奄一息、没有活力的部门脱胎换骨，变成效率高超的团队。她靠活用派克街学来的简单明了的工作哲学，凝聚了部属的力量，完成了令人刮目相看的转型大业。

这本可爱的小书里讲的是：开创一个令人耳目一新、惬意愉快的工作环境的要诀。在这样的环境里，人人心情愉快，随时投入，对事事关心的态度，带来了更多活力、贡献和创新。学习去爱我们所做的工作，即使碰上不喜欢的工作，我们也能心甘情愿地去做，而这样的工作态度将为你找到内心深处一直存在的活力、热情及创造力的源头活水。

服务意识自我塑造

作为服务管理者，我认为最重要的信念是：

_____。

我还须在这些方面努力：

_____。

5.4　服务管理者的行为模式塑造

通过前面的分享，我们清楚地看到服务管理者与普通管理者之间有着本质的区别，服务管理者必须养成良好的行为模式，才能够成就信念，给予顾客快乐、惊喜和感动的体验。我们把这个叫作"三点循环行动模式"。

5.4.1　解读"三点循环行动模式"

它的概念如下：围绕着准备、效率、美趣3个基本点（细节），循序渐进，以始为终，往复无限，互相渗透的项目执行体系，这"三点循环行动模式"可以是做一切事的基本模式，在服务管理上尤其如此。

首先是"准备"。

我们将"准备"放在第一，是因为它是任何一项服务操作的第一阶段，也是我们做任何事的立足点和出发点。而准备工作，既是体系的一部分，又是一个细节的标题。古人说："凡事预则立，不预则废。""预"，就是准备。所有服务的成败、优劣，都取决于这个准备工作是否充足，即是否有时间上的提前、熟练的技巧、合适的施展空间、完好的设施设备、时机的把握等，都集中在这个范畴里。可以说，服务经理人2/3的时间和精力，都应该花在这里。准备工作做得越细致、越专业、越充实，现场管理也就越有效。

其次，是"效率"。

"效率"是直接面对顾客的、现场服务阶段的核心要素，是对前期"准备"内容的一个"舞台展示"，或称之为"表演"。这是服务的点睛之笔，因为这一点不能保障，服务结果将无法保障。衡量服务"表演"效果的最重要因素，是速战速决，效率第一。如在饭店企业中，我们要求提供给顾客的早餐送餐服务在点菜后的15分钟内送达，正餐提供要在点餐后的30~40分钟送达，电话要在3声之内接起等，都是以效率保证服务品质的。

最后是"美趣"。

这是与前两者相对独立，但又贯穿服务始终，不可缺少的因素。它既取决于"准备"工作中的训练，也取决于其个性、素质、幽默感等内在修养、修炼的成就，有时可能只是一声问好，就能收到锦上添花、画龙点睛的效果。服务者与服务经理人对客服务的点滴过程与细微之处常常可以给顾客带来意想不到的感知。这种"美趣"的感知，可能只有接受和体验服务的人才能感受到的。而它的表述可以是一句关切之语，可以是一个礼貌的动作，可以是一个幽默笑话，更是一个完美的接待服务过程。总之，能够给顾客带来难以忘却的美好感受就对了。

5.4.2 "三点循环行动模式"无所不在

"准备""效率""美趣"的"三点循环模式"无所不在，小到斟酒一杯的操作，大到一个晚会的组织，甚至一年计划的完成，都由这3个基本要素组成。

小的"三点循环"，组成了大的"三点循环"，大的"三点循环"又构成了更大的"三点循环"，以至于无限。同时，这个"三点循环"又与另一个"三点循环"相交叉，构成了一个新的"三点循环"。以饭店宴会中的斟酒为例，这里也有"三点循环"，它与拉椅、送毛巾、倒茶、点菜、上菜等许多同样小的"三点循环"相交叉，构成了一场宴会"三点循环"的组成部分。而宴会的"三点循环"，又是一个主题活动的"三点循环"的组成部分。

5.4.3 实施"三点循环行动模式"管理的要点

我们将"三点循环行动模式"细分为三大要点32个分点。

1）准备

①通过会议、辅导、恳谈等多种形式，就你的"项目目标"，与上级、下级达成一致意见。

②明确好工作表现的定义，即标准，包括"员工行为标准"和"服务质量标准"，对标准进行公布、培训和考核，并在执行过程中进行督导。

③定期组织成员描述每一目标与工作标准，说出来并写在纸上，公布出去。

④利用晨会或任何形式，在有效期内（由策划完成到项目完成），反复宣讲这个目标。

⑤建立一个督导机制，使自己和大家能够每天对照目标，审视自己工作的进展。

⑥强化日常检查，认真观察自己的行为是否与目标一致。

2）效率

任何工作效率，都取决于人的因素，通过简短的"跟进称赞"与"跟进批评"等方法，实现良好沟通，最大限度地实现对人力资源的开发，进而从根本上提升工作效率。

首先，要善于称赞。

⑦预先让大家知道，你将对他们的工作情况给予评价。

⑧参照工作目标、标准，及时称赞，哪怕是微不足道的一点进步。

⑨告诉他们对在哪里——非常具体地说明。

⑩告诉他们这样做了以后，你的满意感受，以及他们给其他同事的帮助。

⑪停一分钟，让他们静静地体会一下你的开心。

⑫热情地鼓励他们继续这样做下去。

⑬跟他们握手，或以其他类似的形式，表明你非常支持他们在团队中获得的成功。

程控表单1　　　　干得好！

表扬／感谢	先生／小姐	先生／小姐
事由：		
表扬／感谢人：		年　月　日

注：本卡作为日常沟通工具使用。请用手写，以表示敬意。本卡用于你对随时发现的好人好事给予表扬或感谢。表扬或感谢的双方是个人性质的，双方可以是下级，也可以是上级，甚至可以是供应商，或是宾客。本卡与"表扬单（红点）"不同。

其次，要善于适时批评。

⑭跟称赞一样，也要预先让大家知道，你将对他们的工作情况给予评价。

⑮对照标准，在事情发生后立即对他们进行批评。

⑯具体地告诉他们错在哪里，以及应该怎样做。

⑰告诉他们你的感受，如不安、焦虑、难受、歉疚等——要说得非常明确。

⑱沉默几秒钟，让他们深刻体会你的感受。

⑲跟他们握手，或以其他类似的形式，表明你非常真诚地与他们站在同一边。

⑳提醒他们，你对他们非常倚重。

㉑再次肯定地告诉对方，他们是很优秀的人，只是在这件事上做得不好。

㉒批评过后，这件事就这样过去了。

程控表单2　　　　问题备忘录

问题／事件	先生／小姐	先生／小姐
事由：		
责任人：		年　月　日

注：本卡作为日常沟通的工具使用。用于你随时发现的问题的提醒，表述上可以充分口语化。收发件双方是个人性质的。本卡与"违规通知单"不同。

要点三，美趣。

具体做法是在要点一和要点二的基础上，实践"55字真言"。

㉓常说最重要的10个字：有没有达成目标和标准！

㉔常说最重要的9个字：快乐比赚钱更加重要！

㉕常说最重要的8个字：我承认我犯了错误！

㉖常说最重要的7个字：你干了一件好事！

㉗常说最重要的6个字：你的看法如何！

㉘常说最重要的5个字：咱们一起做！

㉙常说最重要的4个字：不妨试试！

㉚常说最重要的3个字：谢谢你！

㉛常说最重要的2个字：咱们！

㉜常说最重要的1个字：您！

也许你觉得仅有这些还不够，实际上越是简单的目标，常常越难达成，因为越简单的目标，其内涵越丰富，越要具有系统性。

再强调一点，就是不要吝啬称赞，不懂赞赏，而耽于批评。在传统文化中提倡的"吾日三省吾身"，或"三人行必有我师"，以及现代提倡的"批评与自我批评"。这些用于自己修养尚可，但从管理角度来讲，激励与自我激励则是必不可少的。

请你做做看5.1

请你尝试用几句美趣"真言"说给你的同伴，并写下你的感受。

_____。

服务意识自我塑造

作为服务管理者，我应该养成这样的行为模式：

_____。

我还需要在这些方面努力：

_____。

5.5 服务管理者的管理意识塑造

管理是一种严肃的爱

管理就是追求一种调和

管理之间最短的距离不一定是一条直线，而是一条障碍最小的曲线

管理=勤奋+智能+知识+心理学

管理=管人+理事

己所不欲，勿施于人

如前所述，服务管理者管理意识的形成是决定企业管理氛围和企业文化营造的关键一环。在这个问题上，我们首先需要树立人力不再是商品，而是企业资产的观点。在国际上，发达国家也是近20年才把人力资源管理提高到与财务管理、市场营销同样位置的。同时，要确立外部顾客与内部顾客的概念。内部顾客就是直接服务顾客的服务者。管理层是直接服务顾客的人，为"内部顾客"服务的工作做好了，才能做好外部顾客服务的工作。我们经常会用"一线员工的工作效率=能力+激励+支持"来明确一线服务者工作效率效能的决定因素，除了其自身的基本能力外，服务者的专业能力、职业素养、管理者和企业的激励机制以及对其一线工作的支持和帮助起着至关重要的作用。

那么，管理者是否能够在职业能力上给予其足够的培养，是否愿意将自己的知识和能力传授给他的下级，是否能够有能力营造一个适合服务者快乐工作的氛围。在这个意义上，无论是服务企业的管理者还是其他企业的管理者都有"服务的角色"和服务好下级的工作的内涵。

5.5.1 管理者的管理意识

席酉民先生近期在《管理学家》中指出，尽管成功管理实践不要求管理者成为管理研究专家或掌握许多管理理论和技术的理论家，但至少需要尊重管理作为一门学问的地位具备"管理意识"。有人将管理意识总结为整体意识、结构意识、人本意识、制度意识、市场意识、竞争意识、创新意识，认为管理意识先于管理技术，是一种"自觉性"，是一种专业素质，需要熟知管理对象的规律，且需要长期的知识和经验积累。

①从作用上，管理意识先于管理技术。应该说更多地表现为管理人潜意识和"骨子里"的东西，是一种"自觉"，它会深刻地影响到管理行为。缺乏这种意识，该发现的问题发现不了，该做的事情意识不到。

②管理意识是一种"自觉性"，感觉的成分占上风。例如，一个管理人在作决策的时候，他首先会自觉意识到决策的有关要素并且作出判断和取舍，是一种专业素质。

③管理意识是对管理对象规律的熟知。优秀的管理意识是建立在对管理及其对象规律

熟知的基础上的，因为管理人内心理解这种规律，所以会自觉地作出符合规律的选择。

④管理意识是需要长期的知识和经验积累的。正如一个优秀的篮球队员需要训练，一个优秀的管理人也是需要锻炼的。只有具备相应的知识和经验，才会逐渐培养出管理意识。如果不了解企业组织的有关知识，不了解企业运行各自岗位的权责规则，活动中就找不到位置。

⑤具备管理意识的人能有效实施管理。他知道适当的时机做适当的事情，自我管理和主动站位。

1）管理意识1：整体意识

管理者应当把管理的对象，如人、财、物和信息等要素，看成一个有机整体，它们之间是相互联系、相互作用和相互制约的。因此，管理者看问题要全面，要统观全局，着力于企业整体绩效的改善，不能犯部门主义或本位主义的错误。具体来说，管理者应按照如下思路来塑造自我的"整体意识"。

（1）整体意识的完整性

构成整体的要素应当是完整的，如果有哪一类要素欠缺，将会影响整体功能的发挥。作为一种社会系统的企业，应至少具有以下6要素。

①目标要素。目标是企业系统存在的前提，没有共同的目标，企业就失去了存在的根据。管理者在制定目标时，要通盘考虑之后，再制定目标。目标的最终实现要靠多个逻辑合理的子目标来实现。

②资源要素。主要包括人力资源、财力资源、物资资源和技术信息资源等，它们是构成企业系统的物质基础。管理者掌握所管辖范围的资源优势、特征和不足，有效利用优势资源，克服劣势资源给工作带来的不便和影响。

③整合要素。资源成为生产力的关键之处在于要能够被成功地整合，在企业中发挥整合功能的要素有管理、制度、信誉、品牌和文化等。一个优秀的管理者最重要的能力就是整合资源的能力，能够审时度势地利用好每一个机会和资源，使得管理顺畅，有效实施。

④动力要素。这是系统运行的力量所在，能够产生动力的要素主要有目标、责任、竞争和激励等。将目标与理想、责任与义务、竞争与激励运用得当，使其成为管理过程中的有效动力，给被管理者营造良好的工作氛围，并激发被管理者的进取意识。

⑤技能要素。这是为了对系统组成要素的技术性和精确度作出规定，没有它，系统的运行将缺乏质量，系统适应环境的能力也将大为减弱。管理是一门艺术，管理者具备一定的技术技能是一位优秀管理人的必备条件之一，管理者需要十分熟悉他的管理区间的所有运营流程、管理制度等，能够在管理中游刃有余地展示他的专业度，成为这一管理制度的佼佼者和引路人。

⑥诊断矫正要素。这是系统内部的神经系统，负责检查系统本身存在的问题，并进行修正。在经济社会生活中，有的企业之所以步履蹒跚，甚至总在原地徘徊、效率低下，主要原因就是某些要素的缺位。管理者要有一定的感知力和洞察力，能够及时诊断和矫正管理运行中的错误和不足，找到有效的工作方法，提高管理效度。

（2）整体意识是同一性与斗争性的统一

即求同存异的过程。有的人一说到整体，便无条件地要求整体的各部分保持一致，行动要统一，思想要统一，言行举止都要统一。什么都来一刀切，仿佛只有这样才算是和谐，才算是一个整体或者集体，这是对整体的误解。社会心理学、组织行为学等学科关于群体的研究证明了以上观点，认为群体在保持和谐的同时，应维持适当的冲突水平，如果完全没有冲突，群体就会缺乏活力。在企业运作发展的过程中"同一性"的最直接体现就是企业的共同价值观。由它作指引，企业内部不同层次不同类别的员工才会有统一的使命感、方向感和责任感。"斗争性"要求企业做到各种资源尽可能实现多样化和丰富化，正所谓一枝独秀不是春，允许"百花齐放，百家争鸣"。这样的企业，才有生机活力和竞争力。

（3）整体意识具有凝聚力和向心力

对于系统整体中人的要素而言，应具有凝聚力和向心力。企业的管理者或者领导班子，应当具有凝聚力。凝聚力主要通过他们的战略眼光、决策能力、影响力和管理绩效来体现。向心力反映的是企业员工，普遍具有一种从四面八方向中心靠拢的愿望和趋势。可以认为，凝聚力是向心力的前提，向心力是凝聚力的表现。

（4）整体意识具有稳定性

整体之所以是整体，一个重要的原因是它应在较长的时间内保持稳定，它具有一种超个人的稳定力量。即使遇到管理者更迭的情况，也不会对整体的存在和发展构成威胁。在实际社会生活中，有些错误倾向和做法，是对整体意识的公然背叛。例如，有些管理者在选人用人时，总是习惯于在熟人、朋友或老部下中提拔亲信；在工作重心的把握上，只对自己所擅长的专业领域感兴趣；在资源和财富的分配上，自觉或不自觉地向个别部门或少数人物倾斜等。结果，一部分受重视，另一部分被冷落，企业运行体现出高度的非均衡性，整体效能得不到充分发挥，同时，企业发展的风险性被无限放大，安全性越来越小。

2）管理意识2：结构意识

结构是事物内部各组成要素之间的搭配状态。与整体意识相比，结构意识使得管理者认识事物的眼光从外部深入到了内部。而管理学理论对结构的关注，集中体现在组织结构或组织机构方面。关于它的重要性，管理大师德鲁克曾有这样的论述："良好的组织机构本身并不创造良好的业绩，就像一部好的宪法并不保证产生伟大的总统，好的法律并不保证有一个道德的社会一样。但是，糟糕的组织机构会使企业与良好的业绩无缘，无论管理人员是多么出色。"结构不仅体现了组成事物的各要素之间的分工关系，而且还反映了它们之间的主次关系以及相互作用的机制和效果。人们常说，结构决定功能。因此，管理者应当看到，企业要实现整体功能的发挥，不能只依靠其中的哪一类要素或哪一类要素中的哪些部分，而是要全部要素所组成的结构协作性地发挥作用。为了便于管理者形成科学的结构意识，以下总结了据以考察结构的10个基本视角：

（1）简单结构与复杂结构

规模越小的组织，其结构越简单，反之就越复杂。结构越简单的组织，越缺乏稳定性，复杂的东西是不轻易崩溃的。因此，小型企业的管理者们，要想让自己的企业具有较强的生命力（即获得稳定性），从结构的角度看，就是使它复杂化，从小型企业发展成中型甚至大型企业，虽然说"小的是美好的"（舒马赫语），但大的却是安全的。

（2）纵向结构与横向结构

前者体现了上下级之间的指挥与服从关系，强调权力集中，指挥统一，避免政出多门，后者则反映同一层次的分工与协作关系，突出专业化、高效率，但会给协调沟通带来麻烦。为了解决两种基本结构可能造成的问题，除了要尽可能做到设计上的合理外，更重要的是通过管理技术的推广（如信息化自动化）、管理艺术的运用和企业文化的熏陶等来弥补固有结构的不足。如直线职能制就是适应了企业多元化发展的需要，在分权程度上较传统组织结构走得更远些而已。

（3）正式结构与非正式结构

管理学史上的霍桑试验，证明了在企业中广泛存在着非正式组织。其含义是，由于工作中的人们发现彼此存在共同的爱好、兴趣、价值观，或者有共同的背景、经历或遭遇，他们在人格、情感、心理上产生了共鸣，从而形成的特殊群体，就是非正式组织，它的凝聚力和向心力都很强。从某种意义上讲，非正式组织是基于正式组织的缺陷产生的，同时它还迎合了人们的需要，所以更具有人性化。非正式组织的存在，使得正式组织的工作效率和工作质量受到了明显影响。由于它又具有不可避免的客观必然性，因此管理当局必须正视它们，然后引导它们。所以，正式组织的管理者，应该投入必要的精力来研究非正式组织的结构，掌握其成因和诉求，并努力改进正式结构中的不足，从而使正式组织在一定程度上实现非正式化，获得非正式组织的凝聚力和向心力，这是非常有意义的一件事情。

（4）规范结构与实际结构

关于组织结构的问题，管理学家们从各自的研究角度出发，提出各种各样应然性的规范结构，是一种理想的结构状态。但是，现实中实然性的组织结构，可能与管理学家们想象的相距甚远。管理者如果只看到规范结构，看不到实际结构，那就是纸上谈兵、本本主义。要是只看到实际结构，有意忽略规范结构，则会走上唯经验主义的道路。我们应该把两者有机结合，规范结构可以作为一种指导或衡量标准，实际结构是管理工作的立足点和归结点。

（5）静态结构与动态结构

在描述一个企业的结构状态时，许多人通常都是从静态角度上考察的。其实，从动态意义来分析将更为重要，因为企业是运转的，是变化的。有的企业，由于结构化程度不高，因此其静态结构基本清晰，但是动态结构却不明显，或者说在运转时已经混乱得没有了结构。这种企业，运转无序，要实现其目标，谈何容易？

（6）开放结构与封闭结构

受系统论等思想学说的影响，现代管理者普遍接受了开放的观点，认为任何一个系统都应保持开放，与外部环境之间不断保持物质、信息和能量的交换，系统与环境之间维持着动态的平衡。唯有开放，系统才能生存，才能发展。在企业管理过程中，开放性主要体现在：企业内部的各部门以及各组成人员，都要及时对来自市场顾客、竞争对手、政府机构和其他相关环境因素的变化作出积极的适当的回应，不能闭门造车，要顺其自然。

（7）刚性结构与弹性结构

结构中稳定性最强的部分，称为刚性结构；反之，稳定性不强，容易被灵活加以调整的部分，则是弹性结构。一般可以认为，刚性结构是主要的，并且在整个结构中处于支配地位，而弹性结构是次要的，起辅助作用。在管理制度化非常明显的组织中，已经是一种文化心理结构在起作用，因此刚性较为突出。而在人治色彩较浓厚的地方，弹性则较明显，甚至会出现一种非结构状态。

（8）机械结构与有机结构

靠外力作用才能维持自身完整性的结构，就是机械结构。无须借助外力，凭自身的协调机制便能使结构发挥出应有的功能，这样的结构可以认为是有机结构。凳子的腿断了，必须找木匠师傅给它重新装上，它才能发挥一只凳子的作用，它是机械结构；一只手的5个手指，如果由于某种原因少了1个指头，那么其他4个指头照样要履行整只手的职责，再断掉一个，剩下的3个指头仍然会协调一致，承担起整只手的任务，这是有机结构。对企业发展而言，我们要的是这种高度协调一致的有机结构。但是我们也要明白，有机结构并不是自动形成的，科学管理必须为此付出长期的努力。

（9）普通结构与特殊结构

在竞争的环境中，很少有这样一个企业，它的结构与众不同，以至于没法找到一个同类结构与之相比。任何一个企业的结构，既具有普遍性，又具有特殊性。普通结构反映一个企业的结构应达到这类企业的最低状态，或者标准状态，这种结构体现了同类企业组织共有的运行规律和发展水平。特殊结构寄托了一个企业组织的个性特征，是该企业的吸引力和竞争优势之所在。

（10）有效结构与无效结构

组织结构最终要具有有效性。有的结构，从理论上看虽然存在着明显的不足，但却在实践过程中如鱼得水；另外一些结构，在理论上可谓是无懈可击，然而到了操作环节却屡屡受挫。对有缺陷但却有效的结构我们应该好好分析，对看上去成熟可是却不能带来效率的结构也要认真总结。

3）管理意识3：人本意识

提倡管理要以人为本，这在管理学史上并不是一件轻松的事。管理学家和企业管理者们对效率因素的关注，首先是机器设备，然后是技术或产品，在竞争日趋激烈的情况下，他们才想到了人。与此同时，启蒙运动关于自由、民主、人权等现代价值观念逐渐深入人心，作为管理对象的员工，要求与投资方平等地坐到谈判席上，争取他们的应有权益。再加上民主政治的正式建立，最终使得人本管理有希望变成现实。正如克雷纳所说的那样："管理学思想开始关心人的方面，这并不是出于人道的考虑，而是因为绝望。"真正的人本意识应体现为以下7个方面。

（1）依靠人

人力资源不仅是管理所需要的最基本的资源，而且是最主要的资源。有学者指出："在过去相当长的时间内，人们曾经热衷于片面追求产值和利润，忽视了创造产值、创造财富的人和使用产品的人。在生产经营实践中，人们越来越认识到，决定一个企业、一个社会发展能力的，主要并不在于机器设备，而在于人们拥有的知识、智慧、才能和技巧。"在"技术决定论"的影响下，一些管理者有意无意地冷落了本该重点加以注意的人。"依靠人"应体现在：管理者以他或她所拥有的人力而自豪，认为这些人力不是成本，而是资本。

（2）尊重人

在马斯洛的需求层次理论中，尊重属于较高的需要层次。既然人都有获得尊重的需要，那么我们应该无条件地尊重每一个人，要发自内心地认为对方与自己在人格上完全平等。上级尊重下级，对下级来说是一种动力和鼓励；下级尊重上级，说明上级能够获得支持甚至有一种成就感；平级之间互相尊重，是彼此认同和协作的体现。

（3）使用人

这里的意思是说，英雄都有用武之地，是人才都能够被派上用场，而不是受到冷落、闲置或排挤。近些年，有关人士一再倡议，要相信人人是人才，世上无不可用之人，对人才，一定要仔细发现，大胆使用。

（4）激励人

要让员工积极、努力和高效率地工作，必须对他们进行激励。激励的基本内涵是：采取措施使员工以工作为乐，并且在工作中获得满足，通过他们的自觉参与和奉献取得更高的组织绩效。笔者建议管理者应树立这样的激励观念："要把获得激励当成组织成员特有的权利，是组织管理者应尽的义务。"此外，还应把对员工的控制缩减至最低限度，因为人本管理的基本意思应是多激励，少控制。

（5）培训人

为了使员工能够适应目前及今后的工作，管理者必须为他们提供尽量多的高质量的培训。培训是一种人力资本投资，对企业的长远发展具有战略意义。据美国经济学家西奥多·舒尔茨计算，若企业在物力方面的投资增加4.5倍，则企业利润增长3.5倍；要是在人力方面的投资增加3.5倍的话，那么企业的利润则会增长17.5倍。

（6）团结人

没有团结，以人为本就不可能彻底。如何把那些作为管理主体和管理对象的人打造成一个富有凝聚力、向心力和战斗力的团队?要通过下列途径来实现。

①建立共同的价值观。共同的价值观是人们形成团队的情感和人格基础，没有共同的价值观，就不会有真正的团队。管理学大师德鲁克指出："每一家企业都要求员工有义务建立共同的目标，并形成大家所公认的价值观。没有这些义务，就没有企业，而只有一群乌合之众。管理者的首要任务就是思考、制定并让大家知道这些共同的任务、价值观和目标。"

②恒久的事业心。团队的每个成员，都应有恒久的事业心，真正把干事业当成自己的毕生目的，是一种信仰，这样大家才有可能长期合作。

③领袖人物。团队的发起和维持，都离不开领袖人物。与此同时，一个团队中的领袖人物，并不是唯一的。那种一个领袖带着一群追随者风风火火闯天下的工作群体，只是一种微弱意义上的团队。因为只有一个领袖人物，一旦这个唯一的领袖离开，那些追随者

将作鸟兽散。一个既已形成的团队，其中的任何人离开，可能会引起其他成员的痛心或惋惜，但不至于对整个团队的存续构成致命威胁。

④妥协与忍让。这是从个性特点上对团队成员提出的必然要求。不难想象，一群人个个都固执己见，谁也不想让步，那么他们形成团队的可能性几乎为零。应当认为，每个团队都是由具有共同价值观同时又具有不同特点的人求同存异的结果。他们彼此包容、理解、依赖和认同，是一个有机统一体。

⑤人员的数量要合适。团队成员，既不能过少，也不能太多。人数过少，团队往往是个别领袖人物的放大，这样的团队很不稳定，缺乏研究价值；人数太多，互动交流的机会减少，不大可能做到有效的团结。英国学者大卫·鲍迪认为："12人以上的小组要整合成一个团队是有困难的。这些人达成一个共同的目标，要选择合适的时间和地点来会一次面几乎都有困难。绝大多数团队人数控制在2~10人，4~8人可能是最普遍的。"

⑥和谐与均衡。团队成员之间结构要互补，呈现出异质化的倾向。他们彼此的性格要相容，能够和谐相处，平等交流，同时在利益分配上应做到均衡。若最高的年薪是10万元，最低的则只有2万元，这种差异化程度显然超过了团队成员的最高承受力，不利于团队的稳定。但是，维持适当的利益差异（如最高年薪为10万，最低也有7万），却是大家能够忍受的（一点差异都不能容忍的自然算不上团队）。

⑦创新精神和创新能力。团队要有活力，要能够适应不断变化的经济社会形势尤其是要在竞争的环境中获得长期的生存，不善于创新是不行的。因此，要保证团队成员都能够具有强烈的创新精神和卓越的创新能力。

（7）关心人

企业哲学要回答的基本问题之一，就是企业与人的关系问题。人本管理主张，是企业为人而存在，不是人为企业而活着。管理者必须全方位全过程地做到关心人，关心他们的下属，关心他们的顾客，倾听他们的呼声，维护他们的利益。

4）管理意识4：制度意识

常言道："不依规矩，不成方圆。"制度在管理过程中具有非常重要的作用。制度经济学派的重要代表人物、德国学者柯武刚等人认为："制度的关键功能是增进秩序，秩序鼓励着信赖和信任，并会降低合作的成本。"同时，制度是一种很好的管理手段，离开了制度的管理必然是混乱的、高成本的。科学的制度意识至少应包括以下几个方面：

（1）要把制度作为一种积极的有益的规范来对待

面对制度，首先想到的应当是它的规范性。制度规范的存在，保证了企业运行的稳定性、有序性与和谐性。与此同时，制度规范还给企业员工的行为提供了向导，增强了大家的心理预期。规模越大的企业，越需要制度，就好比修造一栋建筑物必须有钢筋，没有它，建筑物就会散架。而做一个鸡圈则可以不要钢筋，有水泥和砂子就行了。这正如许多小企业，其管理运作几乎没有什么制度可言。

（2）制度必须合理

制度执行不力甚至形同虚设的原因很可能出自制度本身，制度不是一个好制度，有诸多不合理的地方，员工也就不愿意遵照这样的制度去执行。如何判断一项制度是否合理，主要有3个标准：第一，看制度设计是不是着眼于常规性多发性问题的解决。制度主要是用来解决常规性问题的，不是解决突发性事件的。有的管理者，不知什么原因走上了一条"唯制度主义"的道路，什么问题都求助于制度。每发生一种新情况，他们就想到定制度或者在原有制度中增加新的条款。结果新情况、新问题不断出现，大大超出了他们的事先预料，于是只有不断地定制度，美其名曰"制度创新"。制度越来越多，甚至多到泛滥的程度，制度的权威性受到影响，执行难度加大了。第二，看制度所调整的利益是否有利于多数人。任何制度的确立，都一定程度上涉及利益的调整。在一个特定的组织中，我们应该分析这种制度所调整的利益是否有利于多数的组织成员（2/3以上）。一项制度获得了2/3以上组织成员的支持，从合法性角度看，已经具备了通过的可能性。第三，看制度本身是否具备足够的可操作性。我们评价制度的合理性，不能光从制度设定的目的来考察就行了，更重要的还在于它的内容规定和实施程序上是否得当。如果一项制度不具有可操作性，那么就毫无用处。

（3）制度必须具有执行力

制度的执行力主要依赖于这样几个方面：一是高层管理者的以身作则，率先垂范亲自推动制度的实施；二是制度内部存在着明显的积极诱因，让人感觉照着做是最好的选择；三是制度应包含一定的惩戒机制，使违反制度的人要为此而付出代价。

（4）制度神圣不可侵犯

东方人的管理环境或管理文化，以亲情管理著称，不少人对制度的态度是：制度是人定的。言下之意，人比制度大，制度服从于人，被人改动就不足为奇了。员工也会常常认为违反制度的人被宽宏大量，是顺理成章。要想有真正的制度意识，必须发自内心地承认制度神圣不可侵犯，要把制度确立成一种超个人的价值信仰，否则制度缺失的问题将永远无法解决。

在制度的执行方面，普通管理者面对工作失误，喜欢推脱责任，习惯性口头禅："我也不知道啊""我反复向他们交代过的呀""他们怎样怎样"等。优秀管理者则在面对问题的时候，责任归类，主动揽责，首先反思自己的管理职责，然后与员工共同承担责任，并推动员工解决问题。如图5.1所示。

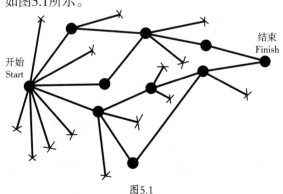

图5.1

优秀管理者典型的工作方法就是对企业工作进行目标化及模块化管理，日计划、周计划、月度计划、季度计划、年计划非常周密和翔实，同时对各个阶段如何完成目标都有相应的举措和方案。

【案例5.4】

谁来承担损失

田野是某大学的一位大学生，为了准备全国英语六级考试，在A书城购买了一本历年全国英语六级考试全真试题，没想到等到准备做试题时，却发现该书缺页达40页之多。无奈，他只好找出购书时电脑打印的列有所购书名的付款小票，准备去调换一本。

到了书城，田野直接到总服务台说明了情况，营业员甲接过书和付款小票看了看，说："没问题，可以调换。请您直接去5层找营业员调换。"随即，田野来到5层，找到相应专柜的营业员乙，营业员乙马上在书架上找，结果却发现该书一本都不剩了，于是对田野说："这本书已卖完了，不知仓库里有没有？你去找总台问。"此时，田野显得有些不耐烦了，问营业员乙为什么不能帮助顾客联系解决，而要顾客楼上楼下来回跑。营业员乙一边抱怨一边打电话给总台说："书架上已没有该书，请你们处理吧。"田野一脸的无奈，只好再次跑下楼去找总台。

没想到总台营业员甲查完电脑记录后，田野却被告知，该书已脱销了，出版社没有此书了。田野十分生气，本来只想调换一本，结果自己楼上楼下跑，跑来的结果却是一本不剩，他要求退书。可是，营业员甲说："退书必须在购书7日之内，您所购书是8天前买的，我们不能给您退。"田野此时已气愤之极，买了一本缺40余页的书本来已经够恼火的了，专门来调换却没有书可换。于是，他找到书城负责人理论说："我从你们书城买的书缺了40多页，我是来换书的，并不想来退书，可现在因为该书脱销不能给我换书我才退书的。"书城负责人不无遗憾地说："这是单位规定，超过7天不予退，只能换。"田野据理力争道："如果因为我个人的原因在7天之后要求退书，可以不退。但现在不是因为我的原因，而是该书脱销，而卖给我的书又少了40多页，你们没有理由不给退。"书城负责人说："不是我们不给你换，是没有书可换，我也没有办法，超过7天我们不予退书，要退，你找出版社去。"此时，围观的人越来越多，人们纷纷谴责书城负责人的做法。

请你说说看

_____

_____。

评析

如何对待规章制度，正确的态度应该是：在一般情况下，照章办理；在特殊情况下，酌情处理。正确对待规章制度的关键是明确界定特殊情况的范围和酌情处理的原则。特殊范围主要包括违反规章的目的与确立规章的目的一致，或已有的规章制度已不能发挥其应有的作用。酌情原则是对违反规章的有益行为按目标有利原则处理；无视规章，直接按照目标有利原则采取相应行为。

在本案例中，田野所购书缺页达40页之多，因为该书脱销，在调换不可能的情况下要求退书，他退书的目的与该书城制定该规定的目的是一致的，即都是为了维护消费者的利益。该情形属于违反规章的目的与确立规章的目的一致的特殊范围，因此，书城负责人应按目标有利原则处理，对田野的退书要求予以妥善解决。即在此种特殊情况下，规章制度可以破，但目标原则不能违背。同时，进一步完善书城的退换书的规定，如可以考虑在规章制度中将所有的特殊情况均列出来，以便指导员工妥善运用。

5）管理意识5：市场意识

市场是社会分工的产物，它反映了社会各经济主体之间相互依存的关系。市场意识就是要体现经济主体能够积极为可能的交易对象的利益着想，以自己的产品或服务赢得对方的满意和付费，企业管理者应分别在以下几个方面强化自身的市场意识。

（1）市场调研

这是了解市场需要的必经步骤。我国改革开放之初，还是短缺经济状态。20年后，许多行业的许多产品都严重供过于求，为什么会这样呢？一个重要的原因是，企业作为经济主体，没有对市场需求进行及时、有效的调查研究。所以，不少企业虽然说是在做"营销"，但它们其实不过是在"推销"那些严重脱离市场需求的产品，根本没有达到真正的市场营销观念阶段。

（2）市场细分和市场定位

在市场空间越来越大、人们的需求也日益多元化的情况下，任何一个企业部不可能面向全部顾客（人口）生产他们所需要的全部产品，提供他们所需要的全部服务。即使生产一种产品只提供一种服务，也不能满足全部顾客对这种产品或服务的需要。因此，企业应结合自身的实力找到一个可以达到的目标市场，具体确定企业所能服务的人群，这就是市场细分。根据细分市场的特点，给企业的产品或服务确定个性与特色，从而吸引目标顾客，并以此区别于竞争对手，这就是市场定位。通过市场细分与市场定位，使企业和市场之间建立了一个双向选择机制，从而增强企业营销的针对性和有效性。

（3）市场开发

通过细分和定位，虽然使企业和市场之间建立了双向选择机制，但这还只是一种可能性，还要进一步把它变成现实性，这就需要进行市场开发。目前，营销理论提供了4个基本的市场开发手段：广告、人员推销、公共关系和营业推广。通过这些手段的实施，企业和市场之间的关系才最终得以建立起来。市场或顾客的需要获得满足，企业获得利润，并为持续发展创造了更好的条件。

（4）市场维护

企业间的关系，有了稳定的供应和销售网络，这是企业在某一产业领域中站稳脚跟的重要标志。这种关系虽然建立，但是若不好好地呵护它，它将会岌岌可危甚至转瞬即逝。因此，企业管理者必须重视市场的维护。企业进行市场维护的最佳法宝，是始终不渝地提供顾客可感受到的高质量的、超值的服务。

6）管理意识6：竞争意识

竞争在今天已经成了一种现实，但是，有的管理者却不能勇敢地面对竞争，他们缺乏正确的竞争意识，以至于管理的有效性受到影响。那么，正确的竞争意识应该是怎样的呢？下述3点值得注意。

（1）利用竞争

推动企业进步的主要力量通常是竞争而不是顾客，可是有些企业管理者却看不到这一点。他们认为，竞争使得他们经营企业的难度加大，所以从内心里不喜欢竞争。不懂得利用竞争来给自己施加压力，仅仅通过普通的管理手段实现管理目的，虽然不是不可能的，但至少是非常困难的。

（2）挑战竞争

看到了竞争的不可避免性，企业管理者就要不断地带领企业苦练内功，用实力来挑战竞争，用优势来赢得竞争，用核心能力来保证自己在竞争中的绝对地位。

（3）维护公平竞争

公平地参与竞争，禁止搞不正当竞争，是企业应执意恪守的职业道德。通过公平竞争发展起来的企业，才是值得尊敬的企业。图5.2列举的普通管理者与优秀管理者对待员工的态度，特别是在竞争意识下的理解。

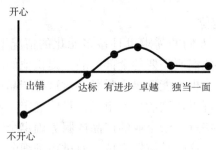

图5.2

如图5.2所示，普通管理者的情绪很容易被员工的行为左右，并且不能及时调整，员工一旦出错或者是工作表现不理想，普通管理者就会陷入负面的情绪中。普通管理者的成就感和兴奋点，往往是个人的成就而非团队的成就。所以，当团队成员取得卓越工作成果时，他们也不能及时表现出兴奋的情绪。

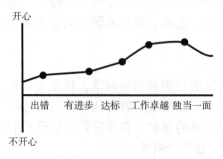

图5.3

如图5.3所示，优秀管理者都有一个共同的特点：他们有很高的能量状态，哪怕是糟糕的员工或顾客，和他们相处也会感觉会非常舒服，他们本身就是一枚暖男或者是女神，即便他们面临着巨大的工作压力或生活压力也如此。

7）管理意识7：创新意识

在竞争的环境里，不创新，毋宁死。企业管理者是否有真正的创新意识，需要在以下两个方面寻找证据：

（1）克服创新障碍

这是从消极的角度讲的创新意识，要先克服那些不利于创新的障碍。创新的障碍主要有两个：一是不能容忍异己，搞一元化；二是文化性格总体上趋于保守。创新者常常是叛逆者，言听计从、唯唯诺诺之徒是不会创新的。保守的性格使得人们普遍呈现出一种收缩态势，循规蹈矩，求稳怕乱，安于现状。所以，要有真正的创新，必须最大限度地解放我们的思想，开放我们的文化。

（2）打造创新条件

创新的条件很多，概括起来主要有：资源条件(人、财、物)、信息条件、管理条件、制度条件和文化条件。企业的创新，虽然是小范围的，但在这些方面也应有一定程度的考虑。唯有这样，创新工作才能够落到实处。

创新意识本来就是一种思维方式，正如下面所析，不同思维方式的管理者对工作的追求和创新意识的实现效果是不同的。

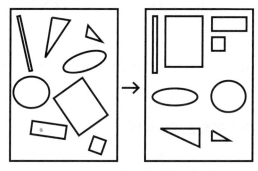

图5.4

图5.4为普通管理者的思维方式与工作追求。普通管理者虽然能够意识到梳理企业业务流程的重要性及意义，但是由于缺乏基础的逻辑，不能够理解业务模块之间的内在逻辑，比如销售业绩和新品推出的关系、早会和第一单的关系，他们始终处在为做事而做事的状态。

工作状态：指哪打哪，马马虎虎。

相反，优秀的管理者能够理解业务模块之间的内在逻辑，将团队内部的人、事、物进行综合利用，尽可能做到人尽其才、物尽其用，能够将每个要素安排到一个合适的位置，在他的思维里没有废料及边角料的概念。优秀管理者的工作追求是始终追求卓越的心智和更高的目标，他们能够通过快速迭代的方式，给员工最好的状态，给顾客最佳的体验感受。

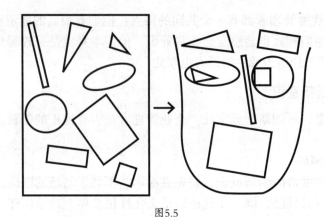

图5.5

优秀管理者的工作状态就是一直保持着较高的激情：在他们的思维中，已经形成了一种自我激励的机制，这种机制就是在解决问题的过程中获得乐趣，能够坚持到最后，见证自己的想法得以实现，达到了马斯洛所讲的"自我实现"的阶段。从这方面看，优秀管理者从来都不是为了钱而工作，却在工作中赚到了足够的钱。真所谓："跳得高不如走得远！"他们知道，意气风发不在一时，持续奋斗才是英雄！当普通管理者面对问题总是站在山脚下，看到的往往是困难、挫败或风险，对于团队传递的往往是抱怨或不满时，优秀管理者却是站在山头看山脚，能够看到解决问题的无限可能，即便是在经济不景气、店面很冷清的情况下，他们知道"困难困难，困在家里就难；出路出路，走出去才有路"的道理，积极带领团队到店外拓展业务，他们不断去享受挑战困难的过程与丰厚收益，成为商战中最大的赢家！

成为一名优秀的管理者真心不易。他们要管人、理事，还要保证企业利润。如果你成为了一名优秀的经理人，恭喜你！如果你遇到了优秀的经理人，请珍惜吧！

【案例5.5】

茶杯的故事：一个关于管理和情理的问题

中国大酒店在创业之初，发生了一件体现中方和外方管理文化上的差异的小事，但小事中却包藏着大问题，一个关于管理和情理的问题。

事情缘于一位外方部门经理检查客房，他不仅用眼睛检查地面、窗帘、浴室，还伸手四处摸摸，发现一切都打扫得干干净净，没有任何灰尘，床也铺得很整齐。正当他满意地点头之际，却发现了一个严重的问题：茶几上的茶杯朝向错了。

这里说朝向错，不是说茶杯放得不够整齐，而是茶杯上5个事关酒店品牌的字不见了，这5个字就是"中国大酒店"。按规定，杯子上"中国大酒店"5个字应当向着门口，让顾客一进门就看得见，以便传达酒店的品牌形象。另外，那盒小小的火柴，也没有放在烟灰缸后面，而是放在烟灰缸旁边。这使外方经理大为恼火，他当众斥责服务员小温，说她工作粗心大意，不负责任，不懂规矩。

小温是一位18岁的广州女孩，刚入职不久，她受不了被人当众斥责，便与经理顶撞起来。她说这仅仅是一点小事，并不影响酒店的服务质量，顾客也不会计较，你分明是鸡蛋里挑骨头，小题大做，欺人太甚。

摆错杯子是"小事"吗？这件事情反映出来的问题是小问题吗？我们说绝对不是。

如此引来的一场冲突，在当日算得上是轩然大波。当天，受了顶撞的外方经理也很难过。他找到中方经理交换看法，中方经理诚恳地说，在我们中国的社会制度里，上级是人，下级也是人，大家的关系是平等的，唯有对员工满怀爱心，循循善诱，员工才能接受你的批评教育。他们不习惯生硬的训导，总以为只有资本主义国家才会这样对待工人。

外方经理恍然大悟：原来我们在管理方法和思想观念上，存在着差距。我不了解国情，只是就事论事，见她粗心大意，根本没有品牌意识，情急之下没有注意工作的方式和方法。他反思了一夜。第二天，他出现在小温正在做清洁的客房。小温有点愕然，他们不约而同地望向茶几上的茶杯，这回，茶杯摆对了。那一瞬间，他们相视而笑，仿佛昨天的"恩怨"已一笔勾销。他是来向小温道歉的，他说，我昨天在众人面前大声斥责你，挫伤了你的自尊心，这是我的不对。但是，杯子的摆法非讲究不可。

中国有句古语："通情才能达理。"外方经理寓理于情的态度令小温感动，在短短的几分钟里，他又赢得了下属的尊敬。从此，小温格外注意这样的细节，在认真里面，又多了一种自觉。

从品牌管理的角度看，将"中国大酒店"5个字摆在显眼位置，不是一件小事，而是通过细节处处传达酒店品牌形象的大事。品牌既是管理的起点，也是终点，酒店提供的一切优质服务过程都在品牌中凝结。

这件事触及企业管理的核心问题：一个关于管理和情理的问题。

既要严格管理，又要关心人、理解人、尊重人；既要加强思想教育，又要耐心说服，讲清道理，这样才能调动职工的积极性。外方管理人员对酒店管理制定了严格的制度，讲究规范化、科学化，这都是对的。但另一方面，他们又常常将自己与职工的关系看成是主仆关系，员工一有差错，就以粗暴的态度斥责人、惩办人，对职工缺乏理解、尊重和爱护。

有句话说得好：你可以批评，但不要轻蔑。

如此简洁却又如此精辟的一句话，它道出了一个领导对员工所应持有的正确的态度：尊重员工，尊重人格。

不管是大型企业还是中小企业，领导者所要面对的，无外乎人、事二字。换句话说，如果一位领导者对人和事应付自如，管理有方，那么，他就可以称为一个成功的领导者了。尽管管人和管事是相互联系的，人中有事，事中有人，但管人和管事还是有所不同的。归根结底一句话，无人就无事，管事还要先管人，管人是管理之根本。

"企"字以"人"字当头，只有管好人，才能管好企业。企业领导者要管好企业，必须学会管人。市场经济时代，企业之间的竞争，归根结底是人才的竞争，而人才竞争的胜负，在很大程度上取决于领导者的管人艺术。

管人之所以被称为艺术，是因为这是一项极其复杂的而且极其费心劳神的工作。正如一个木匠不能简单地用锤子解决所有问题一样，没有谁能让一名领导者一夜之间精通各种管人之术，没有谁能让一名领导者一夜之间从平庸走向优秀。

真正优秀的领导者，是那些在管人过程中能够注意自己言行，注重小节的领导者，在他们看来，管人绝对不是一件小事，在这个过程中暴露的问题更不是小问题。

后来，酒店针对上级批评下级的态度和方式，以及如何做好督导，如何有效解决冲突等，设立了专门的培训课程。酒店自身的企业文化就在差异和冲突的调解中得到提炼，一次次地积淀下来。

一年多之后，小温被评为酒店的"服务大使"，她在介绍经验的时候讲到了这件"小事"对她的启迪。不久，她还升职当上了主管，这下轮到她给新来的员工讲茶杯的故事了。

请你说说看

_____

_____。

评析

在工作上，管理也好，情理也好，每一个细小的环节都可能引发大的问题，管理不细则可能导致企业形象的损坏，情理不通则会引发出不满，从而影响管理的实施。所以，无论管理还是情理都要从小处着眼，从这样才能树立企业的品牌形象。

服务意识自我塑造

我认为管理者还应该有这样的管理意识：

_____。

我还需要在这些方面努力：

_____。

5.5.2 服务管理者的管理意识

> **小 看 板**
>
> 服务管理者的管理意识：
> 团队意识
> 责任意识
> 服务意识
> 成本意识
> 学习意识

服务管理者，既是管理服务的人，同时自己又是服务者。他与一般企业的管理者有着本质区别，那就是：他同时拥有外部顾客和内部顾客，而在实施管理的同时，经常有可能是同时扮演多个角色，而且，服务管理者必须有足够的能力和影响力带动所属成员适时为顾客提供优质的服务和服务产品。我们常说，服务管理者必须是个杂家，是一个思维敏捷、诚实守信、勇于承担、乐于助人的人。他还要懂得管理学、组织行为学、沟通艺术、服务心理学、服务礼仪、外语等。这样看来，一个优秀的服务管理者应该是一个通才。

1）服务管理意识 1：团队意识

团队意识简单来说就是大局意识、协作精神和服务精神的集中表现。团队精神的基础是尊重个人的兴趣和成就，它的核心是协同合作。团队精神的最高境界是团队成员的向心力、凝聚力，反映的是个体利益和集体利益的统一，进而保障企业的高效运转。

服务管理者应首先具有这样的团队意识，这是因为：任何服务企业都是靠团队成员的集体努力才能实现顾客满意的，我们常常提到的100–1=0的等式正是在说这个问题。它告诉我们，团队中的100个人所承担的100个环节的服务工作，如果其中有一个环节一个成员没有出色完成工作，那么，在顾客心目中，他对我们服务产品的整体印象只能是0。所以，一个优秀的服务管理人，不仅他自己是一个出色的服务者，同时他还时时刻刻将打造高效、优质团队的意识融化在自己的管理过程中。既要有能力身先士卒，挺在前头，做好员工的榜样，又要有方法逐渐营造良好的团队氛围。

普通管理者的一个典型的问题就是对团队工作缺乏规划，很多工作按照自己的逻辑去展开，而忽略了团队式的工作方法，在实际工作中最典型的例子就是临时工作任务多、突发任务多，整个团队都会被带入到这种恶性循环，管理者和团队成员都会身心疲惫。

管理意识自我塑造

我要这样做：

_____。

我还需要在这些方面努力：

_____。

2）服务管理意识 2：责任意识

责任意识是一种自觉意识，表现得平常而又朴素。责任是使命的召唤，是能力的体现，是制度的执行。只有能够承担责任、善于承担责任、勇于承担责任的人才是可以信赖的人。责任是一种努力行动，是使事情的结果变得更积极的意识。

作为服务管理者，我们的责任又是什么呢？因为角色的不同，我们在处理一件事情、提供一次的服务的同时，至少要对3个角色负责，我们既要对顾客负责，又要对企业负责，更要对员工负责。当决策发生冲突时，我们该如何处理。三者之中，谁最重要？大概是顾客—企业—员工的顺序吧。那么，最不重要的就是管理者你自己了。所以，服务企业的优秀管理者，一定是一个勇于担当，心胸宽广，有着集体主义精神、职业道德和职业精神的人。

当然，责任建设，以制为本。讲责任，也要讲责任制。有履责要求，也要有责任追究。落实责任制，一在履责，二在问责。没有问责，责任制形同虚设。问责，要贯穿到履责的全过程。事前问责是提醒，事中问责是督促，事后问责是诫勉。对认真负责的，要给予奖励和表彰；对失职渎职的，要予以追究和惩罚。只有把责任和责任制统一起来，把履责和问责结合起来，才能在全社会确立一种良性的责任导向，增强责任心，培育责任感，提高责任意识。

3）服务管理意识 3：服务意识

服务意识是服务者必须具有的基本意识，更是服务管理者必备的基本素质。作为服务管理者，他必须具有较高的情商，能够同时具有服务顾客、服务上司和服务员工的能力，能够处理好客我之间，员工与员工之间，自身与上司、员工之间的微妙关系。服务管理者的服务意识应该是当他面对顾客时就能够自然产生提供最优质服务的欲望。同时，当他面对员工时能够时时事事为员工着想，无论从工作安排与决策上，还是员工管理与绩效体现上，都能够站在员工的角度为员工提供最优的企业服务和关怀。取而代之的是，员工带着对企业的忠诚度，依赖感重新投入对客服务上，他们更会是热情饱满、意气风发地为顾客提供真诚而令人感动的服务。

如果抛开对外部顾客的服务意识的话，管理者的服务意识主要指管理者对上司和下属的工作，进行有效支持的意识，而且这种意识必须是自己主动的，是发自于管理者的内心的，自然而然的。通过这种服务意识，可以将自己的工作、上司下达的目标和具体的任务有机地结合起来。通过这种服务意识，可以促进下属更加主动努力地工作，使整个工作处于一种积极、乐观的氛围中。这种服务意识很容易感动下属，特别是下属急需帮助和支持时，这种服务意识更显珍贵。因此，这种服务意识能够极大地带动下属的工作热情，能够比直接地督促起到更好的效果，而且下属也从工作中学到更多的知识和技能，能力提高后会呈现出更高的绩效。

我们先来谈谈管理者对员工的服务意识。

从管理的字面上理解，管理是什么？就是"管"和"理"。"管"是监督和控制，"理"是指导和服务。对于管理者来说，指导员工做正确的事以及正确地做事，这就是"理"。所谓做正确的事，即要求企业的战略必须正确，能够使企业的付出得到最大程度的回报，否则员工的付出即是无效的付出，这无疑是一种浪费。所谓正确地做事，则强调的是要用正确的方法做事，提高做事的效率，从而使企业的战略目标得以顺利地实现。这些都首先要求我们的管理者做好下属的服务，而不是等着下属犯错后给予处罚，所以说，处罚员工是管理者的无奈，甚至在某种程度上是管理者的无能。

有个故事，讲的是一个小和尚在庙里担任撞钟一职，3个月之后，觉得无聊至极，"当一天和尚撞一天钟"而已。有一天，方丈宣布调他到后院劈柴挑水，原因是他不能胜任撞钟一职。小和尚很不服气地问："我撞的钟难道不准时、不响？"老方丈耐心地告诉他："你撞的钟虽然很准时，也响，但钟声空泛、疲软，没有感召力。钟声是要唤醒沉迷的众生，因此，撞出的钟声不仅要准时、出声，而且要圆润、浑厚、深沉、悠远。"

从管理的角度讲，故事中的方丈犯了3个错误：一是方丈没有确定工作标准，使小和尚不知道撞钟要撞到什么程度；二是没有向小和尚说明撞钟的重要性，小和尚不明白工作的意义，容易使他产生懈怠心理；三是没有对小和尚进行相应的训练，使小和尚具备相应的工作技能。所谓"凡事预则立，不预则废"，指的就是事先要对所布置的工作进行全面规划，让执行者知道做什么，明确工作职责；为什么做，明白岗位的重要性；怎样做，理解做事的方法；做到什么程度，通晓工作标准。只有这样，才能保证执行者达到让管理者满意的工作效果。也就是说，这个方丈犯了"布置等于工作完成"的常见错误。管理者在布置完成任务之后，还应该关注跟踪督促、检查落实、结果评估、正负激励等环节。把布置当作完成任务的管理者实际是偷工减料，管理粗放。且不说后续的管理环节，就拿布置任务来说，很多领导也做得非常不到位，根本达不到卓越管理的要求。

其实，对管理者来说，布置任务粗放或是细致，与执行效果有着密不可分的关系。许多企业，管理者在布置单项任务或临时性工作时，只是简单地分派任务，指定张三做这件事，李四做那件事，下达任务之后，就是管理结束。这样粗放、笼统地布置工作，不可能达到好的结果，而在企业里，结果是工作能力的最好证明，而辛苦不代表工作能力。我们企业的管理者往往管得多，控制多，而指导少，服务少。要做好"管"和"理"的工作，必须具备以下几个步骤：

①落实责任到具体个人，实行工作责任制。（理的范畴）

②与责任人沟通，阐明工作内容、目的、事情结果好坏对个人能力的评判以及对部门及企业的影响。（理的范畴）

③规范工作质量标准，即工作的质量要求并按照其执行之。（理的范畴）

④明确工作数量、进度要求、完成时限。（理的范畴）

⑤提示工作的重点、难点，对易出差错之处提请注意。（理的范畴）

⑥说明工作方法，但更注重让其在实践中摸索，以达到优化工作流程的目的，从而提高工作效率。（理的范畴）

⑦进行工作检查，明确考核事项和考核标准。（管的范畴）

⑧根据考核结果进行奖惩，做到奖惩分明。（管的范畴）

明确了以上8条，并有了这样细致的要求，除非执行人故意不做或者能力差距太大，一般情况下是能够做好工作的。所以，我们的管理者更多的是扮演服务者，是"理"的范畴。

同时，服务管理者对员工的服务意识，还包括以下内容。

第一，对下属工作需要相关资源，要调度得当。这些资源包括设备、开发工具、人力等，这些资源配备适当，下属可安于工作本身。另外，管理者协调这些资源有自己的职位优势，协调起来更得心应手，而且配备合理的资源，也确实是管理者分内的工作。

第二，平时做好必要的技术储备：必须预估承担某项工作的成员目前是否存在难以逾越的技术或技能障碍，这些障碍需要提前通过培训等手段来解决，而不要等工作不能开展下去时，才想到如何解决。

第三，关注下属的工作协作，判断是否存在合作时，接口工作是否清晰，彼此的进度是否匹配。有时，下属囿于自己视野和工作范围的限制，难以发现协作中自己或合作者工作中的潜在问题，这都需要管理者利于自己的经验，时不时进行提醒和帮助。

针对服务管理者上司的服务意识，则应包括以下内容：

第一，德鲁克先生教导我们，要学会管理上司，要替他们考虑。从任务本身的需要出发，全局考虑与工作目标和任务相关的各种因素：任务形成产品的市场定位，产品的发展规划，配合市场部门的产品演示与推广工作，有效的外部沟通和良好的顾客互动等。

第二，作为下属，站在上司的角度考虑工作，会获得一个更大的视野，如可以站在公司的角度，全面理解工作目标和自己任务的重要性，理解产品线规划的原因，理解老板采取超常措施的为难之处等，从而对自己承担的工作，有了更深刻的认识，并把这种认识带到自己的团队里来，相信会获得更高的凝聚力和工作热情。

第三，对上司的服务意识，还表现在如何发挥上司的长处。上司也是人，也有长处，也存在缺点，也需要别人的关怀和鼓励。因此，通过与上司不断地磨合，借助工作分工，参与上司部分工作的决策等方式，使上司充分发挥自己的长处，从而限制其缺点的影响，这对整个团队都会有很大的益处。

这种对上司和下属的服务意识，会推动管理者不断地考虑整个团队工作中的问题，及时地给予上司和下属以支持，从而帮助整个团队呈现出很高的工作绩效和热情。而且，这种意识会帮助团队团结成一个整体，共同努力，共同进步，共同享受成功的喜悦。

【案例5.6】

贾厂长的无奈

江南某机械厂是一家拥有职工2 000多人、年产值约5 000万元的中型企业。厂长贾明虽然年过50，但办事仍风风火火。因为，贾厂长每天都要处理厂里大大小小的事情几十件，从厂里的高层决策、人事安排，到职工的生活起居，可以说无事不包。人们每天都可以见到贾厂长骑着他那辆破旧的自行车穿梭于厂里厂外。正因为这样，贾厂长在厂里的威信很高，大家有事都找他，他也是有求必应。不过，贾厂长的生活也确实过得很累，有人劝他少管些职工那些鸡毛蒜皮的事，可他怎么说？他说："我作为一厂之长，职工的事就是我自己的事，我怎能坐视不管呢！"贾厂长这么说也这么做。为了把这个厂办好，提高厂里的生产经营效益，改善职工的生活，贾厂长一心扑在事业上。每天从两眼一睁忙到熄灯，根本没有节假日，妻子患病他没时间照顾，孩子的家长会他也没时间出席，他把全部的时间和心血都花了厂里。正因为贾厂长这种勤勤恳恳、兢兢业业的奉献精神，他多次被市委市政府评为市先进工作者，市晚报还专门对他的事迹进行过报道呢！

在厂里，贾厂长事必躬亲，大事小事都要过问，能亲自办的事决不交给他人办；可办可不办的事也一定是自己去办；交给下属的一些工作，总担心下面办不好，常要插手过问，有时弄得下面的领导不知如何是好，心里憋气。但大家都了解贾厂长的性格，并为他的好意所动，不便直说。有一次，厂里小王夫妇闹别扭，闹到了贾厂长那里，当时贾厂长正忙着开会，让工会领导去处理一下，工会主席在了解情况后，做双方的思想工作，事情很快就解决了。可贾厂长开完会后又跑来重新了解情况，结果本来平息了的风波又闹起来了。像这样的例子在厂里时有发生。

虽然贾厂长的事业心令人钦佩，可贾厂长的苦劳并没有得到上天的赏赐。随着市场环境的变化，厂里的生产经营状况每况愈下，成本费用急剧上升，效益不断下滑，急得贾厂长常常难以入眠。不久，贾厂长决定在全厂推行成本管理，厉行节约，他自己以身作则，率先垂范。但职工并不认真执行，浪费的照样浪费，考核成了一种毫无实际意义的表面形式。贾厂长常感叹职工没有长远眼光，却总也拿不出有力的监管措施。就这样，厂里的日子一天天难过起来。最后，在有关部门的撮合下，厂里决定与一家外国公司合作，由外方提供一流的先进设备，厂里负责生产。当时这种设备在国际上处于先进水平，国内一流，如果合作成功，厂里不仅能摆脱困境，而且可能使厂里的生产、技术和管理都跃上一个新台阶，因此大家都对此充满着信心。经多方努力，合作的各项准备工作已基本就绪，就等双方领导举行签字仪式。

仪式举行的前一天，厂里一个单身职工生病住院，贾厂长很可怜他，亲自到医院陪他。第二天，几乎一夜未合眼的贾厂长又到工厂查看生产进度，秘书几次提醒他晚上有重要会议，劝他休息一下，但他执意不肯，下午，贾厂长在车间听取职工反映情况时病倒了。晚上，贾厂长带病出席签字仪式，厂里的其他许多领导也参加了，但贾厂长最终没能支撑下去，中途不得不被送进医院。外方领导在了解事情的经过后，一方面为贾厂长的敬业精神所感动，同时也对贾厂长的能力表示怀疑，决定推迟合作事宜。

贾厂长出院后，职工们都对他冷眼相看，他在厂里的威信也从此大为下降。对此，贾厂长有苦难言，满脸的无奈。

请你说说看

_____

_____。

评析

管理者行为、管理层次和管理幅度都涉及管理的效率。作为一个高层管理者，他的管理对象不是面面俱到，也不是进行一般程序化的管理，而是在于进行非程序化的、例外的、战略性管理。在一个规模较为庞大的组织里，那种事必躬亲的管理者绝不是一个好的管理者。本案例主要涉及管理者角色、管理层次、管理幅度、授权、集权与分权、领导艺术等方面的内容，可在讲授管理与管理学、组织职能、领导职能等内容时选用。

管理意识自我塑造

我要这样做：

_____。

我还需要在这些方面努力：

_____。

4）服务管理意识4：成本意识

（1）提高会员的成本意识

4.2.6成本意识中讲了成本意识的概念和类型。这里，讲一下如何提高全员的成本意识。提高全员的成本意识，是组织成本管理的重要基础工作，是组织加强成本管理的重要内容，是组织降低、控制或保持成本水平的有力保证。提高全员的成本意识是组织较长时期的工作任务。全员的成本意识与管理者的意识相关，提高全员的成本意识除了管理者有较高的成本意识外，管理者还应营造一个有利于提高成本意识的氛围和推动成本意识的管理。组织可通过以下工作或活动来提高全员的成本意识：

①在培训计划中强调成本的重要性和控制成本的必要性。

②对员工不断进行成本意识方面的教育，通过培训和教育来提高全员的成本意识。向

员工宣传组织的成本理念，使每个员工都能理解组织的命运和自己的命运是相互联系的。

③建立激励机制，运用"成本考核"和"成本否决"等手段从严管理，使员工意识到组织控制成本的严肃性。

④建立"资源节约型"和"低成本运营"的企业文化。

⑤积极倡导成本是企业的核心竞争力，同时也是员工的核心竞争力。

现代企业成本意识是在相关指标不变的情况下，降低成本支出的绝对额，反而会相应地增加企业的收益，而单纯降低成本确实是有限度的。然而，在各项经济指标发生变化的情况下，有时增加成本支出的绝对额，也会相应地增加企业的收益。因此，现代企业成本管理的内容不仅仅是孤立地降低成本，而是从成本与效益的对比中寻找成本最小化。

（2）现代企业成本意识树立

现代企业成本意识包括：以人为本、成本优势、精益成本、科技驱动成本、成本避免及成本效益等方面的认知。

①以人为本的观念。

A.企业整个成本管理过程是人支配的，成本管理的主体是人而不是物。

B.强调对人性的理解，尊重人、关心人、爱护人、培养人、教育人，关注人的需求，凝聚人的智慧，激发人的潜能，提升人的技能，促进人的发展。

C.成本管理必须围绕调动人的积极性、创造性展开。

D.促进员工在公开公平的原则下竞争，不断提高科学文化素质，最大限度地调动员工创新、创优、创效的积极性。

②成本优势的观念。企业的竞争说到底是产品的质量和价格的竞争，企业只有提供物美价廉的产品才能在市场中获得竞争优势，求得企业发展和壮大。

实现"物美"指的是质量的提高；而实现"价廉"的基础则是成本优势。

③精益成本管理观念。以顾客价值增值为导向，融合精益设计、精益服务技术、精益采购、精益生产、精益物流，把精益的管理思想与成本管理思想相结合，形成了现代成本管理理念。

以"消除一切浪费，追求卓越"为全体员工共同的价值观和行为准则，从采购、设计、生产和服务上全方位、全过程、全员地控制成本，以达到产品（服务）成本最优，从而使企业获得较强的竞争优势。

④科技驱动成本观念。科学技术是第一生产力，科技进步是降低成本的根本途径，而科技的潜力又是无穷的，不断将先进的技术应用在日常生产上是企业降低成本消耗，提高产品质量实现挖潜增效的有效途径，通过新产品开发、成熟产品的优化设计、新材料的运用、工艺技术的创新、设备技术改进、员工素质的提高和采用信息化管理等措施，实现管理手段、方法的科技化，增强产品竞争力，增加产品附加值，进而降低成本、扩展利润空间。

⑤成本避免观念。成本避免的思想根本在于从管理的角度去探索成本降低的潜力，认为事前预防重于事后调整，避免不必要的成本发生。这种高级形态的成本降低需要企业在产品的开发、设计阶段，通过重组生产流程，来避免不必要的生产环节，达到成本控制的目的，是一种高级的战略上的变革。

⑥成本效益观念。成本效益的实质，就是劳动成果与劳动消耗的比例关系。简单地说，就是"所得"与"所费"或"产出"与"投入"的比例。提高成本效益是企业永恒的主题和不变的追求，这不仅是企业自身存在的内在价值，也是市场经济的本质要求。

【案例5.7】

沃尔玛的节约与奢侈

根据2004年4月16日商务部颁布的《外商投资商业领域管理办法》第二十二条规定："从事零售的外商投资商业企业及其店铺的设立领域在2004年12月11日前，限于省会城市、自治区首府、直辖市、计划单列市和经济特区。自2004年12月11日以后，取消地域限制。"因此，这一个普通的日子对那些一直对中国市场虎视眈眈的跨国零售巨头们来说，无疑是一声发令枪。

事实上，不仅是沃尔玛，包括家乐福在内的跨国零售大鳄们和本土的零售巨头都纷纷启动了"看二级城市"的运动，二级城市市场无疑将成为争夺的重点。这看上去像是一场轰轰烈烈的"圈地运动"。

对于零售行业来说，中国的市场环境兼具美国市场的广阔和欧洲市场的多样性。所以，对于中国市场，来自美国的沃尔玛和来自欧洲的家乐福都认为自己充满了机会，而中国的零售企业则满怀惴惴的感觉，一边眼角盯着这些巨头，一边拼命地工作。

这是一个非常有意思的画卷，所有的人都在盯着沃尔玛的庞大，沃尔玛的IT，沃尔玛对供应商的强势，仿佛它是一只怪兽哥斯拉。但却少有人注意到，沃尔玛作为一个企业，其实和中国本土的企业有太多的共性——都是草根出身，都是白手起家，都是劳动密集型，都没有高科技外衣，都追求低成本，等等。研究一下沃尔玛的低成本运作，可否为中国的企业提供一些成功的借鉴？

的确，短时期内，中国的企业不可能像沃尔玛那样发射自己的通信卫星。但是，除了卫星以外，沃尔玛依然拥有很多中国企业可以学习的东西，例如，利用培训灌输企业文化，维持人力成本和生产率之间的平衡。

出租车拐进了一条杂乱的狭窄的巷子，然后停了下来，街口竖着的路牌上写着"洪湖二街"，下了车是一个下坡路，10米左右处并排立着两个牌子，一个牌子标示着沃尔玛公司中国总部，另一个上面写着停车收费的告示，两边是陈旧杂乱的住宅楼。

电梯直接到4楼沃尔玛前台，右边的半层是洽谈室，外面是供应商等候区，很多供应商在忙着打电话或者填写表格。往里面去则被分成面积相等的格子间，是沃尔玛公司的采购经理们接见供应商的地方，走道内堆着供应商带来的各种商品。格子间的一面挡板上张贴着沃尔玛公司的十大原则以及提醒员工不要收受贿赂的告示。沃尔玛有实权的采购经理们全部集中在5楼办公，6楼则是公司各种运营部门所在地。楼道内、电梯中、员工格子间的外面挡板上到处张贴着沃尔玛各种各样的标语。5层和6层的装修异常简单，粗粗细细的管道都露在外面。所有员工的办公桌，都是电脑城里最常见的那种最廉价的电脑桌，连老板也不例外。有的连桌子边上包的塑料条都掉了，露出了里面劣质的刨花板。

虽然你可能对沃尔玛的节俭有所耳闻，但是你所见到的绝对会超乎你的想象。

当时，已经59岁的沃尔玛亚洲区总裁钟浩威每次出差只乘坐经济舱，并购买打折机票。他有一个习惯，喜欢在乘机时问邻座乘客的机票价格，如果发现比他购买的机票便宜，公司的相关人员就肯定会因此受到质询。

沃尔玛的买手们和供应商讨价还价，他们被认为是最精明、最难缠的一批家伙，但他们出差却只能住便宜的招待所。

沃尔玛的一个经理去美国总部开会，被安排住在一所大学因暑期而空置起来的学生宿舍里。

这是沃尔玛吝啬的一面，它绝不会因为你的办公桌上有几个坑而为你换一张新的，"反正也硌不死人"，但在他们认为该花的钱上，沃尔玛表现极为慷慨，有些做派甚至有点儿让人难以置信。

沃尔玛在IT上的大手大脚是有名的，号称拥有仅次于美国国防部的复杂信息系统。最奢侈的举动就是1986年，委托美国休斯公司发射了一颗价值4亿美元的通信卫星。

美国人爱打官司，所以对于律师费也不吝惜。沃尔玛刚进中国的时候，以每年10万元人民币的价格请了深圳一家法律事务所作为常年法律顾问。第二年，他们就解雇了这家律师事务所，主动提出用每年200万人民币聘请中国目前最大的律师事务所——金杜律师事务所。这家律师事务所的一个合伙人说："沃尔玛在中国内地的运作是国际化的，它愿意花更多的钱聘请法律顾问，甚至愿意花2万块钱打一个可能只涉及2块钱的官司。"零售业的法律顾问异常忙碌，他们需要为零售企业解决各种各样让人头痛的问题，诸如价格欺诈、产品质量问题、侵权甚至内部员工福利等问题。

但有的事情还是让人有些意外。

2004年8月26日，沃尔玛中国有限公司在深圳山姆会员店的培训中心举行了"目标管理层加速发展计划"高峰会——TMAP（Targeted Management Acceleration Program）。来自公司各部门和全国各地区的41名高级女性管理者参加了此次会议，沃尔玛国际部也派出了多名高层管理者参加，有5名培训人员专门从美国本顿维尔的总部飞了过来。

中国的TMAP计划是由沃尔玛中国总裁张嘉声直接领导，为沃尔玛中国在未来3~5年时间内有潜力及愿意成为公司高级管理者的女性员工专门设立。该计划的主要目标是为女性员工提供更多的机会，发展更多的女性管理者队伍，为女性管理者提供特别的发展机会，提升女性管理者的经营和管理能力、经验和素养。沃尔玛中国 TMAP计划其实是沃尔玛公司全球"目标管理层加速发展计划"在中国的延伸，从去年开始实施。到目前为止，沃尔玛中国一共有41名女性员工加入了该计划，其中有12名还加入了沃尔玛全球发展女性管理者计划，这意味着今后她们拥有在全球发展的更多机会。

这种看似没事找事的培训，在沃尔玛却好像是司空见惯。

在沃尔玛，一个经理上任后，首先要脱产3天，参加"基础领导艺术培训"，一段时间后，还将被送到沃尔顿学院进行学习。这种学习有上半年和下半年两次课程，每次有为时一星期的封闭式培训，地址设在北京和深圳。届时，沃尔玛在中国各店的经理们从各地奔赴到一起，这也是一笔不小的开支。从沃尔顿学院出来后，他们还将有机会接受高级领导艺术的培训，然后还会被送到卡内基学院再进一步深造。

这些，只是沃尔玛庞大培训体系中的一部分。

沃尔玛中国公司的培训很完善，其在内地完成新的店铺的建立最长需要3年的时间。从选址到与开发商合作到开业，如果恰巧碰到一个现成的商业大楼能满足要求，最短也需要一年半的时间。在一家店铺开业的前半年，沃尔玛便已经开始招聘新员工，新的普通员工的培训时间要3~6个月，而管理层的招聘和培训则开始得更早。沃尔玛在深圳、长沙和大连成立了沃尔玛培训店，这些店面将用于承担沃尔玛新员工的培训工作。当沃尔玛在武汉建立分店时，新员工会就近到长沙店受训。

在中国，沃尔玛独创了一个新的培训项目，叫作"沃尔玛鲜食学院"，这个学院设置在沃尔玛中国主要的店面中，针对中国人的文化和饮食习惯创立，培训员工如何制作符合当地人口味的各种面点、菜肴和熟食等食品，以达到增加销售的最终目的。

沃尔玛针对不同岗位和不同级别的员工有相应的培训计划。英语培训、企业文化以及岗位技能的培训是重要的3个方面。沃尔玛华南区域总监就因为英语不太好，而被送到深圳大学封闭学习英语3个月。各分店的主管以上或是C级以上的管理者需要进行3天的基础领导艺术封闭培训。沃尔玛的一个经理说："人力密集型的企业，对每个管理者的要求都很高，尤其对零售企业来说，很多细节都不能出错，因为你的每一个员工都要面对最终的顾客。所以在沃尔玛，管5个人的员工都要接受管理培训。"

杨启隆1995年就进入沃尔玛，工号是"71号"，是沃尔玛最早的一批采购经理，我们通常称他们为"买手"。刚进入沃尔玛，他就接受了一年的脱产培训。"过了一年多神仙般的日子，好像又回到了大学校园。"这些采购经理们系统地接受了包括英语、企业文化，以及谈判技巧、产品认知和产品促销等内容在内的各种技能培训。"当时沃尔玛招聘采购经理的要求并不高，并不需要大学毕业，也不需要有太多零售业的经验。相反，沃尔玛更希望我们是一张白纸，可以把公司的文化等东西灌输到我们头脑中去。"

1996年，沃尔玛公司开始在深圳的山姆会员店卖PC和软件。杨启隆负责软件、办公设备和产品的采购，他回忆说："沃尔玛刚进中国的时候知道的人少，很少有广告宣传，买手开始时出去寻找供应商，有时被别人认为是骗子。"

采购经理的权限很大，和店长的级别是平行的，但他要对店长进行业务上的指导，一个产品的进销存都由采购经理负责，我们需要和供应商打交道，需要和公司内部包括财务部门、售后服务部门、出货部门等各个部门打交道，我们真正了解一个规范的跨国公司如何运作，如何把高科技的方法实施到整个公司的运作中去。从某种意义上讲，沃尔玛为中国培养了一批真正意义上的产品经理。

沃尔玛中国公司还经常把有潜力的管理者送去总部或以其他形式进行相关培训。钟世丹最初加入沃尔玛公司时只是一名负责床上用品的普通员工，现在她已经成为负责沃尔玛购物广场深圳区域的营运总经理。徐飞大学毕业后进入沃尔玛公司，仅用了4年就成为深圳园岭店的副总经理，后被沃尔玛公司送去美国总部受训1年，最近刚刚回国。目前沃尔玛在中国开了39家店铺，其中只有一个店长是从外部招聘进来的，其余38个店长都是自己培养出来的。

管理意识自我塑造

请列举你从沃尔玛长篇案例中习得的服务与管理意识：

_____。

我还需要在这些方面努力：

_____。

5）服务管理意识 5：学习意识

服务管理者的知识结构、心理素质、艺术修养、公关能力、协调能力、专业技能、思想观念、领导才能等，必须适应社会的发展和竞争的需要。学习意识的树立是服务管理者不断成长、成熟的重要标志。要提倡不断学习，终生教育。只有这样，我们的酒店才能由经营型组织发展成为学习型组织，形成强有力的知识资本竞争力和企业文化凝聚力，使企业得到真正的提升。

首先，服务管理者必须具有较强的法律意识，只有知法、懂法，才能在激烈的市场竞争中用法律武器保护企业的利益。必要的法律知识可以使企业的经营管理、合同管理、财务管理、工程管理、员工管理和对外交流中不至于出现法律漏洞，使企业受到不应有的损失。服务管理者不仅要熟知中国的法律法规，还要通晓国际相关法律条文、消费法等。用法律来维护企业良好的内外部经营环境，用法律来处理企业发生的重大投诉或纠纷，依法办事，依法管理，守法经营。

其次，服务管理者还应不断学习员工心理学、服务心理学、民俗礼仪、管理学、组织行为学、财务管理、收益管理、服务学、美学、沟通学等专业课程，不断完善自己的管理驾驭能力。

创新是21世纪饭店企业求生存、求发展、延长经营生命周期的灵魂，服务管理者必须具有创新意识，创新能力。因此，除了要不断学习，勇于超越传统的管理模式、思想观念外，还要在市场开发、营销策略、企业文化建设上，大胆创新，勇于开拓。服务管理者肩负的一大重任就是带领企业，带领经营班子，在激烈的市场竞争、国际竞争中不断创新，不断超越自我。

管理意识自我塑造

我还需要这些方面的学习：

_____。

我还需要在这些方面努力：

_____。

5.6 服务管理者的职业素养

管理者的职业素质：

忠实于所服务的企业，忠实于领导和员工，忠实于顾客

善于激励

善于沟通、协调

学会树立威信

要借助"外脑"

要关心下属，善待员工

要有独立的工作能力

服务管理者的职业管理素质和职业道德素质，决定着管理者管理的有效性，具体来说，应具备以下几点：

5.6.1 忠实于所服务的企业，忠实于领导和员工，忠实于顾客

在工作中勤奋敬业，无私奉献，尽职尽责，大公无私；严守公司商业秘密，不做有损饭店形象和利益的事；严格履行与饭店签订的合同条款，严于律己，忠于职守，乐业奉献。忠实坦诚，有人格魅力，有领导能力。凝聚力是职业经理人职业道德中不可缺少的职业品格。中外优秀的服务管理者，都是职业技能高超，思想品德高尚，忠诚于事业，忠诚于企业，忠诚于社会，以职业与道德水准来严格要求和衡量自己言行。

5.6.2 善于激励

我们经常会提及管理效能，对其而言，重要的是员工成长、督导检查、考核评估、多重激励机制。员工成长是酒店成功之本，员工成长的速度一定要与企业成长的速度相匹配，也就是让员工的思想和技能水平达到不断提升的管理和服务的要求。督导检查包括表格量化走动式管理和网络化检查。其效能是量化目标任务、反映执行和控制状态、反映问题和整改情况、反映和评价绩效等。检查，可以培养一种好的习惯养成。在检查规则里，重要的是"用制度管理人，用标准衡量人"。评估考核与激励，旨在解决干多干少、干好干坏不一样的问题。我们强调以结果为导向，贯彻公平、公正、有效、及时的原则，做到事事有标准，人人受考评。在正激励中，奖励不受名额限制，以评定分数为标准。对顾客而言，重要的是快速反馈和顾客创造维护机制。每个员工都有快速反馈顾客需求和抱怨的义务，而且有机制作保证。在顾客创造和维护方面，重视顾客的感受，重视顾客的口碑，让顾客创造顾客。如海景在管理和服务上有一个秘诀，那就是，只要继续依靠"好的理念+

员工成才+好的机制+创新行动+好的团队"的成功模式，不断提升员工的职业化、专业化管理水平，不断把服务品牌升华到新的境界。

5.6.3　善于沟通和协调

我们先来学习一个案例：

随时敞开的沟通之门

波特曼丽嘉员工满意度从1999年的70％提升到了2002年的97％，酒店全体员工在服务管理中所做的努力是有目共睹的。狄高志认为，酒店目前已经实现了在薪酬、培训、职业发展等方面的制度化执行。今后的进一步提高，来自于不断从小处入手，改进最基础的部分。每位员工都被鼓励寻找酒店运作中存在的弱点，并共同讨论解决之道。

影响员工心情的常常只是一些小事，如果沟通渠道不畅通，小事情得不到管理层的重视和解决，日积月累，就会影响员工满意度乃至敬业度。

波特曼丽嘉的沟通制度是：每天的部门例会上，员工可以向主管反映前一天工作中发生的小问题，大家一起回顾具体出错的环节在哪里。每个月大部门会议，会讨论员工满意度的情况，向部门总监提出需要改进的地方，然后各部门会不断跟进事情的进展。另外，每个月人事总监还会随机抽取10个左右的各部门员工，一起喝下午茶。话题大到酒店硬件设施的维修，小到制服的熨烫，都会反馈到相关的部门加以解决。

狄高志讲："我们会以最快的速度及时改进，否则也会给出进展的期限或者不能解决的解释。总之，会让员工得到满意的答复。"他每个月也会邀请不同部门的员工共进早餐，问大家最近的工作情况。大多数时候，员工都表示挺开心，当然他们也会带来一些小问题。而当他问他们，他们的主管是不是已经知道了？答案总是："是的，并且已经在处理了。"他们告诉狄高志这些，并不是因为他们得不到帮助，而只是想让他知道这件事罢了。狄高志同时强调，自己要确保员工反映出来的每一个问题，都的确有人在关注和解决。"因为他们希望这些问题引起我的重视，如果我什么都不做的话，将是更加糟糕的情况。"

狄高志认为，了解员工需要和工作状况的最好方式，就是走到每个员工的实际工作环境中，亲身体会他们的感受，一起讨论如何更好地改进。而员工们也可以自由地到总经理办公室来，提出他们的建议和想法。

沟通是管理的必要手段和最重要的内化形式。一个企业有效的管理运营，不仅是由服务管理者的管理水平决定的，构建良好的沟通管理机制更为重要。

5.6.4　学会树立威信

服务管理者还要学会通过管理的互动不断树立自己的威信，以求在团队运营中达到一呼即应、一呼百应的效果。管理的威信树立不是靠严厉或严苛来得到的，更不是靠大声斥责来的。在威信树立方面要把握好两个"距离"，即管理者要不断在资历、经历、学历、技能技术、威望上与员工的距离越远越好，而在关爱员工、了解员工方面的距离越近越好。具体有以下几个方面。

1）以"德"立威

"德"是指管理者的道德、品行、作风等。我国人民自古就崇尚有德之人，所谓"高山仰止，景行行止"。管理者只有心正、言正、行正、身正，正气凛然，才会赢得敬重，才能成为众人的贴心人。"德之不端，其谋拙出，其本损焉"，众人对于在"德"上有问题的管理者是从不宽恕的。

2）以"能"立威

"能"是指管理者的领导能力，包括思想教育能力、宣传鼓动能力、用人处事能力、观察分析能力、联系众人能力、创新开拓能力等多方面。管理者能力的强弱决定威信的高低，能力强的管理者能维护好众人的团结，发挥出集体战斗力，调动起众人积极性，处理好周围的关系，能使集体中的每个人佩服他，信任他，从而服从他。

3）以"和"立威

"和"是指管理者要与众人"打成一片"，以情带"兵"。"和"为两种：一种是"宽"，就是要对下"动之以情，晓之以理，导之以行"，进行"软"处理；另一种是"猛"，就是对一切违反原则的，要绳之以"法"，众人才能"明其威"，威信成于民心，存于民心，这就要求管理者加强锻炼，严于律己，防微杜渐。

4）要相信众人

作为管理者应该懂得，如果不关心众人，脱离群众，那么，"权威"越大，威信就越低。因此，管理者应养成相信众人、依靠众人、关心众人的良好习惯，要自觉放下架子，甘当群众的小学生，做到思想上视众人为主人，感情上视众人为亲人，工作上当好众人的"仆人"。只要这样，威信自然会树立起来。

5）"威"从"信"来

管理者的威信是在与众人的血肉联系中逐步形成的，是受众人信任、支持、拥戴的集中体现。从一定意义上讲，这种威信是众人树立的。由此可见，"威"和"信"是密切相连的，"威"是从"信"中来的，如管理者"威"而不可"信"，那么，"威"也不会持久。然而，一些管理者却忘记了这一点，居高临下，盛气凌人，或者沽名钓誉，自命不凡，凭想当然和个人意志办事，或者吹吹拍拍，拉拉扯扯，自我贴金。这些官僚主义作风是同联系群众的作风根本对立、格格不入的。如果上述问题不克服，管理者的威信是难以提高的。

管理意识自我塑造

我要这样做：

_____。

我还需要在这些方面努力：

_____。

5.6.5 要借助"外脑"

纵观古今历史，一个国家是否能成为世界性大国，关键因素不是人口的多少、领土的大小、军事的强弱、科技的高低，而是良好的内部机制。良好的内部机制是大国的崛起外延，是培养人才、开疆扩土、富国强军、激发社会创造力的"母机器"。任何企业的竞争，归根结底都是智能的竞争，是聪明企业与愚蠢企业的竞争。国内著名思维专家袁劲松先生认为企业的聪明与否体现在3个层次上：

1）企业领导聪明与否

一将无能，累死千军。一头绵羊就算带领一群狮子，也无法战胜一头狮子带领的一群绵羊。在老板文化就是企业文化的中国，企业的智能高低在很大程度上取决于老板的智能高低。

2）企业机制聪明与否

好的机制能把坏人变成好人，坏的机制能把好人变成坏人。同样的道理，聪明的机制能把愚昧的人变得聪明，愚蠢的机制能把聪明的人变得愚昧。纵观千百年来企业管理模式的进化历程，从本质而言，就是管理机制不断智能化的过程，无论是中层管理、董事会机构的出现，还是科学管理、简单管理理论的实践，其目的就是为了提高企业的智能水平。一个智能高的管理机制总比智能低的管理机制更适应市场的激烈变化，能更快地发展壮大，能有更多的办法战胜强大的竞争对手。

在创新经济时代，企业的智能仅靠领导者一人的头脑已经难以负荷。未来，企业智能比拼的关键是企业机制智能的高低强弱。

3）企业员工聪明与否

人们常说，21世纪最宝贵的是人才。实际上，从古到今，无论是治国安邦、沙场争雄，还是科技竞争、企业角逐，人才都是第一决定因素。今天的国家、企业竞争已经不再是少数几个人才的竞争，而是大批人才的竞争，袁劲松先生认为如果说过去企业是"智将愚兵"式的竞争，那么21世纪的企业竞争将是"智将智兵"式的竞争。而长期、有效地培养员工的智能，激发出他们创造力和主动意识，使之成为思考型员工，将是未来新兴企业人力资源开发的主要任务。为了解决国内广大中小企业在创新智能方面的不足，在人才方面的匮乏，袁劲松先生提出企业应首先从机制上作重大突破，要建立长期稳定的智库，应有专门的部门和人才负责企业"脑智"的开发和管理工作。

通过引进外脑资源，打破企业自身的思维定式，消除企业在生产、管理、销售、服务、研发等各个领域的职业盲区，为企业的发展提供新观念、新知识、新信息、新思路、新方法、新策略等。

同时，通过汇聚众智解决实际工作中的难题，提升企业智能，变"领导思考+员工思考"为"领导思考+员工思考+外脑思考"。领导和员工是固定常数，而外脑资源是无限变量，建立外脑智库的计划将大大增强企业的智能优势，从而在企业机制上创造了一个与众不同的新智能亮点，这将有效提高企业发现问题和解决问题的能力，在市场竞争中犯更少的错误，创造更多的机会。

特别是服务企业，企业引进外脑，拓展企业界。不仅可以借助外部智力提升企业的智能水平，而且也可以整合外脑所拥有的人力、物力、社会关系等，通过项目制或联合制的方式扩大企业的经营平台界面，这种"只求所用"而"不求所有"的柔性经营方式，可以最大限度地扩大企业的"虚拟资源"，弥补企业经营中的"短板"。

构建企业智库也不失为当下最好借助外脑的选择。企业应制定相应的智库的发展规划，逐步形成智库构架：人员以"人力资源部+朋友"为主，活动以头脑风暴激荡会为主，主要借助外部智力，集思广益分析解决企业经营活动中遇到的战略、战术问题。逐步构建智库从初级到高级。从操作简单、形式灵活、成本趋零到组织严密、形式规范、效率较高。

【案例5.8】

智库参考模板

青岛某公司《外脑智库》机制设计

1.智库职能

（1）通过创智研讨，为企业经营活动中遇到的问题出主意，想办法。

（2）通过创智研讨，制定规范的企业管理、营销、服务等执行方案。

（3）通过创智研讨，整合外脑资源，选拔人才参与企业的经营活动。

2.人员构成

（1）企业高层管理者。

（2）企业人力资源部门（也可根据企业现状，选拔营销部和有关部门人员暂时来代替）。

（3）对参与"外脑智库"建设感兴趣的朋友和专家（要筛选具有稳定性和高智能素质的人员）。

3.时间地点

（1）每月第一周的周六下午，13：30—17：00。

（2）公司会议室。

4.创智规则

（1）明确目标（人力资源部负责）

①宣布创智研讨的主题。

②介绍相关的背景资料。

③说明企业的期望目标。

（2）操作流程（创智主持人负责）

①明确思考目标。

②会员提问质询。

③会员书面思考。

④会员轮转发言。

⑤会员激荡发言。

⑥创意方案优选。

⑦执行方案设计：时间、地点、执行人、执行流程、所需资源、项目成果。

（3）成果总结

①记录本次会议的创意方案（专职速记人员负责）。

②设计本次会议的执行方案（人力资源部经理负责）。

③结合企业的实际情况，针对方案执行中的困难、要求、疑惑进行提问，并由外脑智库会员集思广益提供解决办法（高层管理者、相关部门主管负责）。

唯有企业内部的人员，才能真正了解企业的深层需求、优势、劣势和执行能力，外脑智库可以提供建议、创意。但如果没有企业内部人员的深度参与，那么研讨的方案就可能是闭门造车、纸上谈兵，无法在实际工作中切实执行。

请你做做看5.3

_____

_____。

5.6.6　要关心下属，善待员工

越来越多的企业意识到，员工是企业生存之本。

20世纪60年代初，美国白宫为美籍匈牙利科学家、空气动力学创始人冯·卡门举行授奖仪式。81岁的冯·卡门患有严重的关节炎，从领奖台走回时不慎闪了一下，肯尼迪总统赶忙上前去搀扶。此时，冯·卡门说了一句事后广为流传的话："尊敬的总统阁下，您应该知道物理学的一个常识，但凡物体向下跌落的时候，是不需要任何浮力的，只有在上升的时候才需要支持和帮助。"是的，他讲了一个极为普通的道理。在自然界是如此，在社会中也是如此。在人生阶梯的攀登中，谁都需要扶持，而主动扶持下属是体现领导素质的一个重要方面。事实上，现代领导素质包罗万象，但最为重要的是要以开放的心态对待外界变化，以宽容的胸襟善待内部员工。人的价值的自我实现，都是在赖以生存发展的环境中完成的。这样，领导的关怀、指导、培养和帮助就是至关重要的。善待下属的领导，能够对每个人的特长进行有针对性的培养与使用，能够对一些特殊人才实行特别的待遇和倾斜政策，为人才个体的成长和共同事业的发展尽到一个领导应尽的职责。我们认为，善待下属作为现代领导的重要素质，主要表现在：能经常把表扬当作一朵朵鲜花敬献给下属。现代领导总是更多地看到下属的长处、优点和贡献，用人之长，避其所短，并且不失时机地予以肯定和赞扬。受到表扬的下属会因此而精神振奋，努力做出更大的成绩来回报领导的认可和鼓励。麦克阿瑟之所以能领导世界著名学府哈佛大学商学院取得前所未有的成功，就在于他对下属的信任和下属对他的真诚。当时，很多人反对麦克阿瑟院长没有促使迈克尔·波特等一大批年轻有为的教师早出成绩，而给他们太多的宽容、太多的时间成长，因而导致了哈佛一时陷入青黄不接的困境之中。但时隔不长，波特这批年轻人果然不负麦克阿瑟的厚望，为哈佛赢回了声誉。其中，沉寂3年之久的波特写出了《竞争战略》，随后又出版了《竞争优势》《国家竞争优势》，因此成为当时全球最受欢迎的一名战略管理学家。能对下属的某些问题作出公正的处理。这样的领导敢于冲破阻力，破除常规，给予一些背景复杂或情况特殊的人们以合理的关照，充分展示出其博大的胸怀和浓厚的人情味。能勇于承担责任，不与下属争抢荣誉。对受冤枉的、被误解的下属，一旦弄清事实后应立即予以纠正，并尽最大的努力补偿其精神上和物质上的损失；不与下属争荣誉，抢功劳；不对下属推卸责任；热心帮助下属生活上遇到的困难；关心年轻下属的成长进步，为他们提供学习进修的机会；为老弱病残的下属提供必要的照顾……善待下属，这是领导职责，也是领导的崇高品德。美国前总统尼克松在《领袖们》一书中写道："我所认识的所有伟大的领导人，在内心深处都有着丰富的感情。"换一种说法，这些伟大的领导人很有人情味，很善于关心下属、理解下属。是的，只有做一个善待下属、富有人情味的领导，才有可能攀升到"伟大"的高度。

【案例5.9】

肯定员工的个人价值

波特曼丽嘉90％的员工工资，都是上海五星级酒店相同职位中最高的，但狄高志却认为，薪酬并非创造员工高满意度的最重要的因素。现在，常有新开业的酒店到丽嘉来高薪挖墙脚，但很少有员工愿意去。波特曼丽嘉的管理者对此充满自信，"我们员工是很成熟的，为了一两千元放弃这里的企业文化、工作环境和经营理念对他们来说太不值得。"

根据酒店的调查，让员工最满意的方面除了"酒店把我们当绅士淑女看待"之外，是他们的贡献得到了充分的肯定和奖励，这也是他们愿意留在酒店并付出更多努力的最重要原因。

要给员工一种作为个人被认可的感觉。当经理人对一个部门或一个团队说，你们所有人都很棒，这样固然很好，但这与单独对某一个员工说，你这件事做得很不错，留下的印象深刻程度完全不同。如果仅仅表扬集体，忽视个人需要，那么从心理学角度，个人就会产生一种匿名感而产生消极影响。与一些高高在上的经理们不同，波特曼丽嘉从总经理到各级部门总监、主管都会经常在酒店巡视，关注每位员工的工作，平时也会注意收集自己员工的兴趣爱好，在员工获得奖励或过生日时投其所好。狄高志说："作为管理者，应当多花点时间去了解每位员工做了哪些特别的事情，他需要什么样的鼓励和肯定。这对于员工保持积极心态是非常关键的。"

除了日常的关注和奖励外，酒店会在每个季度正式评选出5位五星奖员工和1位五星奖经理。这个奖项由员工们相互评选，只要认为是在此期间个人表现特别优秀的，都可以获得提名。颁奖那天，酒店举行一个由全体员工参加的隆重晚宴仪式，被提名的员工会得到一张认可证书。最后评选出的6位除了奖金外，还被授予一座精致的奖杯，以及一枚可以每天佩戴的五星徽章。年末，会在本年度的24位获奖者中评选出年度五星奖。

请你说说看

_____

_____。

评析

在现代管理中，切记善待下属员工，特别是对功劳显赫者，更不能忽视。善待员工就是要和他们多沟通，多给予奖励，给他们良好的工作环境。作为领导不能傲慢，不能居高临下。

一个企业需要上下一心、荣辱与共的精神，善待下属是激发公司员工上下团结一致的一剂良方。

记住一句良言：你为下属付出多少，下属就会为你付出多少。

善待下属的六大黄金法则：

①善待下属，领导者在行为上要表现出来，要让他们懂得你是为他们着想的。

②多参与员工的活动，了解他们的苦衷，及时与员工们沟通。

③给下属创造良好的工作环境，让他们知道你处处体贴关心他们。

④认同下属的表现，要向下属表示赞赏，不仅要口头肯定，还要适当加薪，让他们知道你随时在肯定他们的贡献。

⑤容忍每位员工的个性与风格，使他作为一个活生生的人存在，不要把他们管理成仅会说话的工具。

⑥面对危机，企业领导人应做到指挥自如，并以自己这种稳如泰山的姿态来稳定员工及其家属的情绪。

管理意识自我塑造

我会这样对待我的下属：

_____。

我还需要在这些方面努力：

_____。

5.6.7　要有独立的工作能力

员工眼中的管理者，总是具有某种他人所没有的特质，如果不具备这种独特的风格，势必难获得下属的尊敬。而在此特质中，最重要的就在于管理者的"独立性"。

作为管理者，应当随时随地询问自己：是否对自己的要求远甚于对下属呢？能否不依靠下属，自行设计出新方案来完成一个课题？不能自己找出适合自己工作的人，也就是不能工作的人。能干不仅指完成工作量的多少，更重要的是，能将工作合理化、节省多余的时间，并合乎尽善尽美的要求，这才叫真正懂得工作。总而言之，做与不做，不由他人，关键在于自己是否能自动自发地去寻求工作。胜任的管理者，只要检视一遍自己所处的环境，了解自己所掌握的人力、物力和财力，就能明白自身工作的任务，并且明确完成任务的方式，同时也能经常随着周围环境的变化，自动地调整工作方式，担负起自己相应的职责。相反，无能的主管，就只能将上司所交代的或前任留下来的工作方式奉行不误。持着未经上司指示不作任何更改的做事态度，或总是依靠下属来产生新设想，自己却毫无主见，这样无能的管理者会赢得员工的尊敬吗？缺乏独立自主性的管理者，只是一味地依赖别人，毫无判断的能力，其管理的部门必定不会有太大成就。独立自主的管理者，不仅自己能对事情加以判断，而且对结果也会负起责任：不管结局如何，他对谁也不埋怨，即使失败，也由自己承担，绝不会后悔。主管的一举一动，都逃不过下属的眼睛，只有对自主性强的主管，他们才会真正抱以钦佩的态度。

有些管理者却认为：员工工作时应当具有独立性，而自己作为一位管理者，就应当在工作上轻易与员工妥协，让员工自己多作决定，这样才是获得下属的信赖，以及引发向心力的最佳途径。殊不知，这样的做法就是缺乏独立性管理的最大缺点。例如，刘主管为了让员工认为他是个好说话的"好好上司"，当员工把问题摆在他面前时，不管是工作上的事，还是谈判性的事，他都听从于员工的意见。原本想，自己的做法必能赢得员工的信赖，可是，事与愿违，下属对他的评语却出乎他的意料之外："我们主管就是缺乏独立性。他根本没有自己的信念。我们告诉他应该往东，他就说，是呀，应该往东！可当告诉他应该往西时，他也连声答应说，往西也无不可。你说，这样轻易妥协，从不提出经营理念，怎么能够控制全局，领导众多员工呢？他呀，简直就是豆腐做成的，一拍就碎了。"

由此可见，缺乏独立性的管理者，是难以使下属对他产生信赖感的。如果下属不愿跟着走的话，就不能成为优秀的主管了。从另一个角度看，作为主管，只要逐渐培养起独立工作的能力，并能亲切待人，同时又有一股"硬汉子"的味道时，就会真正受到下属的敬畏，而后者也会从心底里表示佩服、服从。以下就是管理者在独立性方面应做到的8个不能和8应该：

①接受任务不能问上级如何做，应该说：这样做行不行？
②请示工作不能只拿一种意见，应该有两种以上的方案供参考。
③汇报工作不能用"估计"，应该用数据和事实来说明。
④执行命令不能机械、呆板，应该有创造性地完成。
⑤安排工作不能只顾眼前，应该有一定的远见。
⑥出现问题不能怨天尤人，应该多查自身原因。
⑦遇到困难不能推给上级，应该尽最大努力解决。
⑧工作时间不能和员工一样，应该以完成任务为标准。

管理意识自我塑造

我已具有这些工作品质：

_____。

我还需要在这些方面努力：

_____。

模块 6

国际顶尖服务意识
塑造与创新

6.1　国际服务意识的三大演变

6.1.1　顾客需求的演变

　　我们在模块2中已经提及关于顾客衡量服务质量的主观因素，这5个具体因素分别是：保障安全感、获得可信任、认为负责任、获得同理心、直观感受好。本章我们再一次提出和阐述顾客信任度的问题。

　　那么，什么是顾客信任度？对当前的企业来说，营销成功已不仅仅是统计意义上的市场占有率，更要体现在企业所拥有的忠诚顾客上来。美国经济学家莱克尔德和塞萨曾对许多行业进行过长时间的观察和分析，他们发现顾客信任度在决定利润方面比市场份额更重要。当顾客信任度上升5%，企业利润上升幅度将达到25%~85%。更重要的是，忠诚的顾客能够带来更多的潜在顾客资源，并能够帮助企业让新顾客更好地接受企业的产品、服务以及价格等。顾客信任度是一个多维的概念，是顾客长期以来所形成的对某企业的产品和服务的一种消费偏好，是顾客认知忠诚、情感忠诚、意向忠诚和行为忠诚的存在价值。

　　如何提升顾客信任度？首先，服务企业要建立顾客数据库，并不断完善顾客需求数据。提高内部服务质量，最重要的是应建立培养员工忠诚的管理体系。同时，制定合理的产品价格。其次，注重企业服务承诺的实施，作出承诺并履行承诺就可以在一定程度上赢得信任。如果顾客有过一次成功的购买经历，下次购买的时候信任度就会提升一些。有过几次成功购买经历之后，顾客对企业的信任度就会大大得到提升。在信息安全方面、商家的可靠性方面、资金安全方面做到顾客的信息以及财务信息安全可以得到有效的保护。第三，提升企业自身的初始信任度。服务企业从服务产品设计、产品功能、产品价格对比、服务流程、服务体验等方面都要站在顾客服务需求的角度去打造，培养顾客对企业初始信任度的建立。同时，降低首次购买信任度门槛，对于首次购买用户推荐较低单价的商品或特殊优惠活动，吸引新用户达成首次购买。最后，在整个购买流程中提升信任度。努力为顾客提供专业度高、与顾客产品价值期待相吻合的、支付物流有保障的、有实体有信誉的初始感觉，注重售前、售中、售后的服务。购买前，要做到支付项目准确、信息更新、价格优势明显、评价体系准确。购买过程中，要做到服务流程清晰、支付方式可靠便捷、产品或服务及时可信、退货、取消说明可及时沟通、预约便捷等。购买后要做到，顾客可以及时通过多途径确认、订单状态可随时追踪、可随时寻求第三方仲裁或投诉、取消或变更订单及时方便等，做到顾客购买产品零风险。

6.1.2　服务产品结构

　　服务产品结构从宏观上讲，是指一个国家或一个地区的各类型产品在国民经济中的构成情况，如餐饮服务、运输服务、医疗服务、美容服务等的比例关系。从微观上讲，是指国有或社会企业所提供的服务类产品中各类服务类产品的比例关系，但是不同于传统的产品，服务类的产品往往是多形式的，可以是单一的某一项服务，如打车服务就是单纯地把顾客送到指定地点的服务，也可以是综合型的以目的和结果为导向的服务。如婚庆服务企业就是融合了多种服务为一体的服务性企业，该类企业存在的最终目的就是给新人筹办一场让新人满意的婚礼，而要达到这个目的，婚庆公司往往要提供多项服务，司仪服务、婚车接送服务、舞台设计搭建服务、灯光音响服务、酒店预订服务、喜糖喜饼服务、现场录制服务、新人服饰妆容服务、捧花服务等。每一项服务的好坏都会影响到整场婚礼的最终呈现效果，因此，婚庆公司在前期沟通过程中需要跟新人仔细沟通清楚每一个环节，确保每一个环节的服务周到无遗漏。而单一或综合性的服务间也是可以相互转化的。如打车服务可以是简单的接送服务，也可以是融合了旅游或美食的综合型服务。世界范围内，有很多的旅游服务产品就是建立在接送服务的基础上慢慢延伸出来的。

1）服务行业产品结构的分类

在整个社会生活中，服务无处不在，它不局限于或单指向某一个领域，或被统称的服务业中，而是渗透在社会生活的每个领域。如我们在购买产品时，销售者会为顾客提供的讲解服务、咨询服务、支付服务、物流服务等，而这种产品有可能是有形的，也可以是无形的，可以是明确的也可能是模糊的。去医院看病是在接受医生对病患的服务，去咨询律师是在接受律师对当事人的服务。而这些服务在社会产品的各个组成部分可以按不同的标志进行分类，形成不同类型的和不同层次的服务产品结构。

按服务产品的用途分类，分为生产资料与消费资料，形成社会服务产品的两大分类结构（或称服务产品的用途结构）。

按服务产品的生产部门分类，分为工业服务产品、农业服务产品、建筑业服务产品等，形成社会服务产品的部门结构。

按服务产品在社会再生产过程中所处的地位和加工阶段分类，分为初级服务产品、中间服务产品和最终服务产品，形成社会服务产品的再生产序列结构。

按服务产品的生产费用构成分类，分为劳动密集型服务产品、资金密集型服务产品和技术（或知识）密集型服务产品，形成社会服务产品的消耗结构。

在每个大类的产品中，还可以按一定的标志进行细分，因此在每种产品结构中又会形成许多次结构（或称亚结构）。

2）制约服务产品结构的因素

服务产品结构受各种因素制约，并随着这些因素的变化而变化。

首先，同其他产品一样，生产力状况和科学技术水平是决定服务产品结构的主要因素。随着生产力的发展和科学技术水平的提高，各种新的服务产品层出不穷，日新月异，不断促进服务产品结构发生变化。有人说，在当今社会只有你想不到的服务没有做不到的服务。传统的服务已经在随着科技水平不断更新，如传统的小时工就是雇主到保姆公司选择自己满意的人到雇主家里完成服务，而现在的小时工可以通过手机APP直接预约，省去了中间环节，方便雇主与服务者直接沟通。又如，随着"互联网+"的深入，滴滴打车、

Uber、神州专车等在线叫车服务已经融入很多人的生活中，而这些借助互联网平台下的公司所提供的服务不仅区别于传统的出租车，而且可以将旧有的出租车有机融合到队伍中，其适应性和包容性都远胜于传统运输公司，再者评价其体系和申诉仲裁机制也相对合理，这是滴滴这样的服务型互联网公司能够存活的重要原因。

其次，生产关系的性质对服务产品结构也产生了重大作用。在计划经济时代，所谓的供销社等机构提供的服务与本书中所指的服务有一定的区别，本书所指的服务大部分是主观上为顾客着想的服务而不是不情愿的服务。

此外，自然环境、宗教信仰、风俗习惯等因素也会对服务产品结构发生一定的影响。如在灵隐寺附近会为游客提供素食的餐饮服务；在回民聚居的地方，肉制品的供销商会可以规避猪肉。

3）服务产品结构的发展趋势

在不同类型和不同层次的产品结构中存在着不同的发展趋势。从较长历史时期考察：

专业性的服务需求比例不断增加。在欧美等发达国家，由于社会分工相对更细致，因此对每一个岗位的服务专业性要求相对较高。尤其是传统的单纯性的服务行业，如酒店服务，每一个岗位的职责和服务范畴都有详细的划分和规范，每一个岗位都用最细致最周到最人性化的服务方式来体现专业度。而有些对技术要求相对更高的行业，其对服务的专业性的要求更加高。如在医疗领域的服务，大多是专业性高的行业对行业的从业者的要求相对较高；即便是饮食行业，对于高消费的VIP顾客而言，服务者的专业度同样至关重要。比如，英国人酷爱鱼子酱，而顶级的鱼子酱无论是原料选择还是制作加工甚至是品鉴都是十分考究的，对专业性的要求非常高。这样的行业时常是顾客把提供服务的服务对象当成老师，一边接受服务一边学习了解新的知识。

同时，社交媒体的服务消费的作用更加重要。Facebook等社交媒体已经成为顾客认识和评价某项服务或产品的重要途径。因此，企业服务者借助社交媒体维护企业专业度和企业形象。

各种不同的产品结构互相影响，互相制约。任何一种服务产品结构的变化都有一定的界限。在社会大环境下，为使服务产品结构合理化，需要依据服务产品结构的发展趋势进行自觉的调整。

6.1.3 市场趋势

随着国民收入的增长和人民生活水平的提高，以及旅游业的发展，我国餐饮业出现了空前繁荣的局面，同时也面临着更加激烈的市场竞争。服务行业的经营将呈以下发展趋势。

1）转变观念，环保、绿色、营养、健康型服务升温

随着社会的进步，人们生活水平的提高和生活质量的提升，人们对健康的重视程度不断提升，因此对与健康相关的服务的需求也不断提高。如健身行业，健身私教、陪练助理等职业不断兴起，各地兴起的马拉松比赛中也让一个新职业应运而生——马拉松陪跑员，

主要是为首次参加马拉松比赛的业余选手提供赛前准备和指导、赛中引导、赛后身体恢复的服务。而从餐饮行业看，食物已经不仅仅是为了生存，饮食对人类的健康发展和享受功能日益突出。那些步入小康的顾客，餐桌上的话题已经从菜肴味道如何转向食品的卫生性安全性能否获得保证，是否有营养、利于健康，怎样的饮食才是合理搭配，原料是否是绿色，制作过程能否更合理等新颖话题，所以，餐饮服务行业要抓住发展趋势更加注重对菜品的选择。此外，还有一些按摩、SPA馆、养身馆等服务行业的兴起也是由于服务市场对健康的需求的不断增加。

2）服务行业的分工更加细致

以酒店行业为例，酒店集团会越来越少，但是会越来越大，这将是本世纪酒店业在激烈和残酷的竞争过程中的必然结果，通过收购、兼并、合作等方式扩大酒店集团的市场份额，创立酒店集团可以认知的品牌效应将使酒店业市场分割演变得更加激烈。世界经济一体化的进程客观上为酒店业的跨国扩张消除了贸易壁垒。越来越多的中国人陌生的一些酒店名陆续地出现在中国街头。品牌意味着它能提供的产品质量和服务，品牌给予顾客的是信心。但是这种发展趋势并不意味着独立酒店就没有生存的空间。独立酒店凭借对区域的市场熟悉度开发出独具特色的产品，以获取自己的市场份额，但毕竟这类酒店不能成为酒店业的主流。因此，中国众多的独立酒店应在经营特色方面有所建树的同时寻求多样的合作伙伴和合作方式。

3）服务从标准化管理向个性化管理方向发展

还是以酒店服务为例，随着顾客越来越成熟，酒店管理者可以将顾客的各类信息通过处理储存在电脑信息库中，制定有针对性的措施来满足顾客的不同需求。比如，了解顾客的特殊喜好，从环境布置到菜品准备都要恰到好处。总而言之，让顾客感觉到酒店所做的一切都是为其特别制作的，因为顾客在酒店购买的不再只是床位和菜品，而更多的是一种物有所值的经历、荣誉和尊严。

4）服务常常要伴随文化

服务不再局限于具体的有形服务，有很多服务形式就是知识服务或文化服务。如婚庆策划等，常常是伴随着文化主题的服务。又如酒店服务业或餐饮服务业的装饰也越来越讲究文化内涵。酒店要在各个方面渗透文化要素，从而使酒店以一种个性的张扬突出其风格。从酒店的选址和设计开始到装修装饰再到经营管理都会体现出专业性和独具匠心的周密。

5）服务从业人员的职业化程度不断提升

服务行业的从业人员的职业化是服务专业化的前提。服务行业的从业者的素质越来越高，他们见多识广，不仅对自身的服务的SWOT有所了解，也熟悉同行业其他对手的情况，服务行业因此在高层次的竞争中不断得到发展的动力。职业管理者更加忠于所选择的工作，他们不一定是业主，而且更多的不是业主，但他们的职业道德要求他们对自己的职业生命负责。随着世界范围内的高等教育逐渐涉足服务行业，学校的专业化水平和教学管理水平不断提高，一般从业人员的服务技能和服务意识也会相应提高。

6）服务营销配合互联网

社交媒体让顾客能够通过网络获得产品或者服务的确切信息。因此，有前瞻性的企业也要注重自身的网络形象塑造，使得顾客能够较早地获得有积极正面形象的固有印象。这种预判可以减少顾客对企业的陌生感和不信任感，提高顾客的服务满意度，在一定程度上减少企业的服务难度。

服务不再局限于线下服务和面对面的服务，而是越来越多地借助互联网的线上服务。早在2004年Winfried Lamersdorf就曾在《构建电子服务环境》一书中写到线上服务的信息安全、支付安全是建立顾客信任感，塑造顾客满意度的基石。

服务网络，更多领域专家愿意满足他们的特定需求。用户可能会逐渐知道更多关于他们的需求，这就需要解决识别在不同级别的粒度。应对这一挑战，我们提出一个补救措施称为服务地图，旨在组织服务以分层的方式，这样不同层次代表服务的功能在不同的粒度，和提供服务链接在一定程度的粒度对用户的需求。

营销网络化是指企业在开展营销活动时，要综合利用"关系网络"和"互联网络"，通过"人工网络"和"电子网络"的互补，全方位构建酒店企业的营销网络。"关系网络"营销区别于原先的营销方式，较好地考虑了中国国情。传统的营销活动突出的是顾客和酒店双方交易行为的金钱色彩而忽略了双方之间的感情色彩。"关系网络"营销方式将营销的重心转移到如何吸引更多的顾客重复使用或购买产品或服务。

总而言之，在当前经济发展的大背景下，服务管理发展迅速，服务品牌不断提升，服务经营的发展趋势将沿着以上几个方向发展。

6.2　国际服务意识的两大现状

6.2.1　顾客关系度

美国学者埃弗雷特·罗杰斯（E. M. Rogers）1962在他的专著《创新的扩散》（*Diffusion of Innovations*）中提出的创新扩散理论，图6.1看到的那条曲线称为创新采用曲线（Innovation Adoption Curve），以此来对顾客进行分类。顾客关系度，简单地说，是研究顾客之间往来关系和在消费过程中所产生的相对依存和互相影响的关系。我们把顾客分为以下几个种类：

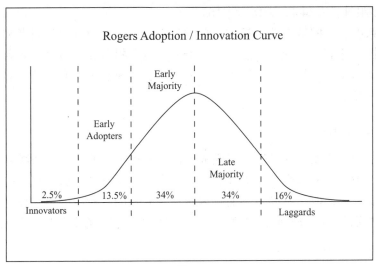

图6.1

（截图来自Summary of Innovation Adoption Curve of Rogers. Abstract）

1）创新者（Innovators）

他们是勇敢的先行者，自觉推动创新。创新者在创新交流过程中，发挥着非常重要的作用。

2）早期采用者（Early Adopters）

他们是受人尊敬的社会人士，是公众意见领袖，他们乐意引领时尚、尝试新鲜事物，但行为谨慎。

3）早期众多跟进者（Early Majority）

深思熟虑，经常与同事沟通，但很少居于意见领袖的地位，他们是有思想的一群人，也比较谨慎，但他们较之普通人群更愿意、更早地接受变革。

4）后期众多跟进者（Late Majority）

疑虑较多，通常是出于经济必要或社会关系压力，他们是持怀疑态度的一群人，只有当社会大众普遍接受了新鲜事物的时候，他们才会采用。

5）迟缓者（Laggards）

他们是保守传统的一群人，因循守旧，局限于地方观念，比较闭塞，参考资料是以往经验，对新鲜事物吹毛求疵，只有当新的发展成为主流、成为传统时，他们才会被动接受。

罗杰斯的理论提出是基于对超过508个扩散调研的综合分析。分析认为，人们在接受新产品的态度上有明显的差别，每一产品领域都有先驱和早期采用者，在他们之后，越来越多的消费者开始采用该创新产品，产品销售达到高峰。当不采用该产品的消费者所剩无几时，销售额开始降低。其中，创新者占2.5%，早期采用者占13.5%，早期众多跟进者占34%，后期众多跟进者占34%，迟缓者占16%。

在顾客关系度上，服务企业应抓住服务的早起市场，努力开辟创新者和早期开拓者的市场接受度，提升他们对于众多跟随者的影响力，进而提升和赢得创新者和开拓者的忠诚度。但是，对于迟缓者，且不可不管不顾，要采取更多成功案例和多项体验活动及项目，逐步拓展其有效市场。

6.2.2 顾客专业度

如今，很多顾客开始追求的服务对服务者的专业度要求非常高，而顾客本身对服务的接受度高，但对服务的要求也不断提高。因为顾客对该服务本身就有自己的认识，就服务而言也许算不得专业，但是不同类型的顾客对消费服务的专业度的追求程度不同，且顾客的专业度与服务者的专业的侧重点和角度不同。我们可以将顾客分为以下几种类型：

1）习惯型顾客

顾客往往忠于熟悉或习惯性的服务产品类型。这样的顾客更注重体验式的消费服务，不必经过挑选和比较，行动相对迅速，时间短。因此，这样的顾客对每一次的消费服务的需求往往有比较性，一般在历次服务间的差异性不是特别大的情况下，促成下次消费的可能性较高。

2）理智型顾客

这样的消费会根据自己的理智和学识判断是否促成消费行为，往往愿意在消费行为中作为主导者，而不是被动接受建议。因此，这样的顾客往往容易被综合的因素打动，而很难因为某一项因素而促成消费。

3）经济型顾客

顾客多从经济或价格方面进行考量，对价格的敏感度较高，而对于服务或服务产品的关注度却是其次的。

4）冲动型顾客

这类顾客的消费心理反应较为敏捷，客观刺激容易引起心理的指向性，心理反应速度和决断速度相对较高。随着高知顾客越来越多，对服务提供者的专业度要求越来越高，而自身的专业度也越来越高。对于一些专业度较高的领域，如美容美体行业，顾客自身对相关知识都有一定的了解，因此，如果服务与顾客自身的知识体系相悖，服务提供者就需要用准确的专业度耐心解释，才能保障服务的顺利进行。

6.3 国际服务意识的三大趋势

6.3.1 顾客不再是上帝，而是朋友

1）用专业度征服顾客

对于很多顾客来说，他们的需求不是固定的、一成不变的，要么是根据心情和环境等因素不断变化的，要么是模糊不清的。简单来说，很多顾客，并不清楚自己具体要什么。或许他们有一个大致的消费方向，但是这个方向并不是明确到点、具体到面的。这个时候就需要服务者能够用专业洞悉顾客的内心需求，给予最贴心最适合的服务，让顾客感受到服务者的专业度，用这种专业度感染着顾客，以提高顾客的满意度。

具体来说，在现代服务业，以下服务可以体现服务的专业度：

（1）认脸服务（Face Identification）

所谓认脸服务，就是服务企业的Standard Operation Procedure（SOP）里面规定的，对某些特定人群的问候。

一般来说，认脸服务包括以下3种。

①熟客认脸。所谓熟客认脸，就是顾客在入住多次后，服务者要记住熟客的脸，然后再次光临的时候直接打招呼。这种方式会给人以亲切、宾至如归的感觉，提高顾客的满意度。

【案例6.1】

"王先生，欢迎再次光临。"

某度假酒店客房部规定员工要对第二次入住的顾客提前了解，并在顾客入住前对其基本偏好，做到心中有数。王先生是企业高管，通过电话提前预订了该酒店的两个房间，预计和朋友一起入住3个晚上。通过酒店电脑系统查询，酒店员工小张发现王先生曾于去年4月入住过该酒店，并入住的是豪华海景房。而本次王先生预订的也是豪华海景房。于是小张立即根据之前建立的顾客档案为王先生安排了周到的服务。王先生在进入酒店后，前台服务者就微笑着打招呼："王先生，欢迎您再次光临。"并适时询问："您上次入住的是201号海景房，我们已经帮您保留了该房间，并为您提供其他视角的海景房，以供您和您友人选择。"王先生对这种亲切用心的服务很是满意，其友人也对此周到服务表示赞许。

请你说说看

_____

_____。

评析

服务业是一个与人频繁打交道的行业。而以人为本就成了服务行业必须遵循的原则。该度假酒店就是通过用心服务，给顾客惊喜，让顾客觉得自己是被重视的，是受尊重的，是被爱戴的。而这种服务体验仅仅是通过在顾客预订酒店后，提前几分钟对顾客档案进行查询，在顾客再次光临时，能够直接称呼出顾客的姓，让顾客有一种宾至如归感。

②普通认脸。如在酒店业中，一些高级别顾客，如政要、政府首脑、商务管理层等，酒店一般会提前收到入住者的照片，以便提供更周详的服务。当值的前台服务者会被要求提前铭记当天莅临的贵宾，并安排入住到指定房间。

③推测认脸。对于高级别的常客，顾客往往会携友一同进行后续服务。此时，往往可以通过贵宾名单来推测顾客，以提供认脸服务。

【案例6.2】

你怎么知道他是赵先生

法国巴黎一酒店接到熟客的预订单，预订一周后在该酒店入住一晚。该顾客提供了贵宾旅客名单，其中只有一个人是以前从未光临的顾客，而且是一个亚洲人，姓赵。于是该酒店在当天安排了一位会说中文的前台人员提供服务。并在该团办理入住时，亲切地问候到："赵先生，您好！欢迎光临巴黎。"熟客觉得很惊喜也很诧异，问："我并未提供顾客照片，你为何能知道他就是赵先生。"前台服务者回答，"这个不难，只要在您预订后，我们用心准备过就能知晓。"在此次服务伊始，熟客就已经享受到了贵宾服务的惊喜，这对最终的服务评价有着不可磨灭的作用。

请你说说看

_____

_____。

评析

这种简单的惊喜服务，会直接提高顾客的服务满意度。而服务企业只需要在进行正式服务前，对具体服务对象进行简单分析和了解，就可以获得相关资讯。

（2）保密服务（Non-Disclosure Agreement）

服务业普遍存在保密服务，即不会透露服务对象曾来此接受过相关服务以及关于服务对象的任何隐私。在服务行业，我们更需要为顾客提供保密服务。如银行业的顾客财务状况保密服务，旅游服务中顾客个人信息和活动项目保密服务，以及对顾客隐私保密服务等。如在酒店服务中，打电话到某酒店总机，直接要求转接某某人时，比如"请帮我转接住店顾客范冰冰"，总机不能告诉对方该顾客的房号，但是可以直接把电话转接过去。而如果顾客要求保密入住后，再有人希望转接电话时，这种转接通常的结果就是"查无此人"。

当然，如果是公安局介入的查访，这种服务就可能无法奏效。

（3）偏好服务（Preference）

服务业多是针对人的服务，所以要时刻把握人的喜好。以酒店服务为例，一般来说，酒店支持并提供顾客指定客房的服务。一些酒店还会记录顾客曾入住的房号，记录该顾客偏好的房号，待顾客再次预订酒店时，系统会自动弹出顾客偏好的房间号，顾客有权要求每次都入住指定房间，只要该房间在顾客预订时没有被预订出去。酒店也应该关注顾客是否有忌讳的房间号，如有，则在安排房间时应避免顾客入住这一间或者这几间房。

除了房间选择偏好外，顾客在饮食等方面的偏好或禁忌也应该被记录，并按照顾客的具体情况对顾客入店后的服务进行全面、周到的调整。对于一些VIP顾客，尤其是有洁癖的顾客，可为其准备指定的浴袍、枕头并在上面绣上该顾客的姓氏，这样会给顾客留下备受重视的感觉。

2）多为顾客考虑

优秀的服务者需要时刻从顾客的角度出发思考问题，其实是要求服务者有较强的判断能力、决策能力和执行能力。

（1）判断能力

判断能力是服务者的基本能力。服务者要对光顾店里的顾客进行简单地分析。比如，经常去的这家店，在中午和晚上的客流量很多，尤其是周一至周四。来这里吃饭的人大多是周边公司的员工，其次是周边的居民，然后是这里的学生。顾客的年龄段在15~60岁。如果可以对顾客做系统的人群分析，做用户画像，做标签，添加各种属性，如经常吃的主食、菜，主食的口味、软硬、冷热，味道咸、淡、辣，顾客的身份、年龄、职业等。相信用这种方式，一边思考一边工作的服务者，应该是顾客满意老板放心的优秀人才，而这样的有服务意识的人才也不会被埋没在服务岗位上太久。

（2）决策能力

思考是决策的前提。在作决策之前，要思考清楚具体要解决哪些问题，而这些问题有什么具体的解决办法。还是以饭店服务者为例，从顾客身边走过，通过观察，发现水杯里面的茶水一直是空的，是喝掉了，还是不想再喝了？是茶壶里面没有茶水了，还是不能再喝了？同样还是观察发现，顾客的面只吃了一半，一个好的服务生也会去观察和思考。当然，可能会有很多情况，如筷子掉落在地上，顾客用手擦嘴，顾客一直在举手示意……

（3）执行能力

解决问题的思路，也是在观察和思考的过程中，同时进行的。其实，人在面对问题的时候，很少会直接面对问题，而是否定问题，之后绕开问题并寻找问题的解决方式。行动，为解决问题而动，最直接的就是走到顾客面前去询问情况。当然，如果自己是有经验的服务者，你会对这些问题应对自如。

【案例6.3】

海底捞的服务

李先生请3个好友去海底捞用餐。这几个朋友之前并没有去过海底捞，于是李先生就跟朋友简单介绍了海底捞的服务，并表示海底捞的拉面表演非常精彩，一定要看一看。可是，当天去用餐的时候已经晚上10点多，到了最后要下面条的时候已经快12点了，拉面的师傅已经回家了，李先生很遗憾，跟友人表示只能下次再来看了。谁知道服务者得知后，询问李先生："您能稍等一会儿吗？15~20分钟，师傅就回来。"

李先生及其朋友都很吃惊，说："算了算了，既然师傅已经回家了那就下次吧。"服务者也没有强求，就在征求顾客同意的前提下，把现有的面条都下了。

可是不到20分钟，拉面师傅真回来了！满脸笑容，说半路听说有顾客希望看拉面表演，扭头回来的。

此时，服务者说，既然师傅回来了，就再送李先生4份面吧。

朋友们很赞叹李先生选择了一个上档次的好地方请他们吃饭，李先生自己也对这顿饭印象深刻，难以忘怀。

请你说说看

_____

_____。

评析

海底捞的很多服务模式，都值得业界学习和参考。而服务的精髓就在于从顾客角度出发，在发现顾客有需要看拉面表演需求时，服务者应立即想方案解决问题。在顾客因为怕麻烦人、婉拒后，服务者也没有强求，而是顺遂顾客的意愿。但最终还是根据顾客需求，给顾客惊喜。

3）明确与顾客之间的关系

在适当的时候，要让顾客主动把服务者当成朋友。随着如今对服务者和服务本身的要求不断提高，使得服务模式呈现多元化。服务者与接受服务的顾客之间的关系已经不再受限于雇佣关系或消费关系，而可能是学习者和学生的关系、朋友关系等。如今，跪拜式的服务模式已经不能满足大多数顾客的需求，服务满意度也不够高，而服务慢慢趋向于平等对话、相互交流的对等模式。服务变成以项目为导向，无论是消费对象还是提供服务的服务者，大多数以服务的完成度和服务结果为导向，最终为了服务效果而相互配合完成最终的服务。服务已经不再是单方面的给予，而是一种相互接受和共同配合的过程。

6.3.2 顾客是可以被教育的

在服务过程中，无论是顾客和服务者都是在相互学习的过程。因此，越来越多的服务项目，顾客不再是单纯地接受服务，顾客往往要扮演服务参与者的角色。对于专业度高的服务，服务者还要通过合理的沟通方式配合服务进程，这种沟通往往也是专业度的一种体现。顾客需要接受服务提供者的专业意见，因此，顾客从某种程度来讲是可以被教育的。

【案例6.4】

苹果通过生态圈留下顾客

苹果公司是如何维系顾客的忠诚度的？最终答案其实非常简单：世界上最优秀的封闭

生态圈。到现在，一般苹果用户身边的Apple设备都不会只有一个。可能会包括iPhone，iPad，MacBook Pro，AirPort，AppleTV，Apple Watch等设备。

那这样的人算个果粉吗？当然。但是这样的人对Apple这个品牌忠诚吗？未必。

看完iPhone 7的发布会，很多顾客反而想去换一台Xperia，毕竟一个设计用了3年，再怎么也审美疲劳了。看到MacBook Pro的发布会，很多顾客也想过买一台Thinkpad或者Surface算了。但是，用惯了Mac的人很难再去适应其他设备。最后大部分人老老实实每天关注官网，然后定制了1台。

以很多数码控购买电子设备的频率，以后还会经常遇到这样的选择。但除非Apple搞出什么太大的幺蛾子，否则这些人还是别无选择地继续留在这里为Tim Cook的财务报表添砖加瓦。背后的原因非常简单：iOS+MACOS营造的优秀的、封闭的生态圈。这个生态圈虽然称不上完美，但是体验远远超过其他平台。而大部分果粉都心知肚明：要离开这个生态圈的成本太高。

Apple的产品足够优秀，这一点毋庸置疑。这是基础，是将你纳入并留在这个生态圈的基础。而Apple出了名的封闭，则在让你丧失一部分选择权的同时获得了更为完美的体验和便利。每年更换新的iPhone的时候，通过iTunes，可以非常轻松地把数据在两台手机中备份和还原。1个小时之后，当拿起新的iPhone的时候，里面的内容和设置和那台旧的iPhone别无二致。顾客可以拥有超过300 GB的照片和超过20 GB的音乐储存在MacBook Pro上，通过Photos和iTunes管理，并通过iTunes和iCloud Music Library同步到iPhone上。顾客可以在MacBook Pro上接听来自iPhone的电话，回复短信，可以在iPhone上打开MacBook Pro中未读完的网页，可以点击3次就把MacBook Pro上的照片、视频、文档传输到iPhone上，点击两下，MacBook Pro就可以利用iPhone的4G连接网络。关于Apple设备间的互联非常便捷。

在这样的情况下，习惯Apple的果粉不太可能换到Xperia，即使它的外观设计让他们心动，Android也不像以前那样难用，也不可能换到Thinkpad，即使非常喜欢那个小红点。离开其中一个，设备间的互联就被完全切断。都换掉？更是天方夜谭。离开Apple的生态圈，哪个平台拥有足够优秀的移动+桌面产品能把我说到的事情一个不落地实现？Nexus很强，但是有多少人会选择Chrome Book？Surface很强，但是有多少人会选择Windows Phone？这就是Apple用户的忠诚度所在：产品足够优秀，同时你也别无选择。

请你说说看

_____

_____。

评析

苹果用细节吸引顾客。有一些盲人朋友也用iPhone，不是因为有钱，是只有苹果的盲人交互最好。部分国产手机系统预置了Talkback，可以省掉下载安装的步骤。但有一些则是要下载的。iOS 9.2上VoiceOver启用控制中心的体验，所有的按钮状态都有明确的说明，状态说明，还有操作提示，使用体验更好（图6.2）。

开启之后，单击是选择选项，双击选定的（确认），三指同时可滑动。同时有读屏功能，盲人一点就能为他们读网页信息，盲人也能用智能手机了。而且盲人iPhone用得超级

图6.2　　　　　　　　　　　　图6.3

溜，微信、滴滴打车、新闻客户端、读书软件都可以用。而安卓机上这个给盲人朋友的功能是没有的。其实原生安卓系统里也有一个Talkback，它的功能是给盲人提供语言辅助，但是之前国内很多厂商是直接删去的。因为安卓是公开的平台，所以软件公司做出APP之后，谷歌是没有权力去管的。但是苹果可以去管它Appstore里的应用。

微信刚出iOS版本的时候，盲人交流很差，国内的盲人写信给苹果说中国有一款聊天软件上线了你们的应用商店，但是盲人根本没法用。之后苹果给盲人协会回信了，督促腾讯增加了这方面的功能。同时，苹果也有一个叫作TapTapSee的软件。将手机摄像头对准需要识别的物体拍照并上传，就会有人以语音告知该物体的名称、颜色、标记等视觉信息，非常方便。

此外，很多藏民也习惯用苹果手机。因为苹果手机系统文字有藏语的选项（图6.3），很多安卓手机都是没有的。据查，小米手机是2015年之后才有的，华为手机是在EMUI 4.1系统出了以后才有的，而红米和魅族都没有藏文。现在，越来越多的国产手机也开始注重这些细节，比如会去做一些盲人体验测试，如小米和锤子科技。与以前相比，盲人写信让某些大公司给他们旗下的输入法增加盲人的一些功能，他们根本不搭理，现在越来越进步了。

这都是细节，但是盲人朋友说了一句话："只有iPhone让弱势群体用得有尊严。"这虽然是在说苹果的产品，但是其理念在服务的运用上是相同的也是可以借鉴和学习的。

6.3.3　顾客与服务者的地位是平等的

顾客和服务者之间的关系在过去的模式中，大多是被认为是要满足顾客是上帝的原则，服务者需要采取一切手段以满足顾客需求为原则。而现今，顾客和服务者之间的地位是相对平等的或者说在一定程度上是平等的。这种平等体现在以下几个方面：

1）平等沟通

服务双方是可以相互平等沟通的，可以心平气和地相互沟通，完成最终服务。而沟通体现在几个方面：一是服务进行前，二是服务进行中，三是服务反馈。服务者要取得服务对象的信任，让服务对象能够感受到服务者的真诚和专业，顾客能够主动愿意在一定程度上把服务者当成朋友，平等沟通。

【案例6.5】

土豆粉风波

有顾客到一家饭店用餐，由于顾客较多，上菜的速度极慢，但是顾客也能体谅。吃完点好的菜品后，已经快1个小时，又点了一些菜，半小时后，结束用餐。准备买单的时候，看点菜清单，发现土豆粉未上，叫服务者过来协商。到这里为止，顾客没有一丝不耐烦，跟服务者解释说，他们点的土豆粉没上，然后他们其他菜已经吃完了，想把这个还没有上的粉退掉。随后，服务者说去给顾客看一下。两分钟后，端着土豆粉送上桌，说这个点了不能退。到这里，顾客还是在讲道理，他们漏单了，顾客吃完了，而且土豆粉顾客也没动，为什么还让顾客买单。服务者很不耐烦地说，点了，厨房就给准备了，准备好了当然不能退。于是顾客就让服务者喊领班过来，领班态度很好，给顾客道歉，给顾客退了土豆粉。

请你说说看

_____

_____。

评析

这是在中国的饭店服务行业很普遍的一种服务行为。饭店服务者在处理问题的时候没有站在顾客的角度为顾客多考虑，而是一味地本着自身的所谓的原则，不注意以人为本的处理事件，造成顾客不必要的麻烦。

2）平等服务

在服务进行之前和服务过程中，顾客和服务者之前的关系是复杂多变的。在国际趋势中，即便是以往认为较为底层的服务项目，也开始转向完全趋向于服务本身的服务，而一切的服务行为都是为了达到最终的令人满意的服务结果。

3）平等评价

服务环节完成后，双方可以相互评价，彼此反馈，而这种评价的原因就是为了让下一次服务更好地进行。这一点携程网的服务模式就可以借鉴。携程网每一次服务结束后不仅会邀请服务对象进行反馈，对某些顾客，还会由上海携程总部的客服人员电话咨询，询问服务过程中的具体状况，为确保下一次服务的顺利实施提供宝贵意见。

国际上对于服务意识的理解和认识随着行业的发展不断更迭，但是总体上对于服务本身，专业度、安全性的要求以及平等的沟通是发展过程中必不可少的要素。

参考文献

[1] 邹统钎. 旅游景区管理[M]. 天津: 南开大学出版社, 2013.

[2] 张锡民. 打造员工执行力[M]. 北京: 北京大学出版社, 2008.

[3] 韦明体, 周令芳. 现代酒店服务意识[M]. 2版. 重庆: 重庆大学出版社, 2015.

[4] 王彦长, 刘明, 广小利. 管理大视野[M]. 长沙: 湖南师范大学出版社, 2016.

[5] 陈吉瑞, 陈刚平, 王奉德. 旅游职业道德[M]. 北京: 旅游教育出版社, 2013.

[6] 王伟. 品牌服务人教程[M]. 北京: 旅游教育出版社, 2005.

[7] 陈淑君. 服务: 从业人员服务意识提升培训[M]. 北京: 国家行政学院出版社, 2006.

[8] 彭晓风. 旅游心理学[M]. 2版. 重庆: 重庆大学出版社, 2015.